Psychotherapie
der Depression

LINDAUER
PSYCHOTHERAPIE
MODULE

Peter Buchheim
Manfred Cierpka

Georg Thieme Verlag
Stuttgart · New York

Psychotherapie der Depression

Krankheitsmodelle und Therapiepraxis – störungsspezifisch und schulenübergreifend

Herausgegeben von Nicolas Hoffmann und Henning Schauenburg

Mit Beiträgen von

M. Beutel
Th. Bronisch
G. Dammann
M. Dettling
S. Gollek
M. Hautzinger
H. Heß
N. Hoffmann
B. Hofmann
H.-P. Kapfhammer
J. Kornacher
A. Massing
G. Reich
Ch. Reimer
U. Rüger
U. Rupprecht
I. Sammet
H. Schauenburg
E. Schramm
B. Schuh
G. Weishaupt-Langer
H. Will
M. Wolfersdorf

1 Abbildung
15 Tabellen

2000
Georg Thieme Verlag
Stuttgart · New York

Die Deutsche Bibliothek – CIP-Einheitsaufnahme

Psychotherapie der Depression : Krankheitsmodelle und Therapiepraxis – störungsspezifisch und schulenübergreifend / hrsg. von Nicolas Hoffmann und Henning Schauenburg. Mit Beitr. von M. Beutel ... – Stuttgart ; New York : Thieme, 2000 [Lindauer Psychotherapie-Module]

Wichtiger Hinweis:
Wie jede Wissenschaft ist die Medizin ständigen Entwicklungen unterworfen. Forschung und klinische Erfahrung erweitern unsere Erkenntnisse, insbesondere was Behandlung und medikamentöse Therapie anbelangt. Soweit in diesem Werk eine Dosierung oder eine Applikation erwähnt wird, darf der Leser zwar darauf vertrauen, dass Autoren Herausgeber und Verlag große Sorgfalt darauf verwandt haben, dass diese Angabe **dem Wissensstand bei Fertigstellung des Werkes** entspricht.
Für Angaben über Dosierungsanweisungen und Applikationsformen kann vom Verlag jedoch keine Gewähr übernommen werden. Jeder Benutzer ist angehalten, durch sorgfältige Prüfung der Beipackzettel der verwendeten Präparate und gegebenenfalls nach Konsultation eines Spezialisten festzustellen, ob die dort gegebene Empfehlung für Dosierungen oder die Beachtung von Kontraindikationen gegenüber der Angabe in diesem Buch abweicht. Eine solche Prüfung ist besonders wichtig bei selten verwendeten Präparaten oder solchen, die neu auf den Markt gebracht worden sind. Jede Dosierung oder Applikation erfolgt auf eigene Gefahr des Benutzers. Autoren und Verlag appellieren an jeden Benutzer, ihm etwa auffallende Ungenauigkeiten dem Verlag mitzuteilen.

Rüdigerstraße 14
D- 70469 Stuttgart
Unsere Homepage: http://www.thieme.de

Printed in Germany

Zeichnungen: Angelika Kramer, Stuttgart
Umschlaggestaltung: Martina Berge, Erbach-Ernsbach
Datenaufbereitung und Layout:
Georg Thieme Verlag, Stuttgart
Druck: Druckhaus Beltz, Hemsbach,

ISBN 3-13-126061-0 1 2 3 4 5 6

Gleitwort der Reihenherausgeber

Wenn Patientinnen und Patienten an Depressionen leiden, werden diese häufig nicht als seelische Erkrankung erkannt, zumal wenn die depressiven Verstimmungen von körperlichen Symptomen maskiert werden. Gezielte Fort- und Weiterbildung, z.B. für Arzte in der Psychosomatischen Grundversorgung, kann dazu beitragen, daß bei Verdacht auf eine Depression gezielter exploriert wird und bestimmte anamnestische Fragen gestellt werden, die zur Aufdeckung der depressiven Syrntomatik führen. Der vorliegende Band *Psychotherapie der Depression* legt ein besonderes Augenmerk auf die Phänomenologie und die Diagnostik. Der Schwerpunkt des Buches liegt auf der Darstellung der therapeutischen Ansätze. Die Therapie der Depression ist so vielgestaltig, wie das Syndrom selbst. Für die psychotherapeutische Behandlung der Depression sind unterschiedliche Verfahren und Settingvariationen indiziert. Die Diskussion der differentiellen Indikationsüberlegungen erlaubt dem Leser dieses Buches eine Entscheidung für ein bestimmtes Verfahren, abhängig von der Symptomatik, dem Schweregrad der Depression und den ätiologischen Annahmen über ihre Entstehung.

Die Vermittlung der Kenntnisse und Fertigkeiten im vorliegenden Buch über die *Psychotherapie der Depression* erfolgt praxisorientiert und fallbezogen. Das Buch entspricht insofern den aktuellen Anforderungen an eine intensive psychotherapeutische Weiterbildung, wie wir sie auch für die schulenübergreifenden und störungsorientierten Module der Lindauer Psychotherapiewochen konzipiert haben. Schulenübergreifend werden in diesen Modulen psychodynamische, verhaltenstherapeutische, systemische und körperorientierte Ansätze zum Verständnis und zur Behandlung von bestimmten seelischen Störungen so dargestellt, dass den Teilnehmerinnen und Teilnehmern Kriterien für differenzielle Indikationsentscheidungen für eine Psychotherapie an die Hand gegeben werden. Ansatzweise gelingt in einer Synopsis die Integration von unterschiedlichen Behandlungskonzepten für ein bestimmtes Störungsbild.

Inzwischen wurden diese neuen didaktischen Weiterbildungseinheiten während der Lindauer Psychotherapiewochen im Frühjahr und während der Modulveranstaltungen im Herbst fester Bestandteil ün Programm. Die sehr gute Resonanz auf die Veranstaltungen ermutigte uns, die primär als Veranstaltungsreihe konzipierten Module als Texte in Buchform herauszugeben. Jeder Band in dieser Reihe widmet sich der Psychotherapie eines Krankheitsbilds. Die therapeutischen Ansätze, die sich für die Behandlung dieser psychischen Störungen bewährt haben, werden von sehr erfahrenen Experten so dargestellt, daß jeder Blick auf den Patienten und seine Krankheit die Vielgestaltigkeit des Beschwerdebilds widerspiegelt. Es geht uns also um eine Vertiefung von Wissen und Erfahrung und nicht um eine Darstellung einer störungsspezifischen Behandlungstheorie.

Wir wünschen dem Buch *Psychotherapie der Depression*, das von N. Hoffmann und H. Schauenburg herausgegeben wird, eine entsprechend gute Verbreitung.

Wir danken Frau Ueckert, Herrn Dr. Kraemer und Herrn Dr. Scherb vom Georg Thieme Verlag für ihr Engagement bei der Umsetzung unserer Weiterbildungsmodule in eine Reihe von Fort- und Weiterbildungstexten.

Heidelberg und München, im Januar 2000 *P. Buchheim, M.Cierpka*

Vorwort der Herausgeber

Verfolgt man die Berichte über neue Entwicklungen in der Behandlung der Depression und insbesondere die in diesem Bereich verbreiteten „Erfolgsgeschichten" antidepressiver Pharmaka, dann erscheint es fast müßig, sich erneut intensiv mit der Frage der Psychotherapie depressiver Erkrankungen auseinander zu setzen. Auch kann man darüber hinaus leicht den Eindruck bekommen, als sei zu diesem Thema, das alle therapeutischen Schulen von jeher intensiv bewegt hat, bereits „alles" geschrieben worden.

Der klinische Alltag macht jedoch deutlich, dass es immer noch eine Fülle von Problemen und ungelösten Fragen gibt, die es erforderlich machen, die Auseinandersetzung um ein angemessenes therapeutisches Umgehen mit dem gravierenden Problem der depressiven Erkrankungen dennoch weiter fortzuführen.

Affektive Erkrankungen sind nach wie vor ein Problem von enormer gesellschaftlicher und individueller Bedeutung. Psychopharmakologische Erfolge können nicht darüber hinweg täuschen, dass *psychotherapeutische Kompetenz* im Kontakt mit den betroffenen Patienten nach wie vor von entscheidender Bedeutung ist. Dies gilt u.a. besonders für Patienten, bei denen eine pharmakologische Beeinflussung nur im geringen Ausmaß zu erwarten ist (z. B. mit begleitenden Persönlichkeitsstörungen), aber auch für diejenigen, die aus unterschiedlichsten Gründen nicht zu einer medikamentösen Behandlung bereit sind. Und selbst diejenigen, die eine solche Therapie akzeptieren, sind in vielen Fällen durch bloßes „clinical management" alleingelassen und führen die angezeigte Therapie nicht angemessen durch. Vor allem aber lassen sich in vielen Fällen von Depressionen sowohl in der Umwelt des Betroffenen wie innerhalb seiner Person Bedingungen auffinden, die potenziell depressiogen sind. Sie sind nur durch eine gezielte Psychotherapie veränderbar im Sinne einer Prophylaxe gegen zukünftige Erkrankungen

Das Feld der Psychotherapie selber hat sich darüber hinaus in den letzten Jahren erheblich weiterentwickelt: Sei es, dass die traditionellen Therapieschulen ihr Vorgehen bei der Depression modifiziert haben, sei es dass störungsspezifische Therapieformen entwickelt wurden.

Zuletzt spricht für unser Projekt eines Autorenbandes zur Psychotherapie der Depression auch, dass der im Laufe von Jahrzehnten in den jeweiligen Therapieschulen angesammelte Erfahrungsschatz im Umgang mit Depressivität sehr groß und kaum noch überschaubar ist. Ein Versuch der Synopsis erschien uns auch aus diesem Grund sinnvoll.

Am Ende eines längeren Weges freuen wir uns deshalb sehr, dass es uns gelungen ist, mithilfe ausgewiesener Autoren ein Buch zusammenzustellen, das versucht das Thema sowohl „geschichtsbewußt" als auch „modern" aufzugreifen und vor allem getragen ist von breiter klinischer Erfahrung. Grundidee des Buches ist eine schulenübergreifende Darstellung verschiedener Ansätze: alle therapeutische Richtungen können ihren ganz einzigartigen Beitrag zum Problem liefern. Die oft schwierige, aber auch anrührende und lohnende Therapie depressiver Patienten ist zu sehr mit den Grundfragen menschlicher Existenz verknüpft, als dass sie nur dem Monopol eines einzigen therapeutischen Vorgehens zufallen darf.

Eine kompetente, d. h. von qualifizierten und engagierten Therapeuten durchgeführte Psychotherapie erweist sich für die meisten Formen der Depression in den wichtigen therapeutischen Ausrichtungen als ungefähr gleich wirksam. Dies macht auch die Beantwortung der viele brennend interessierenden Frage nach einer differenziellen Indikation, d. h. welcher Patient von welcher Art von Therapie profitieren kann, sehr schwer. Auch wenn wir ursprünglich gehofft hatten, dieses Thema in unserem Band diskutieren zu können, hat uns doch ein Blick auf die Literatur gezeigt, dass empirisch aussagekräftige Daten hierfür nicht vorliegen. Von der Forschungsmethodik erscheint es kaum möglich, Studien durchzuführen, die über den bloßen Vergleich zweiter Therapiemethoden hinaus Aussagen über die Passung der jeweiligen Methode für *bestimmte* Patienten mit *bestimmten* Persönlichkeitsmerkmalen zu ermöglichen.

Selbst wenn es eine solche Passung geben sollte, erscheint darüber hinaus in unserer psychotherapeutischen Versorgungslandschaft die Vorstellung recht utopisch, dass diese in der Praxis auch zu differentiellen Zuweisungen führt. Zu sehr hängen die Indikationsstellungen von persönlichen Präferenzen der Patienten und von dem vor Ort gegebenen „Angebot" an Therapieverfahren ab. Dennoch sollten alle Kliniker sich in der Verantwortung sehen, die Frage der evtl. fehlenden Passung zwischen dem eigenen Therapieangebot und den Möglichkeiten und Wünschen von depressiven Patienten im jeweiligen Einzelfall offen und vorbehaltlos zu erwägen.

Ungeachtet dessen zeigen viele Arbeiten des vorliegenden Bandes, dass selbst dann eine Entscheidung, beispielsweise zur Weiterverweisung eines Patienten, vielfältige Aspekte der therapeutischen Beziehung bedenken muß.

Bevor wir auf die einzelnen Kapitel unseres Buches eingehen, soll ein kurzer Exkurs noch einmal deutlich machen, wie eng die Geschichte der Psychotherapie der Depression mit der Geschichte der großen Therapieschulen zusammenhängt.

Die frühesten klinischen Arbeiten der jungen „psychoanalytischen Bewegung" von Abraham (1911) und von Freud selber (1916) handeln von den Besonderheiten der Behandlung Depressiver und Freuds Epoche machendes Werk „Trauer und Melancholie" verdient es auch heute noch immer wieder, gelesen zu werden, macht es doch viele der vordergründig schwer nachvollziehbaren Aspekte der depressiven Reaktion auf Verlust und Kränkung bereits in exemplarischer und tiefgründiger Weise deutlich.

Die Entwicklung der psychoanalytischen Theorien zur Depression über die letzten Jahrzehnte ist darüber hinaus ein Spiegelbild der gesamten psychoanalytischen Theoriebildung: Standen am Anfang intrapsychische Konflikte im Mittelpunkt der Ätiologievorstellung (Wendung der Aggression von außen nach innen), so kamen später die Bedeutung von Identifizierungsvorgängen und damit eng zusammenhängend von Realerfahrungen von Verlust und Entwertung hinzu. Dies hatte in den letzten Jahren zur Folge, dass die Bedeutung korrigierender emotionaler Erfahrungen und stützender Elemente in der analytischen Psychotherapie Depressiver an Bedeutung gewannen.

In der Verhaltenstherapie standen am Anfang der theoretischen Überlegungen relativ einfache lerntheoretische Modelle, vorwiegend auf der Basis des operanten Konditionierens. Sie wurden ergänzt durch eine Betrachtungsweise, die kognitive Faktoren sehr stark in den Mittelpunkt stellte. Heute werden emotionale und volitionale Komponenten in zunehmendem Maße berücksichtigt. So kam es sukzessive zu einer Elaborierung eines strukturierten Therapiemodells, das an den zentralen Komponenten depressiver Erkrankungen ansetzt.

Bei den Überlegungen zur Gliederung des vorliegenden Bandes erschien es uns vor allem wichtig, sowohl die Vorgehensweisen der einzelnen therapeutischen Schulen zu berücksichtigen als auch über diese hinausgehende Aspekte zu darzustellen. Dieses bezieht sich sowohl auf therapieübergreifende Probleme der Pharmakotherapie und der therapeutischen Beziehung sowie das Umgehen mit Suizidalität als auch auf klinische Probleme bei spezifischen Patientengruppen (Trauerreaktionen, Wochenbettdepression).

Birgit Hofmann und Nicolas Hoffmann beschreiben verhaltenstherapeutische Strategien, die ein komplexes Herangehen an das Krankheitsbild Gewähr leisten, sowohl was die mehr kurzfristigen als auch was die längerfristigen Therapieziele anbelangt.

Der Beitrag von *Henning Schauenburg* zur psychodynamischen Psychotherapie greift zunächst die Geschichte bisheriger therapeutischer Konzepte in der Psychoanalyse auf. Das Kapitel stellt idealtypische Vorgehensweisen für die akute Depression und für Depressionen auf dem Boden unterschiedlicher Verarbeitungsformen des depressiven Grundkonfliktes (regressiv vs. progressiv) dar. Einen eigenen Bestandteil dieses Kapitels bildet die Darstellung moderner Forschungen aus der Entwicklungspsychologie, die auf therapieübergreifende Wirkfaktoren in der Behandlung Depressiver hinweist.

Die bedeutsame Rolle der Langzeitpsychoanalyse angesichts der in manchen Fällen unzureichenden Ergebnisse kürzerer therapeutischer Interventionen macht *Herbert Will* in seinem Abschnitt zur klassischen psychoanalytischen Behandlung im Liegen deutlich. Er geht auch auf Fragen der Differenzialindikation für dieses Vorgehen ein.

Im Kapitel von *Sabine Gollek* über die Gesprächspsychotherapie wird besonders hervorgehoben, welchen Beitrag die grundlegenden Arbeiten von Rogers zum allgemeinen therapeutischen Umgang mit Patienten mit depressiven Erkrankungen leisten können.

Die von *Elisabeth Schramm* dargestellte interpersonelle Psychotherapie ist eine Entwicklung der letzten 20 Jahre, die von ursprünglich psychodynamisch und kognitiv orientierten Klinikern in besonderer Weise auf die typischen zwischenmenschlichen Konfliktkonstellationen Depressiver zugeschnitten wurde.

Die Paar- und Familientherapie, wie sie von *Almuth Massing und Günter Reich* dargestellt wird, hat sich aus verschiedensten Wurzeln entwickelt und ist angesichts der „interpersonellen" Natur der depressiven Erkrankung in vielen Fällen ein unverzichtbarer Bestandteil der Behandlung.

In einem weiteren Artikel von *Birgit Hofmann* und *Nicolas Hoffmann* wird auf das Erleben von Sinnlosigkeit im Rahmen depressiver Erkrankungen eingegangen und auf einige therapeutische Hilfen bei der Sinnfindung.

Die Darstellung stationärer Behandlungskonzepte von *Manfred Wolfersdorf* und Mitarbeitern geht auch, neben der Beschreibung unterschiedlicher „Komplementärtherapien", auf die besondere Bedeutung der Gruppenpsychotherapie ein.

Ein besonderes Problem im heutigen Zeitalter der traditionellen und modernen Antidepressiva ist die unweigerliche interpersonelle und psychodynamische Bedeutung des Einsatzes von Medikamenten bei dieser Patientengruppe. *H.-P. Kapfhammer* stellt in seinem umfassenden Überblick die verschiedenen Aspekte dar, die den Einsatz von Medikamenten zu einem komplexen Behandlungsproblem im Rahmen psychotherapeutischer Behandlungen machen.

Typische Schwierigkeiten im Umgang mit Depressiven, aber auch mögliche Behandlungsfehler, beschreiben *Christian Reimer und Ulrich Rüger* aus ihrer großen klinischen Erfahrung.

Thomas Bronisch stellt noch einmal die besonderen Aufgaben bei der Erkennung und Prävention von Suizidalität dar.

In einem weiteren Kapitel geht *Manfred Beutel* auf Trauerreaktionen in der Folge belastender Lebensereignisse und Verlusterlebnisse ein. Das therapeutische Vorgehen muß sich hier teilweise an die Faktizität der vorausgehenden Ereignisse anpassen und unterscheidet sich deshalb in wichtigen Anteilen vom therapeutischen Vorgehen bei der eigentlichen Depression.

Zuletzt stellt *Gerhard Damman* eine Spielart der interpersonellen Therapie vor, wie sie für die Behandlung von Wochenbetterkrankungen entwickelt wurde.

Den Abschluss bildet ein kurzer Überblick über die Möglichkeit zum Screening depressiver Erkrankungen sowie zur standardisierten Evaluation von Therapien. *Isa Sammet* stellt dar, dass viele Verfahren sich ökonomisch und nutzbringend auch im Setting der ambulanten Einzelpraxis anwenden lassen.

Wir hoffen, dass das vorliegende Buch, gerade durch die Beteiligung vieler Autoren unterschiedlichster Herkunft, ein abgerundetes Bild des aktuellen Standes der Psychotherapie der Depression geben kann und dass es deutlich macht, dass die Behandlung dieser Patientengruppe nicht nur ein hohes Engagement, sondern auch Offenheit gegenüber verschiedenen Herangehensweisen nötig macht.

Berlin, Göttingen, im März 2000

Nicolas Hoffmann
Henning Schauenburg

Inhaltsverzeichnis

Anschriften

Prof. Dr. med. Manfred Beutel
Klinik für Psychosomatik und
Psychotherapie
Ludwigstr. 76
35392 Gießen

Prof. Dr. med. Th. Bronisch
Max-Planck-Institut für Psychiatrie
Kraepelinstr. 2
80804 München

Dr.med. Dipl.-Psych. Gerhard Dammann
Klinikum rechts der Isar
Poliklinik für Psychosomatische
Medizin und Psychotherapie
Langerstr. 3
81675 München

Dr. med. Michael Dettling
Psychiatrische Klinik und Poliklinik
der Charité
Campus Charité Mitte
Schumannstr. 20/21
10098 Berlin

Dr. rer. nat. Sabine Gollek
Klinik und Poliklinik f 7sychiatrie
Universitätsklinikum
Liebigstr. 22
04103 Leipzig

Prof. Dr. phil. Martin Hautzinger
Psychologisches Institut der Universität
Abteilung Psychologie
Friedrichstr. 21
72072 Tübingen

Dr. med. Helga Heß
Klinik für Psychiatrie und Psychotherapie
BKH Bayreuth
Nordring 2
95445 Bayreuth

Dr. phil. Nicolas Hoffmann
Orber Straße 18
14193 Berlin

Dr. rer. nat. Birgit Hofmann
Adolf-Martens-Str. 4b
12205 Berlin

Prof. Dr. med. Hans-Peter Kapfhammer
Psychiatrische Universitäts-Klinik
Klinikum Innenstadt
Nußbaumstr. 7
80336 München

Dr. med. Johannes Kornacher
Klinik für Psychiatrie und Psychotherapie
BKH Bayreuth
Nordring 2
95445 Bayreuth

Dr. med. Almuth Massing
Hanssenstr. 6
37073 Göttingen

Dr. phil. Günter Reich
Klinik für Psychosomatik und Psycho
therapie der Universität
Schwerpunkt Familientherapie
Humboldtallee 38
37073 Göttingen

Prof. Dr. med. Christian Reimer
Universitäts-Klinik
Psychosomatik und Psychotherapie
Friedrichstr.33
35392 Gießen

Prof. Dr. med. Ulrich Rüger
Klinik für Psychosomatik und Psycho
therapie der Universität
Von-Siebold-Str. 5
37075 Göttingen

Dipl.-Psych. Ulrike Rupprecht
Klinik für Psychiatrie und Psychotherapie
BKH Bayreuth
Nordring 2
95445 Bayreuth

Dr. med. Isa Sammet
Klinik für Psychosomatik und Psycho
therapie der Universität
Von-Siebold-Str. 5
37075 Göttingen

Dr. med. Henning Schauenburg
Klinik für Psychosomatik und Psycho
therapie der Universität
Von-Siebold-Str. 5
37075 Göttingen

Dr. phil. Elisabeth Schramm
Psychiatrische Universitäts-Klinik
Hauptstr. 5
79104 Freiburg

Soz. Päd. Brigitte Schuh
Klinik für Psychiatrie und Psychotherapie
BKH Bayreuth
Nordring 2
95445 Bayreuth

Dr. med. Gabriele Weishaupt-Langer
Klinik für Psychiatrie und Psychotherapie
BKH Bayreuth
Nordring 2
95445 Bayreuth

Dr. med. Herbert Will
Gunzenlehnstr. 10
80689 München

Prof. Dr. med. Manfred Wolfersdorf
Klinik für Psychiatrie und Psychotherapie
BKH Bayreuth
Nordring 2
95445 Bayreuth

1. Symptomatik, Diagnostik und Epidemiologie

Martin Hautzinger, Thomas Bronisch

Depressionen sind psychische Störungen, bei denen die Beeinträchtigung der Stimmung, Niedergeschlagenheit, Verlust der Freude, emotionale Leere, Antriebslosigkeit, Interessenverlust und zahlreiche körperliche Beschwerden wesentliche Merkmale sind. Andere psychische Störungen, bei denen auch das affektive Erleben beeinträchtigt ist und im Mittelpunkt der Symptomatik steht, sind neben den Depressionen Manien, Persönlichkeitsauffälligkeiten, Ängste, Furcht- und Trauerreaktionen. Depressionen gehören zu den häufigsten psychischen Erkrankungen mit einer Lebenszeitprävalenz von 25% bei Frauen und 12% bei Männern. Eine der häufigsten Komplikationen ist der Suizidversuch und Suizid mit 15% unter den stationär behandelten Depressionen. Depressive Störungen haben neben subjektivem Leid viele krankheitsbedingte Ausfallzeiten, Einschränkungen im sozialen Funktionieren und körperliche Krankheiten bzw. Anfälligkeiten zur Folge. Über drei Viertel der depressiven Patienten leiden parallel an einer anderen psychischen Störung (Komorbidität). Depressionen werden heute anhand des Auftretens depressiver bzw. manischer Episoden in unipolare bzw. bipolare affektive Störungen mit unterschiedlichem Schweregrad und unterschiedlichem Verlauf, nicht anhand möglicher Ursachen unterteilt. Die Mehrzahl der Patienten erleiden im Laufe ihres Lebens mehrere depressive Episoden.

Beschwerden und Auffälligkeiten

Typische Beschwerden und Auffälligkeiten einer Depression sind Traurigkeit, Niedergeschlagenheit, Verstimmung, Energielosigkeit, Antriebsminderung, Selbstzweifel, Gefühle der Wertlosigkeit, Hoffnungslosigkeit und Sinnlosigkeit, häufig begleitet von Ängstlichkeit und Unruhe, Appetitstörungen, Gewichtsverlust, Libidoverlust, Schlafstörungen, Schmerzen, Konzentrationsprobleme und Suizidideen.

Viele der genannten Gefühlszustände und Beschwerden kennen jedoch alle Menschen. Sie sind, wenn sie eine bestimmte Dauer und/oder Intensität nicht überschreiten, normale, gesunde Reaktionen auf die Erfahrungen von z.B. Verlusten, Misserfolgen, Enttäuschungen, Belastungen, Zeiten der Ziellosigkeit, der Einsamkeit oder der Erschöpfung. Wann und wodurch die Grenze zwischen diesen normalen Reaktionen und den als klinisch auffällig betrachteten Symptomen überschritten wird, gehört unverändert zu den ungelösten Fragen im Zusammenhang mit depressiven Störungen.

Neben der umgangssprachlichen Anwendung des Begriffs „Depression“ auf Verstimmtheitszustände im Bereich normalen Erlebens wird von Depressionen im Bereich psychischer Störungen auf drei Ebenen gesprochen:

- Auf der symptomatologischen Ebene, wenn es um Einzelsymptome wie z.B. Traurigkeit oder Niedergeschlagenheit geht;

- auf der syndromalen Ebene als einem als zusammenhängend angenommenen Merkmalskomplex mit emotionalen, kognitiven, motorischen, motivationalen, physiologischen, endokrinologischen Komponenten;
- als Oberbegriff für möglicherweise verschiedene Erkrankungen und dem zugehörigen (hypothetischen) Ursachen-, Verlaufs- und Behandlungswissen.

Depressive Syndrome sind durch eine Vielzahl heterogener Symptome gekennzeichnet. Charakteristisch ist, dass körperliche und psychische Symptome gemeinsam vorkommen. In der Tab.1.**1** sind die wesentlichen Symptome einer Depression nach psychologischen Gesichtspunkten geordnet. Hilfreich ist die Unterscheidung in Symptome auf emotionaler, motivationaler, kognitiver, vegetativ-somatischer, motorisch-behavioraler und interaktioneller Ebene.

Da keines der aufgeführten Symptome vorkommen muss, keines nur bei depressiven Erkrankungen vorkommt und außerdem Patienten in unterschiedlicher Ausprägung ein unterschiedlich zusammengesetztes Muster von Symptomen haben können, erfordert das Erkennen depressiver Störungen eine sorgfältige Diagnostik.

Definitionskriterien und Diagnostik

Zur Operationalisierung und Objektivierung der Diagnostik depressiver Störungen wurden in den letzten Jahren verschiedene Kriterien vorgeschlagen. Gegenwärtig gültig bzw. weit verbreitet ist das amerikanische „Diagnostic and Statistical Manual of Mental Disorders“ (DSM-IV). Durch die Weltgesundheitsorganisation wurde das „International Classification of Diseases“ überarbeitet, sodass nun die weltweit gültige 10. Revision (ICD-10) vorliegt und hierzulande das verbindliche kategoriale Diagnosesystem ist. ICD-10 und DSM-IV zeichnen sich bei vielen Festlegungen, Definitionen und Entscheidungskriterien durch eine große Nähe aus, was insbesondere bei den affektiven Störungen augenfällig ist.

Tab. 1.**2** enthält eine Gegenüberstellung der heute üblichen diagnostischen Kategorien des ICD-10 und des DSM-IV. Hauptuntergruppen der Einteilung sind die bipolaren affektiven Störungen, die unipolaren Depressionen und die chronischen affektiven Störungen (Dysthymie, Zyklothymie).

Beiden Klassifikationssystemen gemeinsam ist die weit gehende Verpflichtung zur deskriptiven, auf wissenschaftlichen Evidenzen basierende, möglichst hoher Zuverlässigkeit verpflichtete Diagnostik. Depressionen werden heute durch eine gewisse Anzahl an gleichzeitig vorhandenen Symptomen, die über eine gewisse Zeit andauern müssen und nicht durch andere Erkrankungen bzw. Umstände erklärbar sind, definiert (Tab. 1.**3**). Der Verlauf, die Schwere und die besondere Ausprägung der Symptomatik (z.B. somatisch, psychotisch) werden zur Definition von weiteren Untergruppen herangezogen.

Tabelle 1.1 Symptomatologie depressiver Auffälligkeiten

Verhalten/ Motorik/ Erscheinungsbild	**emotional**	**physiologisch-vegetativ**	**imaginativ-kognitiv**	**motivational**
Körperhaltung: kraftlos, gebeugt, spannungsleer; Verlangsamung der Bewegungen; Agitiertheit, nervöse, zappelige Unruhe *Gesichtsausdruck*: traurig, weinerlich, besorgt; herabgezogene Mundwinkel, vertiefte Falten, maskenhaft erstarrte, manchmal auch nervöse, wechselnd angespannte Mimik *Sprache*: leise, monoton, langsam Aktivitätsverminderung bis zum Stupor, wenig Abwechslung, eingeschränkter Bewegungsradius, Probleme bei der praktischen Bewältigung alltäglicher Anforderungen	Gefühle von Niedergeschlagenheit, Hilflosigkeit, Trauer, Hoffnungslosigkeit, Verlust, Verlassenheit, Einsamkeit, innere Leere, Unzufriedenheit, Schuld, Feindseligkeit, Angst und Sorgen, Gefühl der Gefühllosigkeit und Distanz zur Umwelt	Innere Unruhe, Erregung, Spannung, Reizbarkeit, Weinen, Ermüdung, Schwäche, Schlafstörungen, tageszeitliche und jahreszeitliche Schwankungen im Befinden, Wetterfühligkeit, Appetit- und Gewichtsverlust, Libidoverlust, allgemeine vegetative Beschwerden (u.a. Kopfdruck, Magenbeschwerden, Verdauungsbeschwerden); zu achten ist bei der Diagnose auf: Blutdruck, Blutzuckerspiegel, Kalziummangel, Eisenwerte, Serotonin-/Adrenalinmangel bzw. Überschuss	Negative Einstellung gegenüber sich selbst (als Person, den eigenen Fähigkeiten und dem Erscheinungsbild) und der Zukunft (z.B. imaginierte Vorstellung von Sackgasse, schwarzem Loch); Pessimismus, permanente Selbstkritik, Selbstunsicherheit, Hypochondrie, Einfallsarmut, mühsames Denken, Konzentrationsprobleme, zirkuläres Grübeln, Erwartung von Strafen oder Katastrophen, Wahnvorstellungen (z.B. Versündigungs-, Insuffizienz- und Verarmungsvorstellungen; rigides Anspruchsniveau, nihilistische Ideen der Ausweglosigkeit und Zwecklosigkeit des eigenen Lebens, Suizidideen	Misserfolgsorientierung, Rückzugs- bzw. Vermeidungshaltung, Flucht und Vermeidung von Verantwortung, Erleben von Nicht-Kontrolle und Hilflosigkeit, Interessenverlust, Verstärkerverlust, Antriebslosigkeit, Entschlussunfähigkeit, Gefühl des Überfordertseins, Rückzug bis zum Suizid oder Zunahme der Abhängigkeit von anderen

Tabelle 1.2 Diagnostische Kategorien affektiver Störungen nach DSM-IV und ICD-10

DSM-IV	ICD-10
Bipolare Störungen I (296.4x-.7x)	Manische Episode (F 30)
• manische Episode	
• hypomanische Episode	Bipolare Störung (F 31)
• depressive Episode	• hypomanische Episode
• gemischte Episode	• manische Episode
• atypische Episode	• mit psychotischen Symptomen
• leichte	• ohne psychotische Symptome
• mittelschwere	• leichte
• schwere	• mittelgradige
• - ohne psychotische Symptome	• schwere
• - mit psychotischen Symptomen	• gemischte Episode
• partiell/voll remittiert	• remittiert
• chronisch	• NNB
• kataton	
• atypisch	Depressive Episode (F 32)
• postpartum	• leichte
• Melancholie-Typus	• mittelgradige
• saisonal abhängig	• schwere
• rasch wechselnd	• ohne somatische Symptome
Bipolare Störung II (296.89)	• mit somatischen Symptomen
Bipolare Störung NNB (296.80)	• ohne psychotische Symptome
	• mit psychotischen Symptomen
Depressive Störungen	• remittiert
• Major Depression	• NNB
• einzelne Episode (296.2x)	
• rezidivierende Episode (296.3x)	Rezidivierende depressive Störung (F 33)
• leichte	• leicht
• mittelgradige	• mittelgradig
• schwere	• schwer
• ohne psychotische Symptome	• remittiert
• mit psychotischen Symptomen	• mit/ohne somatische Symptome
• partiell/ voll remittiert	• mit/ohne psychotische Symptome
• chronisch	• saisonal
• kataton	
• Melancholie-Typus	Anhaltende affektive Störung (F 34)
• atypisch	• Zyklothymia
• postpartum	• Dysthymia
• saisonal abhängig	
• rasch wechselnd	Postpartum Depression (F 53.0)
Dysthyme Störung (300.4)	Sonstige affektive Störungen (F 38)
• früher Beginn	
• später Beginn	Andere affektive Störungen NNB (F 39)
• atypisch	
	Anpassungsstörung (F 43.2)
	• kurze depressive Reaktion

Depressive Störungen aufgrund körperlicher Erkrankung (293.83)	• längere depressive Reaktion • Angst/Depression, gemischt
Substanz-induzierte depressive Störung (291.8x/292.8x)	Organische affektive Störung (F 06.3)
Depressive Störung NBB (296.90)	
Anpassungsstörung mit Depression (309.0)	

Tabelle 1.**3** Definition gestörter affektiver Episoden

Manische Episode	Depressive Episode
A) abnorme, anhaltend gehobene, expansive oder reizbare Stimmung von mindestens einer Woche Dauer (oder Hospitalisierung) B) mindestens 3 der folgenden Symptome gleichzeitig: • gesteigertes Selbstwertgefühl • Größenideen • vermindertes Schlafbedürfnis • redseliger als gewöhnlich • Drang weiter zu reden • Ideenflucht, Gedankenjagen • leichte Ablenkbarkeit • Aktivitätssteigerung, Unruhe, Verhaltensexzesse, die unangenehme Folgen haben (Geld, Sex, Investitionen usw.) C) Einschränkungen der beruflichen, sozialen Leistungsfähigkeit, Gefahr der Selbst- und Fremdschädigung D) Ausschluss von Schizophrenie, wahnhafter Störung, organischen Ursachen	A) mindestens 5 der folgenden Symptome, gleichzeitig während eines Zeitraumes von mindestens zwei Wochen (depressive Stimmung oder Interessenverlust muss darunter sein): • depressive Verstimmung • deutlich vermindertes Interesse oder Freude • Gewichtszunahme/-verlust • Schlaflosigkeit • Unruhe, Hemmung, Verlangsamung • Müdigkeit, Energieverlust • Gefühl der Wertlosigkeit, Schuld • Konzentrationsprobleme • Todeswunsch, Suizidideen B) deutliche Änderung der vorher bestehenden Leistungsfähigkeit C) Ausschluss von organischen Ursachen, Schizophrenie, Trauerreaktion

Endogenität: Die veraltete, nicht länger gebrauchte Diagnose einer „endogenen Depression" wird heute als „Major Depression mit Melancholie" (DSM-IV) oder „Depressive Episode mit somatischen, psychotischen Symptomen" (ICD-10) beschrieben. Die folgenden Symptome weisen die höchsten Korrelationen auf und werden zur Charakterisierung herangezogen: Psychomotorische Veränderungen (in der Regel Hemmung, gelegentlich aber auch Agitation), schwere depressive Symptomatik und Mangel an Reagibilität, depressive (nihilistische) Wahnideen, Schuld- und Selbstvorwürfe, deutlicher Interessenverlust, (terminale) Schlafstörungen, Morgentief, Appetitverlust. Ob Verlaufskriterien oder Ansprechen auf Behandlung weitere differenzierende Merkmale darstellen, ist umstritten.
Schwere der Depression: Depressive Episoden gelten als „leicht", wenn 4 bis 5, als „mittelschwer", wenn 6 bis 7, und als „schwer", wenn 8 und mehr der in Tab. 1.**3** aufgelisteten depressiven Symptome gleichzeitig vorliegen.

Unipolare und bipolare Verläufe: Die Einteilung affektiver Störungen in mono- bzw. unipolare und bipolare Verläufe ist heute breit akzeptiert und wissenschaftlich gut begründet. Die seltene Gruppe der unipolar verlaufenden Manien wird heute allgemein den bipolaren affektiven Störungen zugeordnet, im ICD-10 jedoch als eigene Subkategorie geführt. Die unipolar verlaufende Depression (depressive Episode, Dysthymia) ist die weitaus häufigste Störungsform affektiver Erkrankungen. Zahlreiche Familienstudien, Zwillingsstudien, Adoptionsstudien, biologische Markerstudien, Studien zu lebensgeschichtlichen, soziodemographischen und persönlichkeitsbezogenen Variablen sowie zur Symptomatologie, zum Verlauf, zum Ansprechen auf Behandlungsmaßnahmen und zur Prognose unterstützen die Unterteilung in bipolare und unipolare affektive Störungen.

Psychotische Symptome: Diese zusätzliche Beschreibung einer depressiven Episode bzw. einer bipolaren Störung erfordert das Vorliegen stimmungskongruenter wahnhafter Symptome. Diese haben im Rahmen einer Depression typischerweise den Inhalt von Schuld, Sünde, Verarmung, Strafe, selten von Verfolgtwerden. Bei Manien herrschen Inhalte der Wichtigkeit, der Einmaligkeit, der Größe, der Unverletzbarkeit, doch auch des Geliebtwerdens vor. Bei stimmungsinkongruenten psychotischen Symptomen bzw. bei zusätzlich formalen Denkstörungen ist die Diagnose einer schizoaffektiven oder einer schizophrenen Störung in Erwägung zu ziehen.

Chronische affektive Störungen: Dysthymien sind lang anhaltende, chronische affektive Störungen, deren Symptomatik nicht die Kriterien einer depressiven Episode erfüllt. Die Abgrenzung zu rezidivierenden depressiven Störungen ergibt sich dadurch, dass dabei depressive Episoden vorliegen, abklingen und erneut auftreten (Rezidiv). Denkbar ist jedoch, dass auf dem Hintergrund einer lang anhaltenden depressiven Störung (Dysthymie) es gelegentlich zu depressiven Krisen kommt, in denen die Kriterien einer depressiven Episode erfüllt werden. Oft remittiert die depressive Episode dann jedoch auf die Ausgangsbedingung, nämlich die Dysthymie (im DSM-IV wird dafür die Diagnose einer „Double Depression" vorgeschlagen). Zyklothymien sind lang anhaltende, abgeschwächte bipolare affektive Störungen, bei denen sich Phasen dysphorischer Beeinträchtigung mit Phasen euphorischer, hypomanischer Symptome abwechseln, ohne dass die Kriterien einer bipolaren Störung erfüllt werden.

Ergänzende Unterteilungen: Weitere Spezifizierungen depressiver Störungen ergeben sich durch das jahreszeitlich gebundene Auftreten affektiver Störungen („Winterdepression" bzw. „saisonal abhängige Depression") und durch das Auftreten einer Depression in engem zeitlichen Zusammenhang mit der Geburt eines Kindes („Postpartum Depression").

Die Kriterien für die „depressive Persönlichkeit" umfassen: Die gewöhnliche Stimmung ist charakterisiert durch Abwertung, Schwermut, Freudlosigkeit, Unglücklichsein; das Selbstkonzept zentriert sich um die Annahme der eigenen Unzulänglichkeit, Wertlosigkeit und eines niedrigen Selbstwerts; die Person ist pessimistisch, selbstbeschuldigend, selbstabwertend, selbstbestrafend und sich selbst gegenüber überkritisch; Schuldgefühle; zahlreiche Klagen und Grübeleien; negativistische und verurteilende Haltung anderen gegenüber. Es bleibt bislang ungeklärt, ob „depressive Persönlichkeit" eine eigenständige Störungsdiagnose darstellt.

Depressive Störungen müssen unterschieden werden von Trauer und pathologischen Trauerreaktionen, wobei Suizidalität, Schuldgefühle und psychomotorische Hemmungen meist fehlen, andererseits eine depressive Symptomatik über längere Zeit persistieren kann, wenn die verstorbene Person in Gedanken und Handlungen „existent" bleibt (pathologische Trauerreaktion).

Apathische und regressive Syndrome ohne depressive Verstimmung im engeren Sinne kommen bei konsumierenden und terminalen Erkrankungen vor. Diese psychischen Auffälligkeiten müssen von depressiven Episoden unterschieden werden. Ebenso müssen Ausdrucksformen von Depressivität in unterschiedlichen Kulturkreisen berücksichtigt werden.

Differenzialdiagnose

Wie schon betont sind Traurigkeit, Selbstzweifel, Resignation, Dysphorie und das Auftreten einzelner depressiver oder auch manischer Symptome nicht gleich bedeutend mit dem Vorliegen einer affektiven Störung. Auf der anderen Seite gibt es zahlreiche Studien, die zeigen, dass mit körperlichen Erkrankungen, Somatisierungsstörungen, Substanzmissbrauch bzw. -abhängigkeit, endokrinen bzw. immunologischen Störungen, zerebralen Abbauprozessen sowie bei neurologischen Erkrankungen Depressionen einhergehen. Es gibt Schätzungen, dass 15–20% der Patienten in einer Allgemeinarztpraxis an in der Regel nicht erkannten Depressionen leiden, entsprechend nicht bzw. falsch behandelt werden und so zur Chronifizierung der Störung beigetragen wird.

Für eine Differenzialdiagnose einer Depression ist zunächst auszuschließen, dass die deutlich depressive bzw. expansiv-gehobene Stimmung durch eine körperliche Erkrankung (wie z.B. Schilddrüsenunterfunktion, bestimmte neuronale Noxen und Fehlfunktionen usw.) bedingt ist. Dies bedarf in jedem Fall einer gründlichen ärztlichen, apparativen und labormedizinischen Abklärung. Weiterhin ist die direkte Einwirkung von Medikamenten, Drogen und Alkohol zu klären, die ein depressives Bild zur Folge haben können. Insbesondere mit fortschreitendem Alter bekommen verordnete Medikamente (z.B. Antihypertensiva) in diesem Zusammenhang diagnostische Bedeutung.

Psychopathologisch ist dann das Vorliegen einer bipolaren affektiven Störung bzw. einer Zyklothymie zu bestimmen bzw. auszuschließen. Liegt eine dieser Störungen vor, dann hat dies therapeutische Konsequenzen, da sowohl pharmakologisch als auch psychotherapeutisch in der Regel eine unipolare Depression anders behandelt wird als eine Depression im Rahmen einer bipolaren affektiven Störung.

Die unipolaren depressiven Störungen werden unterteilt in depressive Episoden, Dysthymien und Anpassungsstörungen (kurze bzw. längere depressive Reaktion). Die diagnostischen Kriterien nach ICD-10 berücksichtigen die identischen Symptome. Diagnostische Unterschiede ergeben sich durch die Menge zeitgleich auftretender Beschwerden, die zeitliche Erstreckung dieser Symptome und durch den Zusammenhang (innerhalb 6 Monate nach Ereignis) depressiver Symptome mit einer psychosozialen Belastung (bei der Anpassungsstörung).

Liegt eine deutliche depressive Symptomatik vor, ohne dass die zuvor genannten diagnostischen Kategorien zur Anwendung kommen bzw. passen, kann als Restkategorie schließlich noch eine „andere bzw. nicht näher bezeichnete affektive Störung" diagnostiziert werden. Stehen depressive Symptome in engem Zusammenhang mit dem Tod einer nahe stehenden, geliebten Person, dann gilt dies als sozial erwartete und normal angesehene „Trauer" und nicht als eine Störung mit Krankheitswert. Erst wenn die Trauerreaktion über viele Monate (ab etwa 6) unverändert anhält, gilt dies als abnorm.

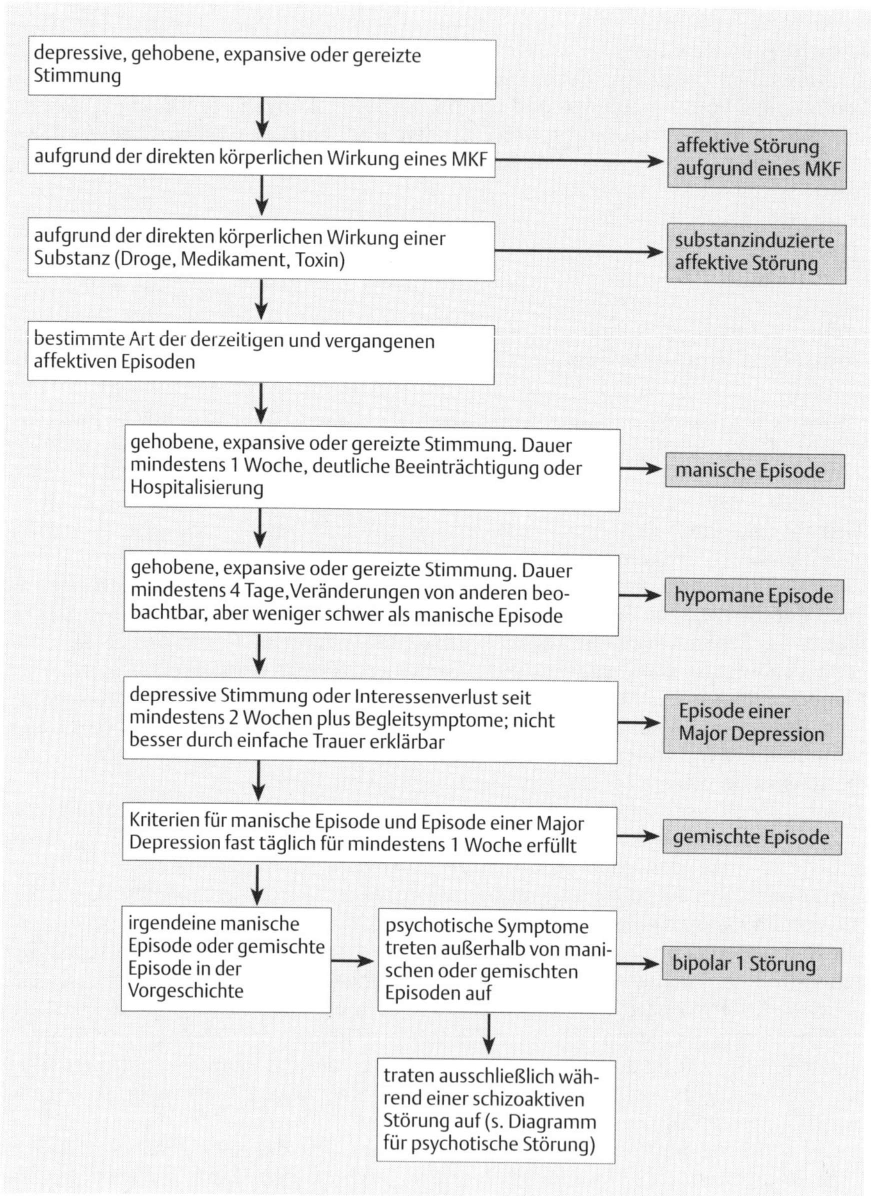

Abb. 1.1 Differenzialdiagnostischer Entscheidungsbaum für affektive Störungen (DSM-IV).

Abb. 1.1 fasst diese Differenzialdiagnosen für affektive Störungen als Entscheidungsbaum nochmals zusammen. Differenzialdiagnostisch wichtig ist insbesondere der Ausschluss einer durch körperliche Prozesse provozierten bzw. durch Substanzen induzierten depressiven Störung. Ferner ist bei Vorliegen wahnhafter Symptome die Abgrenzung von schizophrenen bzw. schizoaffektiven Störungen wichtig.

Depressionen können jedoch parallel zu, infolge von und/oder als Vorläufer von allen psychischen Störungen auftreten und sind bei Vorliegen der entsprechenden Kriterien auch zusätzlich zu den anderen Störungen zu diagnostizieren (multiple Diagnosen, Komorbidität).

Epidemiologie und Risikofaktoren

Prävalenz, Inzidenz und Morbiditätsrisiko

Depressionen sind häufige psychische Störungen, die zudem in den letzten Jahrzehnten offensichtlich häufiger werden und immer jüngere Altersgruppen erfassen. Es liegen heute eine ganze Reihe repräsentativer epidemiologischer Studien vor, die recht übereinstimmende Schätzungen der Häufigkeit und der Risikofaktoren erlauben.

Untersuchungen in Industrienationen und unter Anlegen der Kriterien operationaler Diagnostik (DSM-IV, ICD-10) kommen zu einer Punktprävalenz für depressive Störungen von 2–7%.

Die Lebenszeitprävalenzschätzungen derselben Störungen liegen zwischen 3 und 18%.

Bipolare Störungen weisen eine Prävalenz zwischen 0,1% (Prävalenz) und 3,3% (Lebenszeitprävalenz) auf. In der Zusammenfassung mehrerer Studien lässt sich das Morbiditätsrisiko für bipolare affektive Störungen auf 1–2% schätzen.

Die Inzidenzschätzungen (neue Fälle pro Jahr) für die Diagnose einer depressiven Episode liegen bei 1–2 Neuerkrankungen auf 100 Personen.

Die Wahrscheinlichkeit im Laufe des Lebens eine Depression zu erleiden liegt bei bis zu 12% für Männer und bis zu 26% für Frauen. Mehrere Arbeiten unterstützen diese hohen Schätzungen. In einer repräsentativen Bevölkerungsstichprobe fand sich ein Morbiditätsrisiko für Depression von insgesamt 17%.

Risikofaktoren

In Bezug auf Risikofaktoren bzw. protektive Faktoren, die Einfluss auf die Erkrankungswahrscheinlichkeit einer unipolaren Depression haben können, liegen erst wenige Ergebnisse aufgrund von Längsschnitterhebungen vor.

Geschlecht

Frauen weisen in nahezu allen (Quer- und Längsschnitt-)Untersuchungen ein doppelt so hohes Erkrankungsrisiko für unipolare Depressionen als Männern auf. Neuere Studien, insbesondere unter Berücksichtigung jüngerer Stichproben und mehrerer Indikatoren (Punktprävalenz und Inzidenz) lassen vermuten, dass das Erkrankungsrisiko für Mädchen und junge Frauen früher liegt und außerdem im Jugend- bzw. frühen Erwachsenenalter steiler ansteigt als für Jungen und junge Männer. Frauen weisen zudem eine höhere Rückfallneigung für weitere depressive Phasen auf. Diese Geschlechtsunterschiede werden im mittleren und höheren Lebensalter geringer, d.h. die Depressionsraten der

Geschlechter gleichen sich allmählich an. Bei den bipolaren affektiven Erkrankungen finden sich in der Regel keine bedeutsamen Geschlechtsunterschiede. In vielen Berichten sind jedoch die Stichproben recht klein, sodass keine stabilen Schätzungen vorgenommen werden können.

Lebensalter

Depressionen treten in allen Lebensaltern auf, nach früheren Untersuchungen mit einem Ersterkrankungsgipfel zwischen dem 30. und 40. Lebensjahr. Nach neueren Studien hat sich dieser Altersgipfel jedoch vorverlagert, nämlich zwischen das 18. und 25. Lebensjahr. Bei den Dysthymien kann über die Lebensspanne zunächst mit einer stetigen Zunahme, ab dem 30.Lebensjahr dann jedoch eine allmähliche, ab dem 65.Lebensjahr eine deutliche Abnahme festgestellt werden. Für die bipolaren affektiven Störungen liegt das typische Ersterkrankungsalter im frühen Erwachsenenalter (16–26 Jahre).

Offensichtlich gibt es zwischen Geschlecht und Lebensalter insofern einen Zusammenhang, als das Erkrankungsrisiko bei Frauen früher liegt, rascher ansteigt, früher einen Gipfel erreicht und so bis ins mittlere Erwachsenenalter der Geschlechtsunterschied hinsichtlich der Depressionsrate erhalten bleibt.

Sozioökonomische Faktoren

Unter den sozialen Faktoren sind der Familienstand und das Vorhandensein bzw. Fehlen einer vertrauensvollen persönlichen Beziehung als Risiko- bzw. Protektionsfaktoren bei unipolaren Depressionen gesichert. Getrennte und geschiedene Personen und solche ohne vertraute Personen erkranken eher. Als wichtige protektive Faktoren erwiesen sich positive Sozialbeziehungen, aber auch der Wohn- und berufliche Bereich. Verheiratete Personen, Personen mit höherer Bildung und beruflicher (sicherer) Anstellung sowie ein Wohn- und Lebensraum in eher ländlich-kleinstädtischer Umgebung hatten in der amerikanischen „Epidemiological Catchment Area Study“ die niedrigsten Depressionsraten.

Stressreiche Belastungen

Belastende Lebensereignisse kommen im Vorfeld depressiver Episoden gehäuft vor. Dies gilt für personenabhängige, aber auch für unabhängige (nicht durch die Krankheit oder den Patienten selbst herbeigeführte) Ereignisse. Belastende Ereignisfolgen in Zeiträumen, in denen keine Erholung von den früheren Belastungen eintreten kann, scheinen besonders kritisch zu sein.

Bei den bipolar-affektiven Störungen weisen soziale und sozioökonomische Faktoren nur wenig Einfluss auf. Es scheint, dass Lebensereignisse und sozialer Stress auf das erstmalige Auftreten der bipolaren Erkrankungen einen gewissen Einfluss nehmen, dass jedoch spätere Krankheitsepisoden eher autonom determiniert sind.

Familiäre Belastung

Bei allen affektiven Erkrankungen erweist sich die familiäre Belastung mit affektiven Störungen als die einflussreichste Risikovariable. Angehörige ersten Grades von Patienten mit einer bipolaren affektiven Erkrankung weisen ein Erkrankungsrisiko für affektive Störungen (alle Formen) von 25%, Angehörige unipolar depressiv Erkrankter von 20% und Angehörige gesunder Kontrollpersonen von 7% auf.

Verlauf und Prognose

Alle Verlaufsstudien kommen zu dem Schluss, dass die Verläufe von depressiven und manisch-depressiven Syndromen eine große interindividuelle Variabilität aufweisen. Typische Parameter, die neben dem Ersterkrankungsalter in den vorliegenden Verlaufsstudien ausgewertet wurden, sind: Phasenanzahl, Phasendauer, Phasenintensität, Dauer und Ausmaß des beschwerdefreien Intervalls, Zykluslänge (Abstand Phasenbeginn zu Phasenbeginn) und Zustand während einer Indexuntersuchung.

In Bezug auf den Ausgang bzw. die Prognose depressiver Erkrankungen kann aufgrund der sehr heterogenen und methodisch wenig vergleichbaren Befundlage nur grob geschätzt werden, dass etwa die Hälfte bis zwei Drittel der Patienten so weit gebessert werden, dass sie wieder ihre gewohnte Leistungsfähigkeit besitzen und das alte Selbst hervortritt, oft einzelne Beschwerden dennoch weiter bestehen. Entscheidend für die Beurteilung der Heilungs- und Besserungschancen ist die Länge der Katamnese. Eine Phase ohne Rückfälle von zumindest 5 Jahren fand sich bei knapp 30% der bipolaren und bei 42% der unipolaren Patienten. Übereinstimmend wird für etwa 10–20% der unipolaren und der bipolaren Erkrankungen eine Chronifizierung (Minimaldauer der Beschwerden von 2 Jahren) gefunden. Diese Rate scheint für ältere Personen höher zu sein und auch mit einsetzenden bzw. parallel bestehenden körperlichen Erkrankungen zu korrelieren. Spätremissionen auch bei langen Phasen und solchen in hohem Lebensalter wurden wiederholt gefunden.

Die Remissionsverläufe bipolarer und unipolarer affektiver Erkrankungen sowie von depressiven Syndromen in der Bevölkerung zeigen, dass innerhalb eines Zeitraumes von 6 Monaten über drei Viertel aller Erkrankungen wieder abgeklungen sind. Etwa 50% aller Episoden weisen sogar nur eine Länge von 3 Monaten auf.

Prognosefaktoren

Verlaufsprädiktoren bzw. Prognosefaktoren für den Verlauf sind noch ungenügend in prospektiven Langzeituntersuchungen erfasst. Die beste Prognose für den Einzelfall ergibt sich aus dem schon bekannten Erkrankungsverlauf der betreffenden Person. In einer prospektiven Studie an einer Bevölkerungsstichprobe wurden folgende Variablen identifiziert, die das Risiko determinieren, in dem Untersuchungszeitraum eine Major Depression zu entwickeln: junges Erwachsenenalter, weibliches Geschlecht sowie das Vorliegen früherer depressiver Episoden. Die Wahrscheinlichkeit, nach Remission erneut eine depressive Episode zu erleiden wird durch die Anzahl früherer depressiver Phasen, weibliches Geschlecht sowie die residuale depressive Symptomatik bestimmt.

Es ist angesichts der interindividuellen Verlaufsvariabilität ferner schwierig abzuschätzen, inwieweit eine Behandlung einen prophylaktischen, verlaufsbeeinflussenden Effekt hat. Nimmt man die Katamneseergebnisse der Antidepressivastudien als Standard, so scheinen psychologische Behandlungen, insbesondere kognitiv-verhaltenstherapeutische Verfahren, die Zeiten der Remission gegenüber medikamentös Behandelten zu verlängern, also einen Einfluss auf die Zykluslänge zu nehmen.

Suizidalität und Mortalität

Die Bedeutung des Suizids wird in der Gesellschaft hartnäckig unterschätzt. In den meisten europäischen Ländern und in den USA rangiert Suizid unter den zehn häufigsten

Todesursachen. In Deutschland betrug die Suizidrate 1996 17 auf 100 000. Gemeinsam mit Ungarn zählt Deutschland zu den Ländern mit den höchsten Suizidraten. Die Dunkelziffer bei der offiziellen Suizidstatistik wird auf 25% geschätzt. Die Suizidraten nehmen mit steigendem Lebensalter bei beiden Geschlechtern zu. Soziale Isolation, gescheiterte Ehen und Beziehungen, Arbeitslosigkeit und lebensbedrohliche bzw. die Funktionsfähigkeit stark einschränkende Krankheiten, Depressivität und Hoffnungslosigkeit sind risikoerhöhende Faktoren (vgl. auch Kap. 13).

Der Ausgang Suizid bei depressiven Störungen wird auf etwa 15% geschätzt, liegt also beträchtlich höher als in der Normalbevölkerung und konnte auch durch moderne Behandlungsformen nicht gesenkt werden. Personen, die bereits einmal einen Suizidversuch unternommen haben, wiederholen innerhalb von zwei Jahren diese Handlung mit einer Wahrscheinlichkeit zwischen 15 und 35%.

Darüber hinaus besteht auch eine gegenüber Nicht-Depressiven erhöhte Mortalität wegen körperlicher Störungen, besonders parallel zu Altersdepressionen. Einer epidemiologischen Arbeit zufolge ist das Risiko Depressiver folgende Erkrankungen zu erleiden erhöht: Arteriosklerotische Herzerkrankungen, vaskuläre Läsionen des Zentralnervensystems, Asthma bronchiale, Heuschnupfen (Allergien), Ulcus pepticum, Diabetes mellitus, Infektionserkrankungen. Eine Schwächung des Immunsystems wurde für Trauernde nachgewiesen und könnte die Assoziation depressiver und körperlicher/psychosomatischer Erkrankungen erklären.

Komorbidität

Depressionen weisen eine hohe Rate (75–90%) an Komorbidität auf. Überlappungen bzw. gleichzeitiges Vorkommen von Depressionen mit Angststörungen (Phobien, sozialen Ängsten, Panikstörungen, generalisierter Angststörung), Zwängen, posttraumatischen Belastungsstörungen, Essstörungen, Substanzmissbrauch, Substanzabhängigkeiten, Schlafstörungen, sexuellen Störungen, somatoformen Störungen, psychophysiologischen Störungen, doch auch mit schizophrenen Störungen, hirnorganischen Störungen, zerebralem Abbau sowie verschiedenen Persönlichkeitsstörungen sind häufig. Die Frage, ob bei diesen komorbid vorkommenden Störungen die Depression primär oder erst in der Folge der anderen Erkrankungen auftritt, ist in der Regel kaum zuverlässig zu beantworten. Befragt man Probanden retrospektiv, welche der Störungen zuerst da war, dann erhält man in der Mehrzahl (zwischen 60 und 80%) die Antwort, dass die Depressionen den anderen Schwierigkeiten und Störungen nachfolgten.

Synopsis

- Depression häufigste psychische Erkrankung;
- Einteilung heute nach Schweregrad, nicht nach Ätiologie;
- schwierige Differenzierung zwischen chronischer (Sub)-Depressivität und akuten Episoden;
- Risikofaktoren: weibliches Geschlecht, höheres Alter, niedriger Sozialstatus, Partnerlosigkeit, familiäre Vorgeschichte;
- relativ hohes Rückfallrisiko, ca. 20% chronische Verläufe;
- hohes Suizidrisiko;
- 75–90% Komorbidität mit anderen psychischen Erkrankungen.

2. Therapeutische Versorgung

Michael Dettling

Anhand unterschiedlicher Gesichtspunkte wird die therapeutische Versorgung depressiver Patienten in Deutschland dargestellt. Zunächst erfolgt eine quantitative Übersicht zum ambulanten und stationären Angebot. Daran schließt sich eine Darstellung der gesellschaftlichen Überzeugungen zur Depression und geeigneten antidepressiven Therapien an. Danach werden Daten zur realen Behandlungsquote depressiver Patienten dargelegt. Das Kapitel endet mit Überlegungen zur qualitativen Verbesserung der therapeutischen Versorgung der Betroffenen.

In die Beurteilung von Quantität und Qualität der therapeutischen Angebote bzw. der therapeutischen Versorgung für Patienten mit einer depressiven Störung in Deutschland gehen neben der rein formalen Darstellung der verschiedenen Verfahren mit ihrem jeweiligen Anteil an der Gesamtversorgung weitere grundlegende Fragen ein, die erst in den letzten Jahren wissenschaftlich untersucht wurden (Wittchen et al. 1999).

Ohne Zweifel ist die bundesweite Versorgung stationärer und ambulanter Therapieangebote dichtvernetzt und hochfrequent, dies allein sagt aber z.B. relativ wenig darüber aus, wie viel depressiv erkrankte Menschen tatsächlich ärztlich erkannt werden, welche Patienten ein bzw. welches Therapieangebot wahrnehmen, und ob bei einzelnen Therapieformen ein Missverhältnis zwischen Angebot und Nachfrage besteht.

Von großer Bedeutung für eine realitätsnahe Beurteilung der therapeutischen Versorgung depressiver Patienten und ihrer tatsächlichen Effektivität ist es, die Motivationslage bzw. Perspektive der Betroffenen zu verstehen, die diese dazu veranlasst das eine oder andere bzw. kein Therapieangebot wahrzunehmen. Hierfür spielen einerseits die selektiven Informationsmöglichkeiten über die Erkrankung Depression und das hieraus entstandene spezifische Krankheitsmodell der jeweils Betroffenen eine wesentliche Rolle. Andererseits haben aber sicher auch gesellschaftliche Vorstellungen über die Depression einen enormen Einfluss auf die jeweilige Wahl der Betroffenen. Auch makrostrukturelle gesundheitspolitische Aspekte der Versorgung (Üstün u. Sartorius 1995) und der Status quo des ärztlichen Wissensstandes bzw. der Fähigkeiten des Therapeuten (Perkonnig et al. 1995) sind wichtige Teilaspekte dieses gesamten Komplexes.

Daten zum ambulanten und stationären Angebot für depressive Patienten in Deutschland

Bei dem Versuch, Daten bzgl. der therapeutischen Versorgung depressiv erkrankter Menschen in Deutschland zu präzisieren, steht man zunächst vor der Schwierigkeit, genaue Zahlenangaben über die vielfältigen Berufsgruppen, die an deren therapeutischer Versorgung beteiligt sind, zu erhalten. Deshalb sind die Daten auf Angaben über Ärzte und psychologische Psychotherapeuten beschränkt. Dies bedeutet natürlich nicht, dass der wichtige Beitrag verschiedener anderer Berufsgruppen wie Krankenhauspersonal, Musiktherapeuten, Sozialtherapeuten und viele andere mehr an der therapeutischen Versorgung nicht anerkannt wird. Eine weitere Einschränkung bei der Interpretation der folgenden Zahlen ist die Tatsache, dass die enormen Umstellungen durch das jüngst implementierte Psychotherapeutengesetz noch nicht in realiter berücksichtigt sind. Man kann aber davon ausgehen, dass die Anzahl der Behandler in beiden Berufsgruppen deutlich angestiegen ist.

Nach Aussage der KBV in Bonn hatten Ende 1998 im Rahmen des neuen Psychotherapiegesetzes in Deutschland 19.000 psychologische Psychotherapeuten deutschlandweit die Zulassung bei der KBV beantragt; es wurde seinerzeit damit gerechnet, dass 13–14.000 Psychologen die endgültige Zulassung erhielten.

Für Ärzte lagen nach Aussage der KBV in Bonn zum 31.12.1998 die in Tab. 2.**1** angegebenen Zahlen vor. D.h. im Verlauf des Jahres 1999 waren ca. 25.000 Fachärzte/Psychologen an der spezifischen therapeutischen Versorgung depressiver Menschen beteiligt. Addiert man zu dieser Zahl noch diejenigen hinzu, die von ärztlicher Seite aus die Patienten in der Regel zuerst sehen, nämlich die Hausärzte/Allgemeinmediziner und die Zahl der anderen beteiligten Berufsgruppen, ergibt sich eine in Anbetracht der Prävalenz- und Inzidenzzahlen der Depression, im Vergleich mit anderen Erkrankungen ähnlicher Verbreitung und in Unkenntnis der tatsächlichen Behandlungsquote depressiv Erkrankter eine zunächst doch hoch anmutende Anzahl fachspezifischer Kollegen, die an der therapeutischen Versorgung Depressiver beteiligt sind.

Gesellschaftliche Überzeugungen bzgl. der Erkrankung Depression und geeigneter antidepressiver Therapieverfahren

Es gibt einige Untersuchungen, die die Einstellungen der Öffentlichkeit zur Depression und bzgl. geeigneter Therapiemaßnahmen untersucht haben. Da sich die inhaltlichen Aussagen dieser Untersuchungen ähneln, wird im Folgenden pars pro toto eine australische Untersuchung vorgestellt (Jorm et al. 1997). In dieser Untersuchung wurde über 2000 psychisch gesunden Erwachsenen ein Fallbericht über eine depressive Episode eines 30-jährigen Mannes vorgelegt. Die Beschreibung enthielt alle für die Diagnosestellung erforderlichen DSM-IV- bzw. ICD-10-Kriterien. Die Probanden wurden befragt, welche Erkrankung vorliegt und welche therapeutischen Maßnahmen sie empfehlen oder selbst aufsuchen bzw. nutzen würden. 87% der Befragten erkannten die beschriebene Symptomatik als Depression. Es wurden folgende Personengruppen genannt, die nach Ansicht der Befragten bei einer Depression helfen könnten (Mehrfachnennungen): Hausarzt (87%), enge Freunde (78%), Primärfamilie (77%), telefonische Seelsorge (54%), klinischer Psychologe (49%), Sozialarbeiter (48%), Priester (48%), Psychiater (47%), Naturheilkundler (21%) (Tab. 2.**2**).

Tabelle 2.**1** Anzahl der Fachärzte und ärztlichen Therapeuten in Deutschland (Stand: Ende 1998)

- 6.026 Nervenärzte (3.357 niedergelassen/2.141 angestellt)
- 2.639 Ärzte für Psychiatrie (724 niedergelassen/1.649 angestellt)
- 2.142 Ärzte für psychotherapeutische Medizin (1.514 niedergelassen/594 angestellt)
- 763 Ärzte für Psychiatrie und Psychotherapie (281 niedergelassen/443 angestellt)

Tabelle 2.2 Ansicht der australischen Öffentlichkeit über adäquate Ansprechpartner Depressiver (aus: Jorm et al. 1997)

• Hausarzt	87%
• Enge Freunde	78%
• Familie	77%
• Telefonseelsorge	54%
• Klinischer Psychologe	49%
• Priester, Sozialarbeiter	48%
• Psychiater	47%

Tabelle 2.3 Ansicht der australischen Öffentlichkeit über hilfreiche nicht-medikamentöse Therapieformen bei Depression (aus: Jorm et al. 1997)

• Aktivität	87%
• Meditation, Yoga	86%
• Selbsthilfebücher	61%
• Diäten	40%
• Psychotherapie	26%

Bzgl. medikamentöser antidepressiver Therapie wurde nur der Bereich Mineralien/pflanzliche Medizin mit 63% als Erfolgs versprechend angesehen. Medikamenten wie Antidepressiva, Anxiolytika, Sedativa und Antipsychotika wurde keinerlei hilfreiche Wirkung zugestanden.

Im Bereich „hilfreiche, nicht-medikamentöse Therapien" wurden genannt (Mehrfachnennungen): Aktivierungsprogramm (87%), Meditation und Yoga (86%), Selbsthilfebücher lesen (64%), keinen Alkohol trinken (61%), diätetische Maßnahmen (40%), Psychotherapie (26%), Alkohol zur Entspannung trinken (22%). Eine Vorstellung in einer psychiatrischen Poliklinik wurde demgegenüber als eindeutig schädlich angesehen (Tab. 2.**3**).

Als Ursache depressiver Störungen wurden zu 80% soziale Umwelteinflüsse genannt. 50% der Befragten sahen genetische Faktoren als ursächlich an, ebenfalls 50% benannten aber auch „Charakterschwäche" als auslösenden Faktor einer Depression.

In einer englischen Untersuchung an ca. 2000 Erwachsenen der dortigen Allgemeinbevölkerung zeigten sich bei ebenfalls folgende Überzeugungen bzgl. einer Depression und ihrer Therapie (Paykel et al. 1997):

Tabelle 2.4 Ansichten der englischen Öffentlichkeit über mögliche Ursachen einer Depression (aus: Paykel et al. 1997)

• Arbeitslosigkeit	77%
• Stress	71%
• Trennungen	67%
• Postnatale Depression	54%
• Menopause	47%
• Biologische Veränderungen im Gehirn	33%

- Die am häufigsten genannten Ursachen einer Depression waren Arbeitslosigkeit (77%), Stress (71%) und Beziehungsprobleme (67%), und am Ende der Skala biologische Veränderungen im Gehirn (33%) (Tab. 2.**4**).
- Im Bereich Therapie der Depression wurden spezielle Therapieangebote folgendermaßen eingeschätzt: „Depressive sollten sich zunächst informieren" (91%), „Antidepressiva machen abhängig" (78%), „Antidepressiva sind effektiv" (46%), „depressive Menschen sollten ein Antidepressivum nehmen" (16%).
- Bei der Frage nach dem potenziellen Erstkontakt Depressiver wurden folgende Verhaltensregeln am häufigsten genannt: „Wäre ich depressiv, suchte ich zuerst den Hausarzt auf" (79%), „es wäre mir peinlich wegen einer Depression einen Hausarzt aufzusuchen" (60%), „der Hausarzt ist nicht genügend spezialisiert, um eine Depression adäquat zu behandeln" (43%).

Eine weitere Untersuchung konnte die Meinung der deutschen Öffentlichkeit über Psychotherapie gegenüber Psychopharmaka-Therapie spezifizieren (Angermeyer et al. 1993). Es wurde gezeigt, dass das vermeintliche Wissen der Bevölkerung über Psychotherapie primär auf der Vorstellung basiert, mittels dieses Verfahrens seine Persönlichkeit ändern zu können und dass Betroffene dadurch den Grund für ihr Problem kennen lernen. Das Ansehen von Psychopharmaka in der Öffentlichkeit generierte sich hauptsächlich aus einem vermeintlichen Abhängigkeitsrisiko und deren primär sedierenden Effekt. Dementsprechend zeigte sich das Ansehen der Psychopharmaka in der deutschen Bevölkerung als sehr gering.

Fasst man die gesamten Ansichten zu diesem Thema zusammen, wird deutlich, dass in der Bevölkerung der Industrienationen Vorstellungen über die Erkrankung Depression und deren effiziente Behandlung bestehen, die deutlich von denen der professionellen Helfer abweichen. Diese gesellschaftlichen Überzeugungen werden sicher z.T. auch von den Betroffenen selbst geteilt und haben damit dementsprechende Auswirkungen auf das Verhalten zumindest der erstmals an einer Depression Erkrankten.

Behandlungsquote depressiver Erkrankungen

Mehrere epidemiologische Studien in der Bevölkerung haben eindeutig nachgewiesen, dass die Behandlungsquote depressiver Erkrankungen in Deutschland gering ist (Wittchen u. v. Zerssen 1987, Fichter 1990). Die Gründe für diese niedrige Quote sind wissenschaftlich noch nicht ausreichend geklärt. Die Münchener Gruppe um Wittchen beschreibt vier Gründe hierfür: das Verhalten des unmittelbaren sozialen Umfeldes und der Gesellschaft, das Arzt- bzw. Behandlerverhalten, das Patientenverhalten und den gesundheitspolitischen Status quo (Wittchen et al. 1999).

Der erstgenannte Grund, der sicher einen nicht zu unterschätzenden Einfluss auf das nicht Inanspruchnehmen adäquater professioneller Hilfe ausübt, wurde bereits in Kap. 1 dargestellt.

Auch das Arzt- bzw. Therapeutenverhalten hat großen Einfluss auf die niedrige Behandlungsquote Depressiver. Trotz der stetig wachsenden Anzahl an Fort- und Weiterbildungsmöglichkeiten im Bereich Psychotherapie und ärztlicher Diagnostik wird ein großer Teil depressiv Erkrankter nicht erkannt. Nach Wittchen ist eine mögliche Interpretation dieses Umstandes eine verfrühte und voreilige, eine Depression ausschließende Diagnostik, wenn initial im Erstgespräch Fragen nach affektiven Kernsymptomen wie Niedergeschlagenheit und/oder Deprimiertheit von dem den Arzt oder Therapeuten Aufsuchenden verneint werden. Eine weitere Quelle ärztlichen und therapeutischen Fehlverhaltens besteht in dem Nichterkennen bestimmter Verlaufsformen bzw. Intensitätsgrade depressiver Erkrankungen. Letzteres mag bei Fachärzten und langjährig sorgfältig ausgebildeten Psychotherapeuten eher die Ausnahme sein. Die Bedeutung von Kompetenz und Fertigkeiten in diesem Bereich wird aber beim Betrachten der Realität der Erstversorgung depressiv Erkrankter deutlich. Vergleichsweise hoch ist nämlich die antidepressive Erstversorgung durch Allgemeinärzte (Hausärzte). Man geht davon aus, dass immerhin 15–25% aller allgemeinärztlichen Patienten in Deutschland unter akuten und behandlungsbedürftigen psychischen Erkrankungen leiden. Der Anteil depressiver Patienten hieran beträgt 8,4% (europaweit 12,6%) (Linden et al. 1996). Von diesen Patienten werden in der Regel nur deutlich unter 10% zum Nervenarzt überwiesen, nach Linden sogar unter 1% (europaweit 5,2%). Dem steht gegenüber, dass Betroffene mit der ICD-10-Diagnose „akute depressive Episode" von Allgemeinmedizinern nur zu 60,2% erkannt werden. Allgemeinärztliche Therapiemaßnahmen beinhalten psychosoziale Maßnahmen (26,1%; europaweit 7,4), aber auch medikamentöse Therapie (16,1%, europaweit: 13,5%); Letzteres bezieht sich aber auf verschiedene Substanzklassen, spezifische Antidepressiva beispielsweise verordnen deutsche Allgemeinmediziner nur zu 2,0%, ihre europäischen Kollegen immerhin zu 3,8%.

Einen mindestens ebenso bedeutsamen Einfluss auf die niedrige Behandlungsquote scheint nach Wittchen aber auch das Patientenverhalten zu haben. Hierzu zählen persönliche Einstellungen des Patienten, sein Präsentier- und Hilfesuchverhalten wie auch sein generelles Krankheits- und Gesundheitsverhalten. Patienten, die z.B. aufgrund von Schamgefühlen nicht offen über ihre Symptomatik reden bzw. bestimmte depressionstypische Symptome nicht exakt beschreiben werden generell seltener diagnostisch erkannt. Bedenkt man dann noch, dass 25% der Depressiven überhaupt keinen Arzt aufsuchen (Laux 1996) lässt sich erahnen, wie schwer die Beeinflussung der Variablen „Patientenverhalten" für das Zustandekommen einer höheren Behandlungsquote depressiv Erkrankter tatsächlich ist.

Auch gesundheitspolitische Aspekte wirken sich auf die niedrige Behandlungsquote depressiv Erkrankter aus (Katz et al. 1998, Ustün u. Sartorius 1995). Dazu zählen Bereiche wie Kassenregelungen, Abrechenbarkeit von Leistungen, aber auch neue gesetzliche Bestimmungen wie z.B. das Psychotherapeutengesetz. Es steht zu befürchten, dass aus diesem Bereich in den nächsten Jahren keine grundlegenden Impulse für eine Verbesserung der gegenwärtigen Situation kommen.

Möglichkeiten der strukturellen und inhaltlichen Verbesserung

Aus dem oben Beschriebenen geht deutlich hervor, dass trotz der vermeintlich hohen Quantität und Qualität der therapeutischen Versorgung depressiver Patienten in Deutschland die Behandlungsquote depressiv Erkrankter erstaunlich gering ist. Analog zu den von Wittchen beschriebenen 4 Bereichen, die einen Einfluss auf die Behandlungsquote haben, sollen abschließend spezifische Verbesserungsmöglichkeiten, die einem Arzt oder Therapeuten obliegen, dargestellt werden.

Es herrschen in unserer Gesellschaft – durch mehrere epidemiologische Studien belegt – Überzeugungen bzgl. der Erkrankung Depression vor, die faktisch falsch sind und auf die Einfluss genommen werden kann und muss. Hierfür erscheinen zwei Strategien Erfolg versprechend. Beide Strategien sind miteinander verschachtelt und werden zunehmend auf internationalem Gebiet angewendet. Zum einen müssen mehr Informationen über das Wesen und die therapeutischen Möglichkeiten bei der Erkrankung Depression in der Öffentlichkeit verbreitet werden. Zum anderen ist eine realistische Einschätzung und Darstellung des *state of the art* der Depression von professioneller Seite notwendig. Dies beinhaltet auch persönliche Weiter- bzw. Fortbildung in diesem Bereich.

In England wurde bereits 1992 von therapeutischen Institutionen und Fachleuten der Versuch unternommen, professionelle Informationen über die Depression öffentlichkeitswirksam zu verbreiten, um die vorherrschenden gesellschaftlichen Überzeugungen positiv zu beeinflussen (Paykel et al. 1997). Die sog. „Defeat Depression Campaign" hatte zum Ziel, die negative Haltung und die vorhandenen Wissenslücken der Öffentlichkeit mittels professioneller Gesundheitserziehung und Aufklärung über Mythen und Realität der Depression zu bearbeiten, um zum einen Betroffene zu ermutigen sich früh genug um adäquate professionelle Hilfe zu bemühen und zum anderen, die gesellschaftlichen Stigmata der Depression zu reduzieren. Die intermittierend über fünf Jahre durchgeführte Öffentlichkeitskampagne beinhaltete Wissensvermittlung via Informationsbroschüren, Artikel in Tageszeitungen und Wochenzeitschriften, Radiointerviews, TV-Sendungen (Darstellung depressiver Symptomatik von Betroffenen, Expertenrunden) und vieles mehr. Sämtliche Aktivitäten waren darauf fokussiert, bei Betroffenen und deren Familien eine Achtsamkeit für und Vertrautheit mit der depressiven Symptomatik zu entwickeln.

Im Vergleich der gesellschaftlichen Überzeugungen vor und drei Jahre nach der Kampagne konnten die Autoren allerdings nur eine mäßige Veränderung der seinerzeit geäußerten Ansichten feststellen, die öffentliche Meinung erwies sich als relativ rigide. Die sich teilweise widersprechenden Überzeugungen der englischen Allgemeinbevölkerung spiegelten trotz der Kampagne weiterhin ein Konglomerat aus realistischer Einschätzung, Mythen, Ängsten, Para- und Nichtwissen bzgl. der Depression, die die insuffiziente Inanspruchnahme von professionellen Therapieeinrichtungen bzw. Therapieangeboten und die vermutete hohe „Dunkelziffer" von depressiv erkrankten Menschen erklärbar macht, und sind sicher auch auf deutsche Verhältnisse übertragbar.

Hinsichtlich konkreter Verbesserungsmöglichkeiten im Bereich des Arztes bzw. Therapeuten gibt es neben der Teilnahme an den oben beschriebenen Strategien natürlich in erster Linie auch die Möglichkeit fachspezifisches Wissen und Kompetenzen zu erwerben und zu vertiefen bzw. Zusatzausbildungen durchzuführen. Ein Bedarf hierfür besteht zweifelsfrei. In einer niederländischen Untersuchung (van Praag 1998) wurden häufig geäußerte Überzeugungen der professionellen Zunft mit den hierzu tatsächlich vorliegenden wissenschaftlichen Realitäten verglichen. Es zeigte sich, dass mitunter auch auf professioneller Seite Mythen und Halbwahrheiten zu Einzelaspekten der Depression und der therapeutischen Möglichkeiten vorliegen.

Ebenso erscheinen Empfehlungen sinnvoll – vor allem im Hinblick auf die hohe Anzahl der Allgemeinmediziner, die in Erstkontakt mit Depressiven treten – grundsätzlich ein Depressions-Screening mittels eingeführter reliabler und valider Fragebögen im Rahmen des Erstkontaktes durchzuführen, um damit die Behandlungsquote Depressiver zu erhöhen (s. Kap. 16).

Da trotz der auf sie einwirkenden Einflüsse des sozialen Umfeldes bzw. der Gesellschaft 75% aller Depressiven einen Arzt bzw. Therapeuten aufsuchen, ist es umso wichtiger, diesen Patienten schon vor Einleiten weiterer therapeutischer Schritte ihre Ängste und etwaig vorhandenes Schamgefühl zu nehmen und sie zu entlasten. Auch auf mögliche Verleugnungstendenzen depressiver Patienten muss angemessen und sensibel eingegangen werden. Dies ist ein Prozess, der ein hohes Maß an Kompetenz verlangt.

In zusätzlicher Kenntnis des bei depressiven Patienten oftmals vorliegenden Präsentierverhaltens, das eine richtige diagnostische Zuordnung erschweren kann, sind somit jedem Arzt und Therapeuten Verbesserungsmöglichkeiten in seinem Bereich gegeben, die dazu beitragen können – relativ unabhängig von aktuellen gesundheitspolitischen Aspekten und Zukunftsperspektiven –, dass das solide Maß der Quantität der therapeutischen Versorgung in Deutschland eine entsprechende qualitative Verbesserung bewirkt, die sich am ehesten in einer höheren Behandlungsquote ausdrücken würde.

Synopsis

- Rein quantitativ, auch im Vergleich zu nicht-psychischen Erkrankungen mit ähnlicher Häufigkeit, sind relativ viele Ärzte und Psychotherapeuten an der therapeutischen Versorgung depressiv Erkrankter beteiligt; trotzdem ist die Behandlungsquote dieser Patienten gering.
- Hierfür tragen unterschiedliche Faktoren, wie gesellschaftliche Überzeugungen zur Depression, typische Verhaltensmuster depressiver Patienten, fehlerhafte Diagnostik von Ärzten und Therapeuten sowie häufiger Erstkontakt Depressiver bei fachfremden ärztlichen Kollegen bei.
- Um die Behandlungsquote Depressiver zu erhöhen, ist es neben einem wünschenswerten weiteren Ausbau des Versorgungsnetzes notwendig, dass sich Ärzte und Psychotherapeuten mit diesen Faktoren, die beeinflussbar sind, beschäftigen.

3. Verhaltenstherapie

Birgit Hofmann, Nicolas Hoffmann

für Jana

Zuerst werden die theoretischen Grundlagen eines Arbeitsmodells zur Depressionsentstehung beschrieben. Danach wird ein verhaltenstherapeutischer Ansatz anhand eines Fallbeispiels illustriert. Dabei wird unterschieden zwischen kurzfristig und längerfristig wirksamen Therapiemaßnahmen, die ausführlich erläutert werden.

Die Diskrepanz zwischen Ist und Soll als Entwicklungsmöglichkeit oder als Auslöser für Depressionen

Es gibt Perioden im Leben, in denen die Erreichung von Zielen blockiert ist, Wünsche nicht erfüllt werden oder der gewohnte Alltag durch Belastungen oder schwere Verluste unterbrochen ist. Der Mensch erlebt dann eine Diskrepanz zwischen dem eingetretenen Zustand und dem eigentlich gewünschten. Dadurch können neue Entwicklungen in Gang gesetzt werden oder aber es entsteht eine innere Unordnung, eine Krise.

Ob die Krise in eine Depression übergeht oder nicht, hängt wesentlich davon ab, wie es der Person gelingt, angesichts der kritischen Bedingungen ihre Lebenszufriedenheit zu behalten oder wiederherzustellen. Dazu muss sie allerdings die Diskrepanz zwischen der entstandenen Lage und dem gewünschten Sollzustand reduzieren. Dabei kann sie vor allem zwei verschiedene Strategien anwenden.

Assimilative Bemühungen

Zunächst kann der Betroffene durch aktives, kämpferisches Handeln, sog. *assimilative* (verändernde) Bemühungen, versuchen, die Diskrepanz zu reduzieren. Die Person ruft z.B. ihre inneren Ressourcen auf, sie strengt sich stärker an, entwirft ganz neue Pläne, die sie dann in die Tat umsetzt.

All dies hat zum Ziel, die Lebensbedingungen aktiv zum Positiven hin zu verändern. Die Hauptschwerpunkte assimilativer Bemühungen sind folgende:

- Der Versuch, Hindernisse, die der Erreichung bisheriger Befriedigungsquellen im Weg stehen, wegzuräumen.
- Ausbau und Aufbau bisher kaum genutzter oder neuer Befriedigungsquellen, auch als Kompensation für solche, die durch ungünstige Umweltveränderungen blockiert oder unwiederbringlich verloren sind (z.B. beim Tod einer geliebten Person).
- Abbau von Belastungen, die als „Herde eines chronischen Kräfteverschleißes" im Sinne Janets (Hoffmann 1998) wirken.
- Erwerb neuer Fähigkeiten und Fertigkeiten, die kurz- oder längerfristig eine bessere und befriedigendere Lebensbewältigung gewährleisten.

Stellen sich aber negative Umweltveränderungen als schwer beeinflussbar heraus oder werden Zielblockaden trotz der eigenen aktiven Bemühungen als unüberwindbar angesehen, dann treten Gefühle der Trauer, Enttäuschung oder Niedergeschlagenheit auf. Intensität und Dauer der Gefühle hängen dabei von der Bedeutsamkeit des Verlustes oder des nicht erreichten Zieles oder aber vom Schweregrad der Belastung ab. Die Ressourcen eines gesunden Menschen sind aber an dieser Stelle noch nicht erschöpft. Meist schon parallel zu den assimilativen Maßnahmen, vor allem aber dann, wenn diese nicht ausreichen, können sog. *akkomodative* Mechanismen auf den Plan treten. Dabei wird das eigene Denken, Wahrnehmen und Bewerten an die weitgehend unveränderbare Lebenssituation angepasst. Auch dadurch kann die Ist-Soll-Diskrepanz reduziert oder aufgelöst werden.

Akkomodative Bemühungen

Die wichtigsten sind:

- Abwärtsvergleiche zu anderen Personen.
  Menschen, denen negative Ereignisse widerfahren sind oder in Bedrohungssituationen geraten, neigen dazu, die eigene Situation mit der von anderen Personen zu vergleichen, denen es noch viel schlechter geht. Abwärtsvergleiche können auf diese Weise stimmungsverbessernd wirken.
- Suche nach positiven Nebenbedeutungen der derzeitigen negativen Situation.
  Die Situation wird dadurch in einen anderen Rahmen gestellt (reframing). Arbeitslosigkeit kann z.B. die Möglichkeit bieten, sich früher lang gehegte Pläne zur Freizeitgestaltung, Bildung oder beruflichen Umorientierung zu erfüllen. In einer Stichprobe querschnittsgelähmter Patienten bejahten in einer Studie von Schulz u. Decker (1985) mehr als die Hälfte der Personen die Frage nach einem Sinn oder einer positiven Bedeutung der Behinderung.
- Abwertung von unerfüllten Wünschen.
  Nicht verwirklichte Wünsche können nachträglich abgewertet werden. Beispielsweise gibt es Belege dafür, dass Personen mit beruflichen Problemen Geld und Wohlstand abwerten. Das Schulfach, in dem ein Schüler schlechte Leistungen erbringt, wird von ihm als unwichtiger eingeschätzt als andere.
- Selbstwertdienliche Ursachenzuschreibungen.
  Personen, die einen Misserfolg erleben, weisen Verantwortung für das Ereignis zurück, indem sie z.B. auf fehlendes Glück, auf ungünstige Umstände verweisen. Sie attribuieren selten auf mögliche stabile innere Eigenschaften, wie z.B. mangelnde Intelligenz, die für den Misserfolg verantwortlich sein könnten.
- Kompensation und Bilanzierung.
  Die Person richtet ihre Aufmerksamkeit auf die positiven Aspekte des eigenen Lebens. Dadurch werden Diskrepanzen in anderen Bereichen in ihrer emotionalen Bedeutung gemindert (Wentura 1995).

Defizitäre Assimilation und Akkomodation

Bei einigen Menschen in Krisensituationen sind die assimilativen und akkomodativen Prozesse, zu denen sie noch in der Lage sind, offensichtlich nicht ausreichend, um ein befriedigendes inneres Gleichgewicht wieder herzustellen.

Sie halten an den überlebten Ansprüchen zu starr fest. Sie haben eine hohe (nicht selten schuldgetriebene) Selbstverpflichtung zur Erreichung von Zielen und eine zu hohe innere Bindung an unerfüllbare Wünsche. Sie können sich dadurch nicht ablösen, neu orientieren oder die Situation mit Hilfe der beschriebenen Entlastungsmöglichkeiten umdefinieren, um sie akzeptieren zu können. Sie vergleichen immer wieder die mögliche gewünschte Situation mit der heutigen negativen wirklichen Situation (Kuhl u. Helle 1994, zur Theorie der „degenerierten Intentionen"). Die Entlastung durch Abwertung funktioniert noch einigermaßen. Kommt es aber dazu, dann in einer so globalen Weise, dass alles abgewertet wird, anstatt nur in kritischen Teilbereichen. Dann wird alles für sinnlos, für verwerflich befunden. Dadurch verliert die konkrete Umwelt an lustvollen Reizen, der Mensch findet sich in einer öden Welt verlassen wieder.

Durch all das entsteht ein hohes Energiedefizit, bis hin zur Erschöpfung, es hindert sie daran, neue Kräfte verleihende Befriedigungsmöglichkeiten zu finden und zu nutzen. So kleben sie an Altem fest, um den Preis eines weiteren Kräfteverschleißes. Schließlich nehmen sie eine Art Ruhestellung ein, die mit Versuchen alterniert, es doch noch zu schaffen. Das Ergebnis ist einerseits die Leitsymptomatik der Depression, die Niedergeschlagenheit, einhergehend mit zunehmendem Antriebsverlust und Gefühlen der Leere und der Sinnlosigkeit. Andererseits tritt dann wieder Unruhe auf und nicht zum Ziel führende Anstrengung.

Ein psychologisches Arbeitsmodell der Entstehung einer depressiven Reaktion

Die *Verhältnisse im Vorfeld* einer depressiven Reaktion werden am besten durch eine dynamische Betrachtungsweise verständlich. Die zentrale These Pierre Janets dazu (1926, s.a. Hoffmann 1998) lautet: Der depressive Mensch hat in einem bestimmten Zeitraum mehr Kräfte ausgegeben, als er eingenommen hat, und die verbleibenden, ihm zur Verfügung stehenden sind dadurch drastisch reduziert (eine solche Auffassung erscheint auch heute höchst aktuell: Es sei nur an die Arbeiten Antonovskys (1979) über die antagonistischen Auswirkungen von stressinduzierenden Faktoren und den „generalisierten Stresswiderstandsquellen" im Rahmen einer Salutogenese erinnert).

Dieser Grundgedanke taucht auch in der neueren Depressionsliteratur in vielen Varianten auf. So sprechen lerntheoretisch orientierte Autoren davon, dass der Depressive sich, wichtige Aspekte seines Verhaltens betreffend, „unter Löschungsbedingungen" (Ferster 1974) befinde oder dass er durch veränderte Lebensbedingungen unter einem „chronischen Verstärkerdefizit" leide (Lewinsohn u. Libet 1972). Das bedeutet in beiden Fällen: Er muss immer mehr Kraft investieren (d.h. Verhalten emittieren), wobei die Verstärkung dafür immer geringer ausfällt. Seligman (1975) meint, ein Lebewesen müsse immer wieder mit zunehmender Mühe Reaktionen ausprobieren, um positive Verstärker zu erlangen oder aversiven Reizen zu entkommen, erlebe aber dabei keine Erfolge. Beck (1987, S.33) schließlich schreibt: "Als Auslöser einer Depression können wir in den meisten Fällen eine kontinuierliche und lang andauernde Diskrepanz zwischen Einnahmen und Ausgaben, Gewinn und Kosten annehmen".

Als Ergebnis dieser zeitweilig vorherrschenden *ungünstigen Kräftebilanz* entsteht ein *chronisches Energiedefizit*. Der Mensch ist seinen bisherigen Aufgaben nicht mehr gewachsen. Er nimmt, physisch wie psychisch gesehen, eine mehr oder weniger ausgeprägte Schonhaltung ein.

Sie äußert sich vor allem:

- Im Gefühl der Niedergeschlagenheit. Gefühle haben u.a. die Funktion, das Verhalten zu regulieren. Niedergeschlagenheit oder Traurigkeit bringen ein Individuum dazu, seine Aktionen zu reduzieren, vor allem die anstrengenden und „kostspieligen". Davon ist vor allem Verhalten im Sozialbereich betroffen und solches, das viel Kraft erfordert, wie Arbeit. Die Vermeidung solcher Verhaltensweisen kann sich bis zu einer Angst vor Aktivitäten als solchen auswirken, vor allem deswegen, weil die Betroffenen in zunehmendem Maße Misserfolge dabei erleiden. Sie sehen sich nicht mehr dazu in der Lage, Initiativen zu ergreifen und reagieren in zunehmendem Maße nur noch auf Aufforderungen und Anleitungen. Sie ermüden sehr rasch, bis hin zur Erschöpfung. Auf die Art geben sie schnell auf, bringen kaum noch etwas zu Ende und verspüren immer mehr eine Art Entfremdung von dem eigenen Tun. Vor allem erleben sie, dass sie, von den Ergebnissen her gesehen, ihre früheren Leistungen nicht mehr erreichen können und den eigenen Standards nicht mehr genügen. Durch all das kommt es zu einer inneren größeren Einengung des Betätigungsfeldes und des Lebensraumes, in dem sie sich bewegen.
- Die Aktivitätsreduktion greift über auf tiefe vitale Schichten: Körperliche Funktionen verlangsamen sich und werden quasi auf ein Minimum reduziert, das gerade noch das Überleben gewährleistet. Eine Art „vitale Traurigkeit" breitet sich aus.
- Einhergehend mit der von außen registrierbaren Aktivitätsreduktion und der subjektiv erlebten Antriebsreduktion gehen eine Reihe von charakteristischen kognitiven Veränderungen einher. Sie bedeuten eine tief greifende Veränderung der inneren Einstellung zu den Dingen des Lebens, vor allem auch zu der eigenen Person und ihrer Bedeutung in der Welt.

Die erste Phase einer typischen depressiven Entwicklung, die Verdrossenheit, ist vor allem durch das subjektive Gefühl der Entwertung gekennzeichnet. Es treten Gedanken und Einstellungen auf, die eine Entwertung von vielem bedeuten, was dem Betroffenen lieb und teuer war, oder von dem, was ihm Genugtuung oder Freude bereitete. Dieses Phänomen lässt sich am besten mit dem vergleichen, was Costello (1972) als „Verlust der Verstärkerwirksamkeit" bezeichnet hat. Entwertung führt dazu, dass ehemals positiv Erlebtes seine positiven Attribute aus der Sicht des Kranken verliert. „Ich finde nichts mehr angenehm, schön oder gut. Nichts bedeutet mir mehr etwas."

Bei der tieferen Form der Depression, der Melancholie, treten katastrophisierende und herabsetzende Gedanken hinzu.

Alle Erwartungen bezogen auf Ereignisse, die einen angehen, nehmen schreckliche Formen an, besonders dann, wenn sie die Zukunft betreffen, von der nur Katastrophen erwartet werden.

Bei der Herabsetzung treten negative Qualitäten der Dinge in den Vordergrund des Bewusstseins. „Alles ist hässlich geworden, schmutzig und vulgär". Was der Kranke vor allem herabsetzt, sind die eigenen Taten, die ihm bestenfalls als lächerlich, absurd und überflüssig, manchmal auch als Inbegriff von Schlechtigkeit und Verwerflichkeit erscheinen.

Auf die Art verliert das Denken immer mehr an Differenziertheit und wird immer pauschaler in Richtung einer extrem negativen Sichtweise verzerrt. Die Hauptrichtung der Aufmerksamkeit wendet sich allmählich von der Welt ab und die ganzheitliche Beziehung zu ihr ist tief gestört. Die Aufmerksamkeit richtet sich nun vorwiegend auf das Selbst.

Die *Struktur des Selbstkonzeptes Depressiver* ist beeinträchtigt. In einem nicht getrübten normalen Bezug zur Welt, wie er dem nicht depressiven Zustand gemäß ist, verfügen wir über ein flexibles Selbst, d.h. wir können, je nach spezieller Lage der Situation und unserer Handlungsziele, unterschiedliche Rollen einnehmen. Je nach der eingenommenen Rolle können wir uns auch anders fühlen: Hier bin ich schlecht, da aber gut; ich besitze dies nicht, habe aber immer noch jenes usw. Eine in dieser Weise hohe Selbstkomplexität vermindert zu starke affektive Reaktionen bei negativen Ereignissen. Sie wirkt damit Stress reduzierend (Linville 1987). Es gelingt dadurch ein besseres Ablösen von unerreichbaren Wünschen und Intentionen.

Bei Menschen, die in eine Depression geraten sind und sich weitgehend von der Welt abgewandt haben, drehen sich die Gedanken in einer sehr einseitigen Weise um die eigene innere Lage. Der eigene Wert wird bei jeder Gelegenheit in Frage gestellt, weil jedes negative Ereignis (durch Übergeneralisierung, Katastrophisieren und negative Selbstattributionen) starr und direkt mit dem zentralen "Ich-Gefühl", dem ganzen inneren Selbstwert, verbunden ist. Jedes einzelne negative Ereignis hat auf die Art eine Bedeutung für das gesamte Selbstkonzept und kann es sofort schwach, hilflos und schlecht erscheinen lassen.

Die inneren kognitiven Strukturen werden dann mit negativen Emotionen überflutet. So sind keine positiven Alternativinterpretationen von Ereignissen möglich, ein flexibles Rollenverhalten wird verhindert. Dadurch ist das Icherleben jedem Ereignis direkt und schutzlos ausgeliefert, überall ist das Icherleben direkt tangiert (und nicht über flexibles Rollenverhalten oder positive Vergleiche abgefedert). Die Patienten können somit ihre Aufmerksamkeit nicht von Misserfolgen und von unlösbaren Problemen abziehen bzw. sie im Sinne einer Entlastung auf positive und erfolgreiche Aspekte des Lebens legen (Brandtstätter u. Renner 1992).

Die Patienten stellen daher ständig selbstfeindliche und selbstbestrafende Diagnosen, die wiederum beträchtliche negative Emotionen mobilisieren.

Wie entstehen solche depressionsfördernde Strukturen?

- Oft berichten die Patienten in der Therapie, dass in der Kindheit nicht ihr Verhalten kritisiert wurde („du hast ..."), sondern feste und geschlossene Eigenschaften ihrer Person zugeschrieben wurden („du bist ..."). Dadurch sind einfachste kleine Handlungsergebnisse unflexibel direkt mit dem Icherleben im Langzeitgedächtnis verbunden und in problematischen Situationen leicht ins Bewusstsein zu heben. Bei jeder Handlung wird dann das „gesamte Ich" auf die Waage der subjektiv empfundenen existenziellen Sicherheit gelegt. Dadurch entsteht zwangsläufig eine Angst vor jeglicher Aktion schlechthin bis zu einer auf das gesamte Leben und die Zukunft generalisierten Angst vor Eigenverantwortung.
- Die Eltern setzten moralische und leistungsbezogene Standards, ohne die Bedürfnisse und Emotionen des Kindes ausreichend zu berücksichtigen. So entsteht die Neigung, fremde Erwartungen („Sollte-Tyranneien") unreflektiert zu übernehmen und sie nicht „abzuschalten", (Kuhl u. Kazén 1994). Was die Eltern zu wenig boten, sind verständnisvolle, tröstende Zuwendungen: „Es war ein Fehler, aber es ist nicht so schlimm, wir schaffen das schon".

Durch das Vorherrschen dieses Zustandsbildes kommt es zu dem Phänomen, das wir mit Beck (1987) als das *„Paradoxon der Depression"* bezeichnen können. Meist hat sich die Lebenssituation durch Wendung der Bedingungen zum Negativen hin verändert. Deshalb wäre es gerade jetzt lebensnotwendig, durch äußere und innere Bemühungen eine Verbesserung der Situation anzustreben, oder, wenn dies schwer möglich ist, zumindest eine bessere Anpassung an die existierende Lage zu erreichen (Einsatz von assimilativen und akkomodativen Mechanismen). Doch dazu scheint dem Betroffenen die Kraft zu fehlen, oder seine Bemühungen sind aufgrund ungünstiger innerer prädisponierender Bedingungen erschwert. Stattdessen kommt es zu einer Art inneren Stillstands. Der Betroffene klebt an Altem fest, statt sich innerlich umzuorganisieren und Neues anzustreben. Denkt er über seine Situation nach, so vollzieht sich das Denken auf ganz niedrigem Niveau. Es ist stark vereinfacht, negativistisch, unorganisiert und rigide. Versucht er, aus einem Zustand der Erschöpfung und der Entdifferenzierung der inneren Organisation heraus aktiv zu werden, dann werden nur Bruchstücke von Handlungsplänen aktiviert. Die Patienten haben das Gefühl, dass sie kognitiv nichts mehr richtig einordnen können. Daneben machen sie die Erfahrung, dass sie kaum mehr Handlungen vollständig bis zu einem sinnvollen Ergebnis ausführen können. Als Folge weichen sie immer mehr ängstlich vor Anforderungen jeglicher Art zurück.

Gerade in einer Zeit, wo die Umstände eine kämpferische Auseinandersetzung mit der Lebenssituation und eine bessere Anpassung daran erfordern würden, weicht der depressive Mensch dem aus, offensichtlich weil er momentan dazu nicht in der Lage ist. Der emotionale Zustand und die subjektive Sicht der Dinge fördern eine intensive Sparhaltung, eine Reduktion der „psychischen Ausgaben", die offensichtlich oberste Priorität hat.

An dieser Ausgangslage muss eine wirkungsvolle therapeutische Hilfe ansetzen.

Verhaltenstherapie bei Depressionen

Die folgende Darstellung eines Einzelfalles soll ein prototypisches Beispiel der Entwicklung einer depressiven Reaktion sein.

Beschreibung der Patientin und kurze Störungsanalyse

Die verheiratete Patientin ist 48 Jahre alt und hat einen 20-jährigen Sohn. Sie macht einen sehr hektischen und gehetzten Eindruck. Sie fängt an zu weinen, als sie berichtet, dass sie sich seit 4 Monaten sehr niedergeschlagen, erschöpft und unruhig fühlt und zu nichts mehr richtig Lust habe. Sie könne sich zu nichts mehr aufraffen. Sie habe schon 5 Kilo abgenommen und nachts laufe sie schlaflos und grübelnd durch die Wohnung. Sie wisse überhaupt nicht mehr, was mit ihr los sei. Früher habe sie immer so gut ihre Arbeit organisieren können. Jetzt leide sie unter ständigen, zu nichts führenden negativen Gedanken, könne sich nicht konzentrieren und sich nichts mehr merken. Sie macht sich Vorwürfe über die eigene Nutzlosigkeit und hat große Angst vor der Zukunft. Schon seit einiger Zeit zieht sie sich von sozialen Kontakten zurück, weil sie ihr zu anstrengend sind, aber auch aus Angst, die eigenen Schwächen zu zeigen, denn die Menschen kennen sie ganz anders.
Die depressive Reaktion trat nach zwei die Patientin überfordernden Lebensbedingungen auf. Einmal hatte sie über ein Jahr ihren sterbenskranken Vater bis zum Tod intensiv in ihrer eigenen Wohnung gepflegt, weil sie ihn nicht dem Krankenhaus überlassen wollte. Das hatte zu einer Einschränkung ihrer Sozialkontakte und zum Verzicht auf ein Weiterführen eigener Interessen geführt, weil sie nicht „egoistisch" sein wollte. Kurz nach dem Tod des Vaters wurde sie an einen anderen Arbeitsplatz versetzt. Sie wurde dabei mit vielen neuen Informationen und Anforderungen überschüttet und hatte kaum Einarbeitungszeit. Anfangs versuchte sie durch vermehrte Anstrengungen und Überstunden die Aufgaben zu bewältigen, mit einer weiteren

Einschränkung ihrer Freizeit. Dann brach sie aber mehr und mehr ein und geriet in einen depressiven Erschöpfungszustand.

Die zentrale auslösende Bedingung ist ein gestörtes Kräfteverhältnis: Dynamisch gesehen hatten über einen längeren Zeitraum die psychischen Ausgaben (zu leistender innerer und äußerer Aufwand) bei weitem die Kräftezufuhr (durch entspannte oder freudige Erlebnisse, soziale Anerkennung usw.) überschritten, mit dem Ergebnis, dass sich die Kraftreserven mehr und mehr erschöpften („meine Batterien waren leer"). Zu einem gewissen Zeitpunkt funktioniert die Regulation ihres eigenen Verhaltens (sich selbst über die Schulter schauen und aus dieser objektiveren Distanz handeln) nicht mehr ausreichend. Dieses mangelhafte Selbstüberwachen führt zu einer fehlenden Distanz zu dem eigenen Tun („ich hatte keinen Überblick mehr über die eigene Lage und konnte nicht mehr gegensteuern"). Die Patientin bleibt an den selbstgesetzten Zielen hängen, obwohl sie ihnen nicht mehr gerecht werden kann. Sie findet keine Alternativen zu dem aussichtslosen Versuch, trotz fehlender Kräfte, ihre Lage nach den alten Kriterien zu meistern. Solche Alternativen wären Entlastungsversuche, wie Urlaub machen, um eine längere Einarbeitszeit zu bitten, ihren Anspruch senken usw.

Schließlich kommt es zum Zusammenbruch des Aufeinanderabstimmens von Denken, Emotion und Handeln, bis hin zum fast völligen Stillstand.

Die mit diesen Erscheinungen einhergehenden sehr starken Angstgefühle versucht die Patientin herunter zu regulieren, indem sie sich bemüht, intensiv über ihre Lage nachzudenken, aber gerade dadurch werden Angst und Unruhe verstärkt.

In Lebensphasen, die von starken Ängsten dominiert werden, werden erst recht sehr früh erworbene Einstellungen aus der Kindheit aktiviert, die im Notfall automatisch zur schnellen Anpassung an die Situation führen sollen. Die Patientin war sehr streng und moralisierend erzogen worden. Maßstäbe der Eltern waren beispielsweise: „Man hat sich jeder Lebenslage zu stellen", „wer nichts leistet, ist minderwertig", „Pflichtbewusstsein, Ordnung und Genauigkeit haben absoluten Vorrang" oder „nur kein Selbstmitleid und kein Kneifen vor dem Leben."

Die intensive Reaktivierung dieser obersten Leitlinien jeglichen Handelns führen dazu, dass sich die Patientin keine Schonung gönnen darf, die das Kräfteverhältnis wieder ausgleichen und ins Gleichgewicht bringen können. Sie ist nicht mehr in der Lage, die eigene Situation kritisch zu reflektieren und ihr Handeln an ihre Möglichkeiten und Bedürfnisse anzupassen. So versucht sie über lange Strecken, trotz eines beträchtlichen Kräftemangels (anfangs frustriert-ärgerlich) zu handeln und die Situation in den Griff zu bekommen. Die Wahrnehmung, dass ihr dies nicht in befriedigendem Maße gelingt, führt immer mehr zu Grübeleien um die Themen: Eigene Wertlosigkeit, Versagen, Schuld und Scham gegenüber anderen. Auf die Art wechseln sich Phasen der Agitiertheit und der Niedergeschlagenheit und Lähmung ab. Die erste entsteht dann, wenn aus Angst vor Bestrafung versucht wird adäquat zu handeln trotz der desolaten inneren Kräfteverhältnisse. Die zweite kann als eine evolutionäre Reaktion auf Überforderung mit dem Ziel einer Kraftersparnis angesehen werden.

Der Mann und der Sohn stehen der nun „schwachen Person" völlig verständnislos gegenüber. Die Patientin interpretiert das als Ablehnung ihrer Person und als Bestätigung ihrer negativen Selbstbewertung. Es führt dazu, dass sie sich noch mehr frustriert-ärgerlich, hilf- und hoffnungslos, ängstlich und voller Schuld und Scham in sich selbst zurückzieht.

Struktur der Therapie

Seit der ersten Darstellung eines verhaltenstherapeutischen Ansatzes, der der Komplexität der depressiven Störung einigermaßen gerecht wird (Hoffmann 1976) wird zwischen mehr kurzfristig angelegten und längerfristig wirksamen Therapiemaßnahmen unterschieden.

In einem ersten Therapieabschnitt werden Ziele angestrebt, deren Notwendigkeit sich unmittelbar aus dem Zustand der Patientin ergeben. Es geht hauptsächlich darum, ihr subjektives Leiden zu mindern, sie in die Lage zu versetzen, kräftemäßig zu regenerieren, um aktiv an der weiteren Therapie mitarbeiten zu können. Schließlich soll eine vertrauensvolle Allianz mit der Therapeutin gefördert werden.

In der zweiten Phase werden längerfristige Ziele angestrebt. Die Bedingungen, die nach den psychologischen Modellen für die Entstehung und Aufrechterhaltung der Depression verantwortlich sind, sollen verändert werden.

Je nach Lage der Dinge können Anteile der beiden Abschnitte sich überschneiden.

Kurzfristig wirksame Therapiemaßnahmen

Kurzfristig wirksame Therapiemaßnahmen haben vor allem dann einen großen Stellenwert, wenn der Zustand der Patienten stark durch folgende Merkmale bestimmt wird (Hoffmann u. Hofmann 2000):

- Die Intensität der negativen Emotionen und der Zustand der körperlichen Schwäche sind so groß, dass weiterführende therapeutische Maßnahmen, wie ein komplexerer Aktivitätenaufbau und eine längerfristig angelegte kognitive Therapie noch gegenindiziert sind.
- Die Patientin zeigt in der Depression ein extrem geringes Maß an Selbstkongruenz; sie verurteilt sich aufgrund ihres Zustands und sie erlebt sich deshalb als noch minderwertiger, als dies infolge der Depression schon der Fall ist.
- Die Patientin bemüht sich verzweifelt wieder aktiv zu werden und nach alten Maßstäben zu handeln. So werden ständig überholte Intentionen und Einzelelemente von alten Verhaltensplänen aktiviert, die aber an den für die Depression typischen Kräfte- und Organisationsverhältnissen scheitern müssen. Auf die Art wechseln sich Phasen der Unruhe und Agitiertheit und solche der Entmutigung und der körperlichen Erschöpfung ab.
- Die Patientin steht einer möglichen therapeutischen Hilfe und der Person der Therapeutin noch recht ambivalent gegenüber. Sie schwankt hin und her zwischen Appellen ihr doch zu helfen, bis hin zu deutlichen Anklammerungstendenzen einerseits, und Skepsis, Negativismus, Hoffnungslosigkeit, ja manchmal versteckte Feindseligkeit andererseits.

Die wichtigsten Zielsetzungen kurzfristiger Therapiemaßnahmen sind:

- Entlastung durch Herabregulierung von negativen Emotionen und durch Herstellen einer größeren Selbstkongruenz.
- Entlastung durch allgemeine Informationen im Rahmen von „beruhigenden Versicherungen".
- Etablierung neuer entlastender Kognitionen durch biographische Einordnung einzelner Reaktionen.

- Etablierung eines höheren Grades an Kontrolle über belastende Grübeleien und schmerzhafte Emotionen.
- Entlastung durch Überwindung eventueller „Lebensblockaden".

Die Vorgehensweise bei den einzelnen Punkten lässt sich folgendermaßen schildern:

Entlastung durch Herabregulierung von negativen Emotionen und durch Herstellen einer größeren Selbstkongruenz

Die Patientin klagt ihr Leid, die Therapeutin hört zu und fragt nach. Sie versucht, die einzelnen Lebensprobleme, die die Patientin anspricht, samt dem damit assoziierten negativen Denken und den Unlustgefühlen genau zu erfassen. Sie akzeptiert erst einmal die Sichtweise der Patientin, ohne sie zu bewerten und gleich verändern zu wollen. Allein das Verbalisieren von Problemen und den damit verbundenen Gefühlen kann deren Energie z.T. aufbrauchen. Die Intensität der negativen Emotionen sinkt und die Patientin fühlt sich kurzfristig immer wieder erleichtert.

Die Therapeutin bildet dabei ein Modell der Annahme des depressiven Zustandes. Sie konfrontiert oder verurteilt nicht, sondern fragt lediglich nach, spiegelt und paraphrasiert die Aussagen der Patientin. Sie „leidet mit" und zielt nicht sofort auf Veränderungen ab.

Die Patientin soll lernen kongruenter mit sich selbst zu sein, d.h. sie soll sich nicht zusätzlich zu ihrem Zustand noch dafür verurteilen und damit weitere negative Emotionen entwickeln. "Warum habe gerade ich das, ich bin völlig schwach, das war früher nicht so, ich muss doch können ..." Aus solchen Aussagen spricht ein zusätzlicher belastender Vergleich zu einem früheren Zustand, den sie unbedingt wieder erreichen will, aber nicht erreichen kann.

In diesem Sinne muss eine zu feste Bindung an alte Normen, Ziele oder Idealbilder gelockert werden. Durch ihr Verhalten geht die Therapeutin frontal das in der Kindheit gelernte Bestrafungsschema an (s.a. Kuhl u. Kazén 1997). Sie verhält sich völlig entgegengesetzt zu den Eltern, sie dient als Stütze, beruhigt, mildert ab und schwächt so die innere Bestrafungsinstanz und die Selbstvorwürfe, die nur noch mehr Druck erzeugen würden. Die Patientin wird fokussiert auf den Ist-Zustand, auf ihre derzeitige Lage samt ihrer schwierigen Bedingungen. Sie verhilft der Patientin sich besser anzunehmen, so wie sie momentan ist.

Von der Therapeutin zu schnell und voreilig vorgebrachte Forderungen nach Veränderung würden dem entgegenwirken. Stattdessen lernt die Patientin ihren Zustand mit anderen, versöhnlicheren Augen zu sehen und sich selbst gegenüber eine mitleidigere Einstellung einzunehmen.

Zusammengefasst kann also dreierlei erreicht werden: Die Intensität der Emotionen kann gesenkt werden, die Selbstkongruenz kann erhöht und die Ablösung von momentan unerreichbaren Situationen und Zuständen kann erleichtert werden.

Entlastung durch allgemeine Informationen im Rahmen von „beruhigenden Versicherungen"

Am Anfang der Therapie wird das Denken der Patientin – und damit auch der Inhalt dessen, was sie der Therapeutin mitteilt – sehr stark von negativen Gedanken und Meinungen bestimmt, die um die eigene Situation kreisen, die sie als extrem bedrohlich, gelegentlich sogar als hoffnungslos erlebt. Durch „beruhigende Versicherungen", die aus mehr allgemeinen Informationen über die depressive Störung bestehen, werden neue „Hüllen" oder „Kategorien" im kognitiven System der Patientin etabliert, die nach und nach mit hoffnungssteigernden und zukunfts- und handlungsorientierten Inhalten gefüllt werden.

Folgende frühe Therapeutinnenaussagen, die in das Gespräch mit einfließen, sind besonders geeignet als Inhalte dafür. Wir wissen das aus der Befragung vieler depressiver Patienten nach einer Besserung ihres Zustandes (Hoffmann 1976, Hoffmann u. Hofmann 2000):

- Die Patientin ist kein Einzelfall, auch andere Menschen leiden häufig unter ähnlichen Gefühlen und Gedanken.
- Die Genese der Störung ist bekannt. Es handelt sich nicht um einen „unheimlichen Zustand", sondern um einen, über den wir viel wissen.
- Die Störung ist zwar unangenehm, aber nicht gefährlich. Die Patientin wird nicht in „geistiger Umnachtung" enden und ihr Gehirn ist auch nicht „kaputt".
- Eine Depression ist kein Beleg für Untüchtigkeit, Faulheit oder irgendeine Form von Versagen dem Leben gegenüber. Sie ist eine Krankheit wie jede andere auch.
- Man kann die Störung beseitigen: Es gibt wirkungsvolle Hilfen, wie spezielle Medikamente und eine gezielte Psychotherapie.
- Die Ziele in der Therapie werden schrittweise bestimmt. Die Patientin muss keine Angst davor haben, sich von einem Moment zum anderen radikal verändern zu müssen.
- Sie wird mit Hilfe der Therapeutin schon bald die ersten kleinen Erfolge erleben.
- Eventuelle Verschlechterungen ihres Zustandes können in der Therapie aufgefangen werden. Rückschläge bedeuten nicht, dass die Therapie gescheitert ist und die Therapeutin aufgeben wird.

Etablierung neuer entlastender Kognitionen durch biographische Einordnung einzelner Reaktionen

Pierre Janet schreibt: „Einem bestimmten Ereignis, das sich in einer für uns schmerzhaften Konsequenz niedergeschlagen hat, und uns auch heute noch bewegt, müssen wir seinen besonderen Platz in unserer Lebensgeschichte zuweisen" (1919, S.261). Fiedler meint ergänzend: „(Patientenschulung im Verstehen der eigenen Biographie) kann entscheidend dazu beitragen, dass Patienten ihr bisheriges Leben ... besser verstehen, indem ihre Einsicht in die eigenen persönlichen Schwachstellen, wie in die bestehenden persönlichen Möglichkeiten, gezielt angereichert und vertieft wird" (1997, S.10).

Es hat als ein wichtiger Leitsatz der ersten Therapiephase zu gelten, dass auf aktuelle, emotional stark belastende Ereignisse sofort eingegangen werden muss, um die Patientin energetisch und gedanklich frei und offen zu machen für den weiteren Fortgang der Therapie. Sonst ist die Gefahr zu groß, dass sie geradezu „kleben" bleibt an einem negativen Erlebnis, das sich dann als ein weiterer, kräfteverzehrender Unruheherd auswirkt. Negative Ereignisse und inadäquate Reaktionen darauf mobilisieren darüber hinaus oft Schuld- und Schamgefühle, die dadurch entschärft werden können, dass die Patientin lernt zu verstehen, dass solche Reaktionen eine Geschichte in ihrem Leben haben. Vergegenwärtigt sie sich diese Geschichte, dann wird sie sich mit Recht in den meisten Fällen eher als Opfer bestimmter Umstände, denn als Versagerin, empfinden.

Ein Beispiel: Die Patientin fühlte sich gerade in sozialen Situationen sehr verunsichert und entscheidungsunfähig. Sie erwies sich dabei als sehr „durchlässig" und reagierte sehr leicht gekränkt mit Scham und mit Schuld. Sie berichtete: „Ich habe mit meiner Tante telefoniert. Sie dreht mir die Worte im Mund um und redet mich nieder. Ich komme in die Kindrolle und kann auf ihre Schuldzuweisungen nichts erwidern. Ich stand wieder wie blöd da und sagte gar nichts mehr."

An der Stelle wäre es noch unangemessen, wenn die Therapeutin vorwiegend veränderungsorientiert reagieren würde: „Was haben Sie in dem Gespräch falsch gemacht, was ist zu ändern, wie sollten Sie sich das nächste Mal verhalten, wie können Sie sich besser abgrenzen, wollen wir das einmal zusammen üben?" Stattdessen werden die Situationen und die Gefühle der Patientin weiter exploriert. Dann gehen beide darauf ein, wie die Haltung der Patientin in der Entwicklungsgeschichte entstanden ist. Die Patientin kommt auf die Schuldzuweisungen der Mutter zu sprechen, die allein mit ihren Blicken dirigieren und strafen konnte, und sie dadurch stark verunsicherte und lähmte. Sie habe sich dann ganz in sich zurückgezogen. Und gerade so würde sie auch jetzt reagieren.

Dadurch kann sie zunehmend ihre Störung als Reaktivierung kindlicher Gegenmaßnahmen (Rückzug als Schonung) begreifen, die gerade bei intensiven negativen Emotionen im Erwachsenenalter automatisch auftreten und das Handeln beeinflussen. So kann sie von negativen Selbstbewertungen etwas mehr Abstand nehmen. Durch solche, auf die Entstehungsgeschichte fokussierte Interventionen tendiert sie weniger dazu, sich die Schuld für ihre Schwächen und Beeinträchtigungen zu geben, sondern kann stattdessen ihr Schicksal eher bedauern und betrauern. Das so entstandene Selbstmitleid schwächt die eigenen Schuldvorwürfe. Außerdem wird allmählich die Aggression nach außen gerichtet, etwa auf die Mutter. Dadurch fühlt sich die Patientin entlastet und erlebt eine Steigerung ihres allgemeinen Energieniveaus.

Etablierung eines höheren Grades an Kontrolle über belastende Grübeleien und schmerzhafte Emotionen

Die Patientin klagt, dass sie ständig grübeln müsse. Grübeln verursache eine beträchtliche Unruhe, die bei allen möglichen Tätigkeiten störe und sie in der Nacht nicht schlafen lasse.

Depressive Patienten leiden meist sehr stark an Grübeleien, nicht immer können sie sich an den Inhalt erinnern. Normale Grübeleien treten oft dann auf, wenn wir nicht sehr bewusst denken und nicht sehr bewusst handeln, d.h. eher bei Routineaufgaben (Staubsaugen etc.) oder in Phasen des Nichtstuns.

Die entscheidenden Merkmale von zwanghaften Grübeleien depressiver Menschen sind folgende: Es kommt ständig zu Gedanken ohne wirklichen Wert und ohne Beziehung zum Handeln. Sie erreichen nie ein Stadium, in dem sie den Betroffenen das Gefühl der Sicherheit über einen bestimmten Sachverhalt geben könnten. Sie drehen sich um alles Mögliche, um Belastendes in der Vergangenheit, um gefürchtete Katastrophen in der Zukunft, um die eigene Unzulänglichkeit, aber eines vermögen sie nicht: Ein so klares und deutliches Bild der Gegenwart zu vermitteln, das einen in die Lage versetzen würde zu handeln.

Die Aufmerksamkeit ist nicht genug auf das aktuelle Leben gerichtet. Das kognitive Geschehen hat kein klares Ziel, keine Richtung, und kommt nicht zum Abschluss, zum Ergebnis, auch resultiert daraus keine Tat. Es handelt sich um eine Umleitung der mentalen Arbeit in eine Aktivität niederen Ranges. Grübeln tritt, wie gesagt, auf in Phasen, wo nicht viel zu tun ist. Aber auch da, wo eine gezielte Aufmerksamkeitsleistung oder eine Handlung erforderlich wäre, die man aber nicht beherrscht oder sich nicht zutraut, gleitet alles ab in ein fruchtloses, lästiges und beunruhigendes Gedankenkarussell. Vor allem auch Emotionen, die sich nicht adäquat entwickeln und nicht an ihren Endpunkt gelangen, führen dazu (Hoffmann 1998).

Ein Beispiel der Patientin: „Ich gehe durch die Wohnung und denke, ich muss doch den Fragebogen von der Krankenkasse ausfüllen. Ich kann meine Sachen nicht sortieren. Wo ist meine Brille? Ich verlege immer alles. Ich muss die Reparatur im Keller erledigen, die defekte Lampe, die Elektroleitung. Ich muss jemanden finden, der das repariert. Es fällt mir alles so schwer. Ich kann oft nicht sitzen und nicht liegen. Mein Rücken und mein Nacken schmerzen. Wie soll ich arbeiten? Ich kann keinen Gedanken fassen. Wie soll es weitergehen?"

Ein solch chaotisches Gedankenkreisen begleitet die Patientin fast überall hin. Es endet in Angst, Niedergeschlagenheit, Unmut, Verzweiflung und Selbstvorwürfen. Letztere lösen weitere Unruhe und Erregung aus, die wiederum verstärkt solche Gedanken und Gefühle aktivieren.

Zum therapeutischen Umgang mit Grübeleien

- Schon in der Exploration sollte deutlich werden, dass die Therapeutin weiß, wann solche Gedanken besonders stark auftreten. Das sind neben den erwähnten Phasen der geringeren Bewusstheit oder der versuchten Anstrengung auch bestimmte Tageszeiten, wie am Morgen und in der Nacht. Der Patientin wird vermittelt: „All die Gedanken, die am Morgen auftreten, können Sie wegschmeißen. Sie sind ein Ausdruck Ihres Zustandes und sagen nichts über Ihre wirkliche Lage aus. Sie können sie nicht beeinflussen. Sie merken ja, dass die Grübelgedanken mit einer gewissen Regelmäßigkeit auftreten und im Laufe des Tages geringer werden. Also seien Sie nicht überrascht, wenn es morgen früh wieder los geht."
  Die Therapeutin verdeutlicht auch, dass sie die typische Struktur solcher Grübelsequenzen sehr gut kennt und dokumentiert das anhand einiger Beispiele. Das kann dazu führen, dass die Patientin typische Grübelsequenzen immer schneller als solche identifiziert und sich bis zu einem gewissen Grad von ihrem Inhalt distanzieren kann.
- Die Patientin soll sich von besonders belästigenden Grübelsequenzen aktiv mit bestimmten Aktivitäten ablenken. Nachts soll sie sofort aufstehen, wenn die Grübeleien auftreten, die sie am Einschlafen oder am Durchschlafen hindern. Sie soll erst dann wieder ins Bett gehen, wenn sie nach längerer Zeit der Ablenkung vom Grübeln müde geworden ist. Die Therapeutin fragt: „Was könnte Sie ablenken, was könnten Sie an leichteren Aktivitäten in der Zeit tun?" Die Patientin klagt, dass sie gerne lesen würde, sich aber nicht konzentrieren könne. Lesen eignet sich also keineswegs als Ablenkung. In Phasen der Niedergeschlagenheit und inneren Unruhe sind Konzentration und Merkfähigkeit immer gestört und müssen erst wieder hergestellt werden. Die Aktivitäten, die ablenken sollen, müssen einfach sein und dürfen keine zusätzlichen Probleme darstellen. So sieht die Patientin fern in der Nacht, schaut sich Fotos von Reisealben an und die Bilder ihrer Kunstbände. Sie versucht sich dabei so gut es geht ganz auf die aktuellen Inhalte zu konzentrieren, ohne in schmerzhafte Erinnerungen an die Vergangenheit oder in Sorgen über die Zukunft abzugleiten.
- Am Anfang der Therapie lernt die Patientin zusammen mit der Therapeutin einzelne Tage genau vorzustrukturieren. Zunächst sollen lediglich solche Handlungen geplant und aufgebaut werden, die der Patientin eine äußere Struktur, Halt und Sicherheit vermitteln. Das sind vor allem ganz einfache Tätigkeiten, wie Gewohnheitshandlungen und früher automatisch vollzogene Alltagshandlungen. Selbst zu ihnen war die Patientin anfangs aus Kräftemangel und innerer Desorganisiertheit kaum in der Lage.

Sie brachte die Energie nicht auf, um sich den Impuls zum Handlungsbeginn zu geben (im normalen Zustand bemerkt man diesen Impuls gar nicht). In einer frühen Therapiephase ist es wichtig, sie darauf hinzuweisen, dass sie nicht unbedingt so etwas wie Freude, Spaß oder Erfolgserlebnisse bei der Ausführung der Tätigkeiten verspüren muss. Die Aktivitäten sind ja auch von ihrer Art her wenig dazu geeignet. Es ist ausreichend, wenn es ihr gelingt, sie in einer einigermaßen neutralen Verfassung zu absolvieren.
Durch strikte Anweisungen der Therapeutin zu Zeit, Dauer und Ort der einfach auszuführenden Handlungen fühlte sich die Patientin innerlich besser organisiert, und der kräfteverzehrende Eigenimpuls wurde mit der Zeit kaum mehr notwendig. Bei einer solchen einfachen Form der Aktivierung, wie sie zu Beginn der Therapie oft unverzichtbar ist, können zusätzliche Hilfen, wie Kurzkontakte am Telefon, eingebaut werden. Das äußere Gerüst, das vorgegeben wird, führt zu einer größeren inneren Straffung, bei der Tätigkeiten immer mehr wie selbstverständlich ausgeführt werden. Zusätzlich fungieren sie als wichtiges Abschirmmittel gegenüber gedanklichen Intrusionen in Form von Grübeleien und sich unkontrolliert ausbreitenden Emotionen.

➤ Die Patientin berichtete über Konzentrationsschwierigkeiten, die schon bei einfachen Tätigkeiten auftraten und den Ausbruch verunsichernder und selbstvorwurfsvoller Grübeleien begünstigten. Dagegen können mit Erfolg einfache Konzentrationsübungen eingesetzt werden, wie die Aufmerksamkeit auf ein Bild an der Wand zu richten und dabei vom ersten Eindruck zu immer präziseren Details überzugehen, mit dem Ziel, es am Schluss so genau wie möglich zu beschreiben. Andere Übungen hatten zum Inhalt, etwa Tiere in alphabetischer Reihenfolge zu nennen, einen schönen Spaziergang so detailliert wie möglich zu beschreiben usw.

Entlastung durch Überwindung eventueller „Lebensblockaden"

Die Patientin trug sich viele Monate mit dem Gedanken, mit der Leitung ihrer Firma darüber zu verhandeln, ob sie die neuen Aufgaben, die ihr so viel Schwierigkeiten bereiten und wesentlich zur Entwicklung der Depression beigetragen hatten, nicht zumindest teilweise abgeben könnte, auch zu dem Preis von finanziellen Einbußen. Gefühlsmäßig tendierte sie sehr stark dazu, verspürte aber auf der anderen Seite ein großes Pflichtbewusstsein und die Angst vor einer sozialen Blamage, die dagegen sprachen. Eine solche Situation kann man als „Lebensblockade" bezeichnen: Jemand „sitzt fest" an einer Entscheidung, an etwas Unerledigtem. Die Weiterentwicklung des gesamten psychischen Lebens wird gestoppt durch ein Hindernis, das unüberwindlich erscheint und gegen das sich die inneren Kräfte abnutzen.

Viele depressive Patienten befinden sich in einer solchen Situation. Absichten „perseverieren" (Kuhl u. Kazén 1997) und kommen nicht zur Ausführung, sei es, weil die Kranken sich die Ausführung der notwendigen Taten aus Kräftemangel nicht zutrauen, sei es, weil sie einen Verzicht leisten müssten, zu dem sie nicht im Stande sind.

Das Ergebnis sind ständige Grübeleien, einhergehend mit Unruhe und Angst, bis hin zu schwerer Niedergeschlagenheit und Erschöpfung.

Die oft vertretene Auffassung, depressive Menschen müssten geradezu davon abgehalten werden, in ihrem Zustand lebenswichtige Entscheidungen zu treffen, erscheint in einem solchen Zusammenhang gerade unsinnig. Es ist klar, dass es in einem solchen Fall geradezu darauf ankommt, mit therapeutischer Hilfestellung die entsprechende Entscheidung zu treffen und die daraus folgende Aktion zu ermöglichen: Das Hindernis muss überwunden werden.

Man muss der Patientin helfen, so schnell wie möglich einen Ausweg aus ihrem Dilemma zu finden. Es geht darum, zwei Tendenzen miteinander vereinbar zu machen. Auf der einen Seite: die Abneigung gegen die neue Stelle und die Anforderungen, denen sie sich in ihrer aktuellen (vordepressiven, wohlgemerkt) Lebensphase nicht mehr stellen wollte, weil sie für sich andere Prioritäten setzte (wie mehr Entlastung, Freizeit usw.). Auf der anderen Seite: der Wunsch nach Respekt, Anerkennung und die Forderungen, ihrem Pflichtbewusstsein zu genügen.

Dazu ist es nötig, die beiden Tendenzen miteinander ins Gespräch zu bringen, die einzelnen Motive zu differenzieren, kritisch zu hinterfragen und zu vergleichen, bis sie sich miteinander vereinbaren lassen. Dabei ist allerdings darauf zu achten, dass die Patientin die Situation nicht vorwiegend aus der Sicht einer depressionsbedingten Unsicherheit und Mutlosigkeit betrachtet. Es muss dann zur vollen inneren Zustimmung zu einem bestimmten Ausweg aus der Krise kommen, zu einem Entschluss, der den Interessen der „gesunden Person" am besten gerecht wird.

Eine solche therapeutische Arbeit muss sehr vorsichtig und mit viel Fingerspitzengefühl erfolgen. Es sind dabei vor allem auf Anzeichen einer großen inneren Unruhe oder gar der Erschöpfung zu achten. Dann muss der Prozess zeitweilig unterbrochen werden.

Schließlich konnte sich die Patientin dazu durchringen, einen Brief an ihre Vorgesetzten zu schreiben, in dem sie ihr starkes Interesse an einer weiteren Mitarbeit (nach ihrer Genesung) mitteilte, aber deutlich ihre Bedenken äußerte bezüglich der neuen Stelle. Sie bat die Leitung selbst über eine Lösung in beiderseitigem Interesse nachzudenken.

Nachdem sie sich nach vielem Zögern zu dieser Aktion durchgerungen hatte, die sie voll vertreten konnte, veränderte sich ihr Zustand fast schlagartig zum Positiven.

Längerfristig wirksame Therapiemaßnahmen

Von der Entlastung zur Veränderung

Die erste Therapiephase steht unter dem Zeichen der Berücksichtigung der aktuellen subjektiven Befindlichkeit der Patientin, und zwar sowohl, was die physische wie die psychische Komponente anbelangt. In diesem Zusammenhang ist es oft beunruhigend festzustellen, wie wenig Verständnis selbst praktizierende Psychotherapeuten den somatischen Beschwerden depressiver Patienten entgegenbringen. In den meisten Fällen werden diesbezügliche Klagen als übertrieben, als bloßer Vorwand für Jammern oder gar als eingebildet angesehen. Dies alles gelte es unter keinen Umständen zu „verstärken". Dies ist eine falsche und therapeutisch höchst kontraproduktive Einstellung. Mehrere Untersuchungen (z.B. Birk 1973, Legolos 1973) belegen, dass eine gezielte Beschäftigung mit körperlichen Symptomen als Katalysator für eine psychologische Therapie dienen kann, d.h. die Bereitschaft der Patienten steigert, sich ihren seelischen Problemen zu stellen. Müdigkeitsgefühle, bis hin zur Erschöpfung mit Schweißausbrüchen, Druckgefühle in der Brustgegend schon beim Aufwachen, Unruhe, das Gefühl ganz „unter Strom" zu stehen und dergleichen mehr sind das, woran depressive Menschen am meisten leiden, nicht an kognitiven Verzerrungen oder an irrationalen Überzeugungen.

Bei einem schwer depressiven Menschen sind die energetischen Verhältnisse so ungünstig und er fühlt sich seinen Grübelanfällen, Selbstzweifeln und seinen Emotionen derart ausgeliefert, dass er kaum dazu in der Lage ist, den einfachsten Alltag in den Griff zu bekommen. Auch kann man von ihm nicht verlangen, dass er in einem solchen Zustand die Distanz zu sich selber und die Reflexionsfähigkeit aufbringt, die notwendig sind, um sich neue Ziele zu setzen, neue Verhaltenspläne zu generieren und auszuprobieren, umzulernen, seine Denkperspektiven zu erweitern und seine Einstellungssysteme einer kritischen Überprüfung zu unterziehen.

Statt seinen Erfahrungshorizont zu erweitern, ist er eher darauf aus, psychisch zu überleben und langsam wieder Kräfte zu sammeln. Er ist bemüht, seine „seelischen Ausgaben" auf ein Minimum zu reduzieren und dafür enge Grenzen zu ziehen, im Denken wie im Verhalten. Daran zu früh mit der Brechstange herangehen zu wollen, würde zu höchst negativen Ergebnissen führen.

Eine erfolgreiche Therapie ist demnach als ein fortschreitender Prozess mit wechselnden Schwerpunkten anzusehen:

- Sie unterstützt zuerst die Bemühungen der Patientin, eine größere Stabilität innerhalb der Grenzen zu erreichen, die sie sich aus ihrer Not heraus gesetzt hat (durch entlastende Strukturgebung und Fördern erster Selbstwirksamkeitserfahrungen). Dies ist der kurzfristige Therapieansatz.

Die wichtigsten längerfristigen Therapieziele sind:

- Wieder Ingangbringen assimilativer Prozesse, die eine Verbesserung der objektiven Lebenslage gewährleisten (längerfristiger Aktivitätenaufbau).
- Förderung neuer akkomodativer Prozesse mit dem Ziel, die Haltung der Patienten zu sich selbst, zu ihren Lebensbedingungen und ihrer Zukunft neu zu organisieren (kognitive Therapie im engeren Sinne).
- Neuordnen des emotionalen Systems als Motor für ein effektives Denken und ein entschlossenes Handeln (Emotionsbewältigung).
- Bei vielen depressiven Menschen bildet eine Auseinandersetzung mit der „Sinnfrage" eine notwendige Ergänzung zu den anderen therapeutischen Maßnahmen. Bei einigen scheint die Frage nach dem Sinn geradezu im Mittelpunkt der gesamten Störung zu stehen. Mit diesem Problem setzen wir uns in einem gesonderten Beitrag auseinander.

Der Stellenwert und die Durchführungsmodalitäten der einzelnen Therapieschritte ergeben sich aus den individuellen depressiogenen und persönlichkeitsmäßigen Bedingungen eines jeden Patienten. Wir können hier lediglich einige Hinweise zur praktischen Durchführung geben.

Längerfristiger Aktivitätenaufbau

- Allererste Aktivierungsmaßnahmen haben vor allem zwei Funktionen. Einmal sollen sie dabei behilflich sein, extreme Hilflosigkeitseinstellungen abzubauen („Ich bekomme meinen Alltag überhaupt nicht mehr geregelt"). Zum anderen sollen sie einen mit depressiven Reaktionen wie Grübeleien möglichst inkompatiblen Tagesablauf etablieren. Unter diesem Aspekt kommt es nicht auf die längerfristige Bedeutsamkeit der Aktivitäten an, noch darauf, dass die Patientin systematisch positive Emotionen dabei empfindet.
  Es wird gelegentlich empfohlen, dafür nach Aktivitäten Ausschau zu halten, die die Patienten besonders interessieren oder ihr gar Spaß machen. Darauf sollte man sich nicht versteifen, denn ihre Krankheit besteht ja gerade darin, dass ihr nichts mehr Spaß macht oder sie interessiert.

Dann wird empfohlen, auf solche Aktivitäten zurückzugreifen, die ihr früher viel bedeuteten oder Freude bereiteten. Darin kann geradezu eine ernste Gefahr liegen. Wenn sie feststellen muss, dass dem heute nicht mehr so ist, kann dadurch ein größeres Gefühl des allgemeinen Bezugsverlustes zu sich selber und damit umso mehr „Sinnverlust" entstehen. „Wenn Sie wollen, dass ich etwas mache, dann sagen Sie mir das. Es ist mir egal, was. Nein, das ist nicht wahr. Verlangen Sie nicht von mir, dass ich Bürokollegen anrufe oder dass ich mich mit jemandem treffe. Dazu habe ich nicht die Kraft. Und es wäre auch sonst schrecklich. Früher hatte ich auch etwas zu erzählen. Jetzt gibt es mich ja kaum noch. So etwas dürfen Sie nicht von mir verlangen", bemerkte einmal die Patientin.

Einfache, kräftemäßig nicht so aufwändige Routineaktivitäten, die dennoch dem Tag ein Gerüst geben, eignen sich in der Phase am besten dazu, um zu entlasten („Was soll ich nur mit dem langen Tag anfangen?") und um erste kleine Selbstwirksamkeitserlebnisse entstehen zu lassen. Bei der Auswahl soll die Patientin einbezogen werden, aber es ist durchaus auch möglich, dass die Therapeutin am Anfang einfach ein Programm für sie zusammenstellt.

➤ Mit zunehmendem Selbstvertrauen und steigender Belastbarkeit kann später, durch assimilative Bemühungen ein Verhalten aufgebaut werden, das ein erhöhtes Maß an Kontrolle über die Lebensbedingungen gewährleistet. Dadurch wird das eigene Kompetenzgefühl erheblich gesteigert und es werden positive Emotionen evoziert, die ihrerseits zu Offenheit, Kraft und Motivation für weiteres Handeln führen.

Es ist klar, dass es dafür kein Standardrepertoire gibt. Die einzelnen Elemente ergeben sich aus den Lebenszielen und Bedürfnissen der Patientin, aus ihren eigenen Ressourcen und aus denen ihrer Umwelt, aber auch den zu korrigierenden Defiziten und Schwächen. So begann die 48-jährige Patientin wieder mit „kreativen" Handlungen, wie ein Regal zu Ende bauen, ein neues Beet anlegen, lesen, Gymnastik machen und sich neue Kleidung anschaffen.

Charakteristischerweise war sie am Anfang eher zu solchen Aktivitäten zu bewegen, die sie allein für sich ausführen konnte und bei denen eine Auseinandersetzung mit anderen Menschen weitgehend ausgeklammert war.

Später dann lag ihr daran, Kontakte zu reaktivieren und ihre ungeklärte Arbeitssituation zu regeln.

Ein Problem, das in der Literatur weitgehend vernachlässigt wird, ist das nach den Modalitäten der Ausführung. Wir möchten an der Stelle über einige eigene Erfahrungen berichten, die die Probleme, die bei Aktivierungsmaßnahmen auftreten können, recht gut verdeutlichen (s.a. Hoffmann 1998).

Eine typische Situation: Von ihrem ersten Kaufhausbesuch seit vielen Monaten kam die Patientin am Rande der Erschöpfung und sehr niedergeschlagen zurück. Sie hatte sich in der Frühe (mitten im Morgentief) einen „ungeheuren Ruck" gegeben und war aus der Wohnung gestürmt. Im Kaufhaus angekommen, stellte sie mit Erleichterung fest, dass nicht viele Kunden da waren, so wie sie es gehofft hatte. Doch bald fühlte sie sich einsam und verlassen. Sie hatte sehr vage Vorstellungen darüber, ob sie überhaupt etwas kaufen wollte und wenn ja, was. So ging sie auf gut Glück in die Damenkleiderabteilung und sah sich oberflächlich und ohne jedes spürbare Interesse dies und jenes an. Sie verließ fast fluchtartig, um in der Bücherabteilung zu landen. Dort kam es zum selben Spiel. Sie blätterte hektisch in einigen Büchern, ohne sich auf den Inhalt zu konzentrieren, und fühlte sich in zunehmendem Maße unbehaglich. Sie beschloss, einen Fruchtsaft zu trinken, und wollte sich gleichzeitig „aus Pflichtbewusstsein" richtig herausfordern und unter Menschen gehen „weil man sich jeder Situation ja stellen muss". Sie suchte die Dachterrasse auf und ließ sich an einem Tisch in der äußersten Ecke nieder. Sie erschrak richtiggehend, als der Ober sie nach der Bestellung fragte. Sie nippte an ihrem Glas und sah unsicher um sich. Die wenigen anderen Gäste erschienen ihr so ruhig, so selbstsicher, „in sich ruhend", wie sie meinte. Sie spürte, wie eine große Traurigkeit in ihr aufkam und war dem Weinen nahe. Insgesamt ging es drei Stunden so („Ich muss doch etwas leisten"). Ihre Schlussfolgerung zu Hause: „Ich kann es nicht mehr, es hat alles keinen Sinn."

Aktivitäten depressiver Patienten sind dann erfolgreich, d.h. depressionsreduzierend, wenn bei der Ausführung folgende Kriterien erfüllt werden:

- Die Aktivität darf nicht „mit letzter Kraft" oder als eine Mutprobe erfolgen. Erfordert sie zu viel Anstrengung, so kommt es zu einer zunehmenden Agitiertheit, physisch wie psychisch. Die Patientin ermüdet rasch dabei und kann schließlich in einen depressionsverstärkenden Erschöpfungszustand gelangen.
- Deswegen ist es notwendig, die Aktivitäten in der Therapie genau vorzubereiten und abzusprechen. Das betrifft den Zeitpunkt des Beginns (dann, wenn die Patientin möglichst ausgeruht ist), die Dauer (an ihre Möglichkeiten angepasst) sowie die Art der Aktivität (überschaubar und mittelgradig anregend).
- Die Aktivität soll, wie Janet sagen würde, auf einem möglichst „hohen mentalen Niveau" ausgeführt werden. Das bedeutet, die Patientin soll sich voll dessen bewusst sein, was sie macht. Sie soll alle Stadien deutlich erleben und möglichst das Gefühl dabei haben, dass sie als ganze Person daran beteiligt ist. Sich dabei einstellende Gefühle des Interesses, der Erleichterung und des Erfolges sollen sich möglichst voll entfalten. Deshalb ist es unter Umständen möglich, am Anfang in mentalen Übungen, wie der „kognitiven Probe" (Hoffmann 1996) oder in vivo mit Therapeutenbegleitung zu üben.
- Ohne sich ängstlich-misstrauisch zu überwachen, soll die Patientin lernen, auf deutliche Anzeichen der Überforderung zu achten und nicht zögern, eine Pause einzulegen oder die Aktivität zu unterbrechen, wenn sie auftreten. Etwas „durchziehen wollen" um jeden Preis ist kein Wert an sich, sondern kann sich höchst negativ auswirken.
- In dem Maße, wie sie kräftemäßig regeneriert und zu mehr mentaler und physischer Spannkraft gelangt, können immer komplexere Aktivitäten eingeplant werden. Und das sind solche, die viel Aufmerksamkeit und Konzentration oder den Umgang mit Menschen erfordern. Gelegentlich sollte die Therapeutin dabei wieder in vivo dafür sorgen, dass die Aktivitäten in einer förderlichen Art zu Ausführung kommen. Dabei ist vor allem auch der Langsamkeit Rechnung zu tragen, die typisch für den depressiven Zustand ist. Es ist völlig sinnlos, die Patientin „im Handstreich" zu überrumpeln. Sie benötigt Vorbereitungszeit, Zeit bei der Ausführung und eine ruhige Nachbereitung, um etwaige Erfolgserlebnisse und deren Rückwirkung auf ihren Gesamtzustand sich voll entfalten zu lassen.
- So gehandhabt, können Aktivierungsmaßnahmen zu einem wichtigen Mittel der Depressionstherapie werden: Patienten schöpfen Kräfte daraus, erweitern wieder ihren mentalen Horizont und ihren Lebensraum und entwickeln ein höheres Gefühl der Selbstwirksamkeit. Zu oberflächlich, unaufmerksam oder falsch praktiziert, sind sie bestenfalls unwirksam oder verschlechtern sogar den Zustand der Patientin.

Kognitive Therapie

Aus den Erörterungen über die kognitiven Veränderungen in der Depression ergeben sich Hinweise für eine kognitive Therapie (Tab. 3.**1**).

Das handlungsorientierte sokratische Gespräch

Wie deutlich wurde, haben depressive Menschen starre negative, dysfunktionale Meinungen über sich und ihre Beziehung zur Welt, die durch eine Art „Pseudobeweisführung" untermauert sind (wie Übergeneralisierung, selektive Abstraktion, emotionale Begründungen). Der erste Schritt der Bearbeitung dieser kognitiven Prozesse ist ihr Entdekken, Beobachten und Registrieren, z.B. im therapeutischen Gespräch mittels Selbstbeobachtungsprotokollen usw. Eine Vielzahl von Techniken sind entwickelt worden, um dieses Material in einem depressionsabbauenden Sinne zu bearbeiten, wie Überprüfen und Realitätstesten, Reattribuieren, Neubenennen, Alternativen finden usw. (s. dazu Beck et al. 1996, Hautzinger 1997).

Die Grundlage all dieser Strategien ist das sokratische Gespräch. Eine eigene Variante dieses Interaktionsstils wollen wir näher vorstellen.

Allgemein formuliert besteht das sokratische Vorgehen darin, die Patientin durch geschickte Fragen dazu zu bringen, die eigene Gedankenwelt, die an der Basis vieler depressiver Reaktionen liegt, zu reflektieren und einer kritischen Überprüfung zu unterziehen. Aus diesem Prozess kann eigenständig eine neue Betrachtungsweise gewonnen werden, die der Wirklichkeit besser gerecht wird und ein angemesseneres Reagieren und Handeln gewährleistet.

Ein sokratisches Gespräch ist also immer in einen bestimmten Reaktions- oder Handlungsvollzug integriert. Es geht darum, die kognitiven Auslöser einer bestimmten Reaktion (z.B. Niedergeschlagenheit im Anschluss an ein Ereignis) oder eine Handlungsintention (z.B.: „Ich will das Treffen absagen") auf ihre Stichhaltigkeit hin zu überprüfen. Ergeben sich dabei für die Patientin neue Gesichtspunkte, so können neue Handlungen geplant werden oder neue Reaktionen in der Zukunft erfolgen. Ein Beispiel: Die Patientin hatte versucht, ihre unerledigte Post zu sichten, hatte aber dabei bald aufgegeben und war völlig entmutigt zur nächsten Therapiesitzung gekommen. Die oben beschriebene Bearbeitung der Situation kann sich in den zehn folgenden Schritten vollziehen:

- Kontaktaufnahme: Meist über eine Frage nach der Befindlichkeit.
- Problemerfassung: Es wird eine Erklärung für die aktuelle Befindlichkeit gesucht, z.B. für die Entmutigungsreaktion der Patientin. An der Basis ihrer Reaktion liegt die Selbstbewertung „Ich bin zu nichts mehr in der Lage", die ihr Ergebnis aus dem frustrierenden Erlebnis mit der Post darstellt. Sie leitet daraus die Schlussfolgerung ab: „Ich gebe auf."
- Gemeinsames Erarbeiten, wie die Patientin durch fehlerhafte Übergeneralisierung weniger Erfahrungen zu einer „allgemein und für immer gültigen" Selbstbeurteilung gelangt ist. Dann: Gemeinsame Ableitung der Konsequenzen ihrer Schlussfolgerung darauf „Ich gebe auf". „Welche Folgen, kurz- und langfristige, wird es für Sie, ihr weiteres Leben und für andere haben, wenn Sie jetzt aufgeben?" Bewertung dieser Konsequenzen bis zum Konsens über die Notwendigkeit einer neuen Problemdefinition.
- Gemeinsames Erarbeiten einer neuen möglichen Problemdefinition, z.B. „Ich kann im Moment ohne Hilfe und Anleitung meine Angelegenheiten nicht ausreichend regeln".

Tabelle 3.1 Ziele kognitiver Therapie bei Depressionen

Bereiche	Ziele der kognitiven Therapie
Hinwendung zur Welt	• Gefühl der Zugehörigkeit neu entdecken • als Ort der potenziellen Befriedigung eigener Bedürfnisse wahrnehmen • negative Aspekte als potenziell beeinflussbar oder aber als zumutbar wahrnehmen
Sicht auf die Vergangenheit und auf die Zukunft	• das Selbst als Ergebnis einer Lebensgeschichte, aber mit Entwicklungsmöglichkeiten erleben • alles, was in der Vergangenheit gelernt wurde, darf hinterfragt werden. Es ist neu zu prüfen und an die heutigen Gegebenheiten anzupassen • die Zukunft als weniger bedrohlich wahrnehmen, Ereignisse gelassener auf sich zukommen lassen • die Zukunft nicht als Sackgasse, sondern als Möglichkeit zur Entfaltung eigener Ressourcen sehen
Umgang mit dem Selbst	• das Selbst als entschuldbar sehen (als menschlich nicht perfekt), dadurch ist ein In-Schutz-nehmen bei Misserfolgen und bei Kränkungen erlaubt • das Selbst ist mit positiven Attributen versehen, negative Züge können relativiert und kompensiert werden • das Selbst ist an eigenen Bedürfnissen orientiert, handlungsbezogen und auf die Zukunft gerichtet

- Ableiten der Konsequenzen dieser neuen Problemdefinition (Eigeninitiative, aber mit Hilfen, längerfristige Fortschritte usw.). Gemeinsames Besprechen möglicher Formen nützlicher Hilfen.
- Wie gut passt diese neue Möglichkeit in die „innere Landschaft", d.h. in die Einstellungs- und Normsysteme der Patientin? Gibt es z.B. Anforderungen an sich selber, wie „Ich muss alles allein schaffen", die ihr widersprechen? Gegebenenfalls Finden eines vermittelnden Kompromisses, z.B. „Ich lege Wert darauf, ein selbstständiger Mensch zu sein, aber in dieser Situation muss auch ich mir helfen lassen".
- Entschluss der Patientin, den neuen Weg in die Tat umzusetzen, z.B. Sichten und Bearbeiten der ersten Briefe in der Therapiesitzung in Gegenwart der Therapeutin.
- Antizipation und prophylaktische Bearbeitung möglicher neuer Schwierigkeiten, z.B. „Soll ich es meinem Mann sagen, dass ich meine Post zu meiner Therapeutin schleppe, wie wird er reagieren?"
- Gemeinsame Zusammenfassung der Prozesse und der möglichen Lerneffekte bei der bisherigen gemeinsamen Arbeit („Ich kam an und war völlig verzweifelt, weil ich der Meinung war ..., dann haben wir gemeinsam ...").
- Erneutes Fokussieren auf die Befindlichkeit.

Bei dieser Art von gemeinsamer Analyse, kommt es darauf an, der Patientin eine funktionalere Form der Informationsgewinnung und -verarbeitung nahe zu legen. Daraus kann sie andere Schlussfolgerungen ziehen, die zu veränderten Reaktionen und zu einem besser fundiertem Handeln führen. Bei jedem Schritt ist ein Konsens mit der Patientin anzustreben. Auf ihren Standpunkt kommt es letztlich an. Die Therapeutin fungiert lediglich als „Hebamme" im sokratischen Sinne, die Hilfestellung leistet.

Bewältigung von Emotionen

Depressive Menschen leiden unter Niedergeschlagenheit, Angst, Schuld, Scham, Leere, Reizbarkeit und Feindseligkeit. Sie sind nicht mehr in der Lage, ihren Emotionshaushalt in eine für ein effektives Denken und entschlossenes Handeln günstigere Lage zu bringen. Wir wollen nun auf die Bewältigungsmöglichkeiten von depressionstypischen Emotionen eingehen.

Zu indirekten Formen der Emotionsbewältigung gehören die bisher dargestellten assimilativen Bewältigungsmechanismen. So kann zur Herstellung eines besseren inneren Gleichgewichts direkt auf die belastenden Situationen eingewirkt werden (wie z.B. durch aktive Bewältigung, planvolles Problemlösen, Suche nach sozialer Unterstützung usw.). Zum anderen gibt es den kognitiven (akkomodativen) Zugang, bei dem Interpretationsweisen von Ereignissen und Situationen geändert werden (z.B. durch Hinzufügen entlastender Kognitionen, wie positive Neubewertungen, durch günstige soziale Vergleiche usw.).

Neben dieser problemzentrierten Bewältigung gibt es die emotionszentrierte Form. Hier werden Emotionen direkt zum Ansatzpunkt der Therapie gemacht. Die emotionale Bewältigung kann zum einen darauf gerichtet sein, den quälenden Spannungszustand zu verringern, der durch Stressemotionen wie Angst, Schuld, Scham, Niedergeschlagenheit und allgemeine Unruhe entsteht. Eine zu starke, anhaltende physiologische Mobilisierung aufgrund dieser Emotionen schafft einen unangenehmen Zustand der inneren Getriebenheit, der sowohl Entspannung wie auch planvolles Handeln sehr erschwert.

Zum anderen kann im scheinbaren und paradox anmutenden Gegensatz dazu die Intensität unlustbetonter Emotionen gesteigert, d.h. der Spannungszustand erhöht werden, um die Patientin für eine bevorstehende Anforderung oder Auseinandersetzung energetisch zu mobilisieren und so Kräfte bereitzustellen. An der Stelle mag man zu bedenken geben, dass dadurch die gefährliche Unruhe und die daraus resultierende hilflose Erschöpfung geradezu provoziert werden. Das ist bei nicht sachgerechter Mobilisierung tatsächlich möglich. Wir müssen darauf achten, dass die mobilisierten Kräfte innerlich in eine Richtung gelenkt werden. Sie müssen auf die Gegenwart, auf das Hier und Jetzt orientiert werden statt auf die subjektiv bedrohliche ferne Zukunft und müssen vor allem von der eigenen Person weggelenkt werden. Die übliche zögerliche Haltung soll einer klaren entschlossenen Haltung Platz machen, die ein aktives und erfolgreich abgeschlossenes Handeln ermöglichen. Gelingt es uns bei der Patientin z.B. Ärger nach außen hin zu aktivieren, so wird Energie bereitgestellt für das nachfolgende Handeln. Auch Spontaneität und innere Entschlusskraft werden dadurch erhöht.

Doch dabei müssen wir verhindern, dass die Patientin im Anschluss daran mit Schuldgefühlen und moralisierenden Selbstvorwürfen reagiert. Stattdessen muss sie fühlen, dass sie ein Recht auf den empfundenen Ärger hat und bereit sein sich für ihre eigenen Bedürfnisse einzusetzen.

Deshalb ist es notwendig, dass die Patientin erst lernen muss, ihre Gefühle bewusster wahrzunehmen. Dann können sie als Signal zum Handeln fungieren und zum Einsetzen klarer Maßnahmen zur Herstellung eines besseren inneren Gleichgewichtes und zu einer größeren Selbstbestimmung führen.

Auf die einzelnen direkten Bewältigungsformen wollen wir im Folgenden kurz eingehen.

Bewusstmachung von Gefühlen als Handlungssignal

Die Patientin ist sich bestimmter Gefühlen kaum bewusst, sie nimmt die unmittelbaren emotionalen Reaktionen (wie Verletzung oder Ärger) nicht klar wahr, sondern fühlt gleich Hilflosigkeit, Ohnmacht und Leere oder aber körperliche Beschwerden. Konkrete Situationen, bei denen sie so reagiert, werden genau analysiert. Die Patientin beschreibt mit Hilfe der Therapeutin möglichst genau die einzelnen Episoden und ihre Reaktionen darauf. Dann wird sie gebeten sich in der Vorstellung genau in die kritischen Momente hineinzuversetzen und sie neu zu erleben. Dadurch werden die bruchstückhaft auftretenden allerersten emotionalen Reaktionen besser bewusst (zuerst Ärger, dann Ohnmacht), deutlicher und für sie besser annehmbar.

Auch in der Therapiesituation auftretende Gefühle der Patientin (wie Reizbarkeit, Ungeduld usw.), die sie gar nicht so bewusst wahrnimmt, können ihr sofort verdeutlicht werden. Die Therapeutin kann solche Gefühle widerspiegeln: „Ich nehme Sie so gereizt wahr, ist dem so?" „Ich habe den Eindruck, dass Sie jetzt ganz ungeduldig sind." Die von der Patientin bestätigten Gefühle können nun in Zusammenhang mit bestimmten kognitiven Inhalten gebracht werden („Die Therapie geht zu langsam voran", „Es dauert alles so lange, ich muss doch bald wieder arbeiten", „Früher funktionierte alles" etc.).

Auf die Art lernt die Patientin, Gefühle beim Auftauchen nicht beiseite zuschieben, sondern als Signale zum Beziehen von Positionen und Handeln ernst zu nehmen.

Einordnung von Gefühlen in die Lebensgeschichte

Diese Vorgehensweise haben wir in der kurzfristig ausgerichteten Therapiephase schon beschrieben. Dort diente sie vorwiegend einer unmittelbaren emotionalen Entlastung. Später in der Therapie wird systematischer auf die Art gearbeitet. Es wird geradezu die Geschichte kritischer Emotionen wie Niedergeschlagenheit, Mutlosigkeit oder von Schuldgefühlen über die ganze Biographie hinweg rekonstruiert und mit den wichtigsten Momenten der jeweiligen Lebenssituationen in Zusammenhang gebracht. Auf die Art lernt die Patientin, welche Momente in ihrem Leben für eine Emotion, z.B. über ihre Tendenz, schnell Schuldgefühle zu entwickeln, verantwortlich waren. Ähnliche Momente kann sie dann in ihrer aktuellen Lebenssituation suchen. Auf die Art lernt sie besser ihre aktuellen Emotionen als Ergebnis einer Lebensgeschichte zu betrachten und nicht als die einzig mögliche und angemessene Reaktion auf das, was ihr jetzt widerfährt oder aber als ein krankhaftes Symptom. Alternative mögliche emotionale Reaktionen, wie z.B. Ärger statt Schuldgefühlen, werden besprochen und auf ihren Stellenwert für ihre Befindlichkeit und auf ihre Wirkung nach außen hin analysiert. Die Patientin fühlt sich dadurch erleichtert, akzeptiert Gefühle besser bzw. stellt dahinter liegende Grundhaltungen („Sich nur nicht unbeliebt machen") eher infrage.

Expressive Emotionsbewältigung

Nachdem die Patientin für das Auftreten eigener Gefühlsregungen sensibilisiert wurde und gelernt hat, sie anhand ihrer Geschichte besser zu verstehen, wird sie zu einem freien, offenen und konstruktiven Ausdruck sich selbst und anderen gegenüber ermutigt. Gefühle beinhalten besondere Bewegungen in Form von Gestik und Mimik und haben eine sprachliche Komponente. In Wirklichkeit sind sie Verhaltensweisen, die, wenn es die Umstände erlauben, sich möglichst voll und ganz entfalten sollen. Bei der depressiven Patientin sind alle emotionalen Äußerungen verkümmert und stark reduziert. Das betrifft natürlich in erster Linie positive Emotionen, wie Freude, Interesse und Anteilnahme, aber auch Gefühle wie Trauer und Ärger, die schnell beiseite geschoben und dann durch Phänomene, wie innere Leere oder erschöpfende Unruhe ersetzt werden.

Die Patientin wird bei genau abgesprochenen Übungen geradezu dazu aufgefordert, etwa bei einem 2-stündigen Spaziergang in der Stadt, bestimmte Emotionen wie Interesse oder Anteilnahme „aufzusuchen". Sie soll sich mit offenen Augen, aber auch „mit offenem Herzen" der jeweiligen Situation stellen, alles genau registrieren, was im Ansatz die Zielemotion bei ihr hervorruft und dann versuchen, sie möglichst voll zur Entfaltung kommen zu lassen. Dazu gehört auch, dass sie in einem inneren Monolog, sich selber mitteilt, was sie berührt und sich es genau beschreibt. Sie soll persönliche Erinnerungen und Assoziationen, aber auch Wünsche und Sehnsüchte damit verknüpfen.

Auch sich einer sog. negativen Emotion, wie Trauer oder Angst vor der Zukunft, zu stellen, kann zu einer besseren Bewältigung führen (vgl. auch die Arbeiten von Ramsay zur Trauerarbeit). Man kann bei dieser Vorgehensweise geradezu von einer Emotionsexposition sprechen. Die Patientin wird z.B. mit einem bestimmten Ereignis, wie z.B. einer abfälligen Bemerkung ihrer Tochter, konfrontiert, und dazu angehalten, bei ihren Gefühlen der Ohnmacht und der Scham zu bleiben. Sie spricht laut der Therapeutin gegenüber alle Gedanken aus, die dadurch ausgelöst werden, z.B. Erinnerungen an frühere Situationen, Befürchtungen usw. Dadurch soll sie vor allem daran gehindert werden, in die üblichen Verallgemeinerungen („Sie sind immer alle gegen mich") oder in unproduktive Schuldgefühle („Ich bin ja auch zu nichts mehr zu gebrauchen") abzugleiten. In dem Maße, wie es ihr gelingt, mit ihrem emotionalen Erleben in Verbindung zu bleiben, es als ganze Person zu akzeptieren und dabei trotzdem zu sich selbst zu stehen, verändert sich ihre Befindlichkeit. Sie mobilisiert innere Ressourcen, etwa in Form von Selbstachtung („Was habe ich alles für die getan?") und von Hoffnung („Ich werde diese Krise überwinden"), sogar von Stolz („Der werde ich's zeigen"). Schließlich entwickelt sie ein Gefühl von kritischer Distanz („So etwas lasse ich mir nicht noch einmal bieten"), aber vor allem auch von Zugehörigkeit („Wir haben viele schöne Stunden zusammen gehabt. Insgesamt sind wir doch eine ganz nette Familie").

Ein derart konzipierter verhaltenstherapeutischer Ansatz bei Depressionen bietet Therapeuten ein solides Repertoire an Interventionsmöglichkeiten mit verschiedenartigen Schwerpunkten. Sie sollten in der Lage sein, zum richtigen Zeitpunkt, die der Lage des Patienten angemessenen Verfahren auszusuchen und mit Einfühlung zur Anwendung zu bringen.

Synopsis

- Psychische Krisen können in eine Depression übergehen, wenn assimilative und akkomodative Bewältigungsmechanismen sich als unzureichend erweisen.
- Die so entstandene Depression wird in ihren verhaltensmäßigen, emotionalen und kognitiven Komponenten als Schonhaltung analysiert, der eine ungünstige Bilanz der psychischen Kräfte vorausgeht.

- Der Zustand der Depressiven erfordert zunächst kurzfristige Maßnahmen zur Herabregulierung intensiver negativer Emotionen, entlastende Strukturgebung und Fördern erster Selbstwirksamkeitserfahrungen.
- Anschließend werden längerfristig wirksame Maßnahmen vorgestellt. Durch therapeutisch induzierte assimilative und akkomodative Maßnahmen soll die Gesamtsituation der Betroffenen dauerhaft verbessert werden. Sie beeinflussen das Verhalten, die Denk- und Einstellungssysteme sowie die Emotionen.

4. Psychodynamische Psychotherapie

Henning Schauenburg

Es wird zunächst eine Übersicht über die psychoanalytische Theoriebildung zur Entstehung der Depression gegeben. Ein besonderer Schwerpunkt wird hierbei auf die Polarität von „objektsuchender" und „objektmeidender" Konfliktbewältigung gelegt, wobei Parallelen zur Bindungstheorie gezogen werden. Die Darstellung der Behandlung erfolgt getrennt für die akute Depression sowie für die regressiven (abhängigen) und (pseudo)progressiven (autonomen) Verarbeitungsformen des depressiven Grundkonfliktes. Dann werden allgemeine Wirkfaktoren der Behandlung (nicht nur) depressiver Patienten dargestellt („attunement", „moments of meeting", „reflexive Funktion"). Den Schluss bilden Überlegungen zur Differenzialindikation für kurz- und längerfristige Behandlungen.

Psychodynamische Psychotherapie bezeichnet eine Behandlungsform, die sich an der psychoanalytischen Theorie und Behandlungstechnik orientiert, aber durch ihre inhaltliche Schwerpunktsetzung wie auch durch die niedrigere Anzahl und Frequenz der Therapiesitzungen von der klassischen psychoanalytischen Behandlungsmethode unterscheidet. Im deutschsprachigen Raum hat sich im Rahmen der Richtlinien-Psychotherapie der Begriff der „tiefenpsychologisch fundierten Psychotherapie" für diese Form der Behandlung etabliert.

Die psychodynamische Psychotherapie wird heute in der Versorgungspraxis gerade bei depressiv erkrankten Patienten sehr häufig angewandt. Es liegen fundierte Wirksamkeitsnachweise vor (Übersicht bei Leichsenring, im Druck). Das therapeutische Vorgehen psychodynamisch orientierter Therapeuten ist wiederholt beschrieben worden (zuletzt im deutschsprachigen Raum von Mentzos 1995, Stiemerling 1995, Will et al. 1998). Ein allgemeines Therapie-Manual zur psychodynamischen Psychotherapie, das gut auf die spezifische Therapie bei der Depression angewandt werden kann hat Luborsky (1995) entwickelt. Das vorliegende Kapitel stellt zentrale Aspekte der psychodynamischen Behandlung der Depression vor. Ein besonderer Schwerpunkt liegt dabei auf differenziellen Ansätzen in Abhängigkeit von der Persönlichkeit und der Konfliktkonstellation der Patienten. Das Vorgehen wird anhand von Fallbeispielen verdeutlicht.

Akute Depression und depressive Persönlichkeit

Die *akute Depression*, wie sie in Kap. 1 beschrieben wurde, ist oft ein recht uniformes, krisenhaftes und manchmal dramatisches Geschehen, das entsprechend auch ein von vielen psychotherapeutischen und psychiatrischen Schulen geteiltes Vorgehen erfordert. Dem Umgang mit der akuten Depression, den Fragen von Behandlungsindikation, Entwicklung eines Arbeitsbündnisses und differenzieller Indikation wird deshalb ein eigener Abschnitt gewidmet.

Die akute Depression ist offensichtlich Endstrecke verschiedenster biographischer, konflikthafter oder auch somatischer Prozesse (Mentzos 1995, Aldenhoff 1997). Diese

Vielfalt hat zu großen Anstrengungen bei der Differenzierung von einerseits organischen Ursachen der Depression und andererseits unterschiedlichen, zur Depression prädisponierenden *Persönlichkeitskonstellationen* geführt. Die rein körperlichen Ursachen der Depression (hirnorganisch, Medikamentennebenwirkungen, endokrinologisch etc.) können an dieser Stelle nicht behandelt werden. Für die sonstigen depressiven Manifestationen sind die persönlichkeitsbezogenen Typisierungsversuche von großer Bedeutung in der Schwerpunktsetzung bei der psychotherapeutischen Behandlung.

Grundsätzlich besteht die Indikation zur Psychotherapie bei mittelschweren und leichten depressiven Episoden der psychiatrischen Klassifikation sowie bei der dysthymen Störung. Letztere wird häufig mit der neurotischen Depression gleichgesetzt, wobei natürlich auch Patienten mit depressiven Episoden unterschiedlichste neurotische Konflikte als Hintergrund ihrer Erkrankung aufweisen können. Die Neuformulierung der Kategorien entwickelte sich u.a. aus der Schwierigkeit, phänomenologische Kriterien für eine Abgrenzung von neurotischen und endogenen Depressionen zu finden. Zwar gibt es typische Merkmale psychotischer (schwerer und melancholisch-wahnhafter) Depressionen (s. Kap. 1), für das Gros der Erkrankungen ließ sich eine klare Trennung der beiden traditionellen Kategorien jedoch nicht aufrecht erhalten. Vielmehr ergaben sich unterschiedliche Persönlichkeitstypologien ohne direkten Bezug zur Phänomenologie oder dem Ausmaß biologischer Anteile an der Ätiologie. (z.B. Paykel et al. 1976).

Eine kunstgerechte, auf den Patienten und seine spezifische Lebenskonstellation ausgerichtete Behandlung der Depression bedarf also einer Krankheitstheorie, die Aspekte der Gesamtpersönlichkeit, der biographischen Erfahrung und typischer „depressiogener" Interaktionsmuster berücksichtigt.

Den Taxonomieversuchen und ätiologischen Modellen zur Depression aus psychodynamischer Sicht wird deshalb ein gesonderter Teil gewidmet. Während H. Will in Kap. 5 zur psychoanalytischen Behandlung vor allem auf die Depression bei unterschiedlichem „strukturellem Integrationsniveau der Persönlichkeit" (d.h. überwiegend bezogen auf bestimmte allgemeine psychische Fähigkeiten oder Defizite) eingeht (Kernberg 1975, Arbeitskreis OPD 1996), soll hier das Augenmerk auf phänomenologischen und konfliktspezifischen Merkmalen liegen, die eng an die genannte Tradition zur depressiven Persönlichkeit angelehnt sind. Die aus dieser Differenzierung entwickelten therapeutischen Strategien werden in getrennten Abschnitten dargestellt.

Psychoanalytisch-psychodynamische Entstehungsmodelle der Depression

Die zentrale Rolle von Verlust-, Verunsicherungs- oder Enttäuschungserlebnissen in der Kindheit von später depressiv Erkrankten wird von psychoanalytischen Autoren als ätiologisches Moment besonders betont und ist inzwischen auch empirisch gesichert (z.B. Brown et al. 1986). Dies gilt zumindest für die große Gruppe der Patienten, die nicht an einer körperlich bedingten oder an einer stark biologisch beeinflussten depressiven Erkrankung mit deutlicher genetischer Beteiligung leiden.

Die jeweils unterschiedlichen Verarbeitungsformen dieser Lebenserfahrungen bestimmen die psychodynamischen Modelle zur Depression. Der Verlust einer wichtigen Bezugsperson oder eines lebensbestimmenden Ideals wird bereits von Freud (1916) als zentrales auslösendes Moment beschrieben, wobei er erstmals den Unterschied zwischen der normalen Trauerreaktion und der Depression als einem Rückzug aus der Welt, verbunden mit Minderung des Selbstwertgefühls und der Wendung aggressiver Impulse gegen das eigene Selbst, konzeptualisiert hat (s. Kap. 14). Der autoaggressive und selbstbeschuldigende Zug Depressiver wird von ihm mit der Introjektion der enttäuschenden „bösen" Anteile des verlorenen Objektes in Verbindung gebracht, die dann im Selbst attackiert werden. Wir werden später sehen, dass die Wendung von Aggression gegen das Selbst weitere Bedeutungen haben kann.

Die nächste Generation der psychoanalytischen Theoretiker konzentrierte sich auf die zentrale Rolle des Selbstwertgefühls, das schon damals mit Aspekten der Bindung des Kindes an seine Bezugsperson verknüpft wurde. Rado (1927) beschrieb, dass ein Depressiver in seinen Beziehungserfahrungen die Eltern als vernachlässigend und überwiegend bestrafend erlebt hat. In der Folge identifiziert er sich übermäßig mit vermuteten oder tatsächlichen Leistungsanforderungen. Situationen des Scheiterns werden in diesem Sinn vor allem als eigenes Scheitern interpretiert. Auslösende Situation einer Depression können von daher nicht nur Verlusterlebnisse, sondern auch Kränkungen, Desillusionierungen und Enttäuschungen sein. Erstmals fand sich hier auch die Zentrierung auf den Aspekt der Hilf- und Machtlosigkeit, d.h. auf den Zusammenbruch der Möglichkeit, die Selbstachtung angesichts belastender Erlebnisse aufrechterhalten zu können (Bibring 1952).

Das besondere Erleben der Hilflosigkeit bei Depressiven kann auch als Ausdruck eines spezifischen emotionalen Dilemmas verstanden werden, das von verschiedenen Autoren als depressiver Grundkonflikt bezeichnet wird (zuletzt Mentzos 1995, Rudolf 1996): Auf dem Boden eines verunsicherten Selbstwertgefühls bzw. einer primär unsicheren Bindung an frühe Bezugspersonen (Bowlby z.B. 1977,1980, Ainsworth et al. 1978) entsteht eine überstarke Abhängigkeit von äußeren oder auch inneren Objekten bzw. Idealbildungen. Diesen wird aber gerade wegen der als bedrohlich oder belastend erlebten Abhängigkeit auch (oft unbewusst) ein verborgenes Gefühl von wütendem Aufbegehren oder Distanzierung entgegengebracht. Letztere können nicht realisiert werden, weil damit ein subjektiver Verlust an Sicherheit einher ginge, der dem Betreffenden unerträglich ist. Aus dieser verborgenen Spannung (verbunden mit Neid und Enttäuschungsgefühlen) entsteht eine Vielfalt schwieriger Interaktionsmuster. Hierzu zählen gehemmte Aggressivität, Abwehr durch Pseudoaltruismus, Ambivalenz oder Selbstentwertung, denen allen gemeinsam ist, dass sie in anderen Ärger, Distanzierung und Kritik hervorrufen können. Diese Reaktionen verstärken dann die basale Unsicherheit von zu Depressionen neigenden Menschen weiter. Aus dem „Patt" zwischen teils verborgener Abhängigkeit und nicht realisierbaren Individuierungs- (Abgrenzungs-, Gegenwehr-) wünschen entsteht die depressive Vulnerabilität. Das Ausbrechen der Depression hängt dann von der Schwere des „Auslösers" und der Intensität der zugrundeliegenden Bindungsunsicherheit bzw. der Rigidität der Persönlichkeit ab.

Die Depression selber ist dann als eine Art Gegenregulation auf den Zusammenbruch der bisherigen Konfliktbewältigung zu sehen. Sie ist damit also eine „regressive Bewegung", vor allem aber auch eine Schutzreaktion, die dazu dient, in einer Situation von Hilflosigkeit angesichts unlösbarer innerer Konflikte die Bindung an eine schutzgewährende Instanz (äußerer oder innerer Art) zu gewährleisten. Wie genannt, können also im Grunde alle Situationen, die mit dem Erleben von Angst, Schuld oder Scham einhergehen, zur Depression führen, wenn sie nur das basale Sicherheitsgefühl und die Handlungsfähigkeit der Betroffenen nachhaltig genug beeinträchtigen (Bibring 1952).

Bedeutsam für das Verständnis der jeweils auslösenden Konstellation ist dabei die prämorbide Persönlichkeit, die nach heutigem Verständnis bei zur Depression disponierten Menschen Ausdruck ihrer je spezifischen charakterlichen Verarbeitungsweise des depressiven Grundkonfliktes ist. Dieser Verarbeitungsmodus ist dabei auch für den weiteren Verlauf und insbesondere für die Behandlung depressiver Erkrankungen ausschlaggebend.

Es gibt, wie erwähnt, eine Reihe von Typisierungsversuchen zur Persönlichkeit Depressiver. Sie entstammen psychiatrischen (Tellenbach 1961), psychoanalytischen (Benedetti 1981, Arieti u. Bemporad 1983, Blatt u. Zuroff 1992, Rudolf 1996) aber auch kognitiv-behavioralen (Beck 1987) Ansätzen. Eine Sicherheit suchende Bindung an äußere bzw. innere Objekte ist dabei für viele dieser Konzepte kennzeichnend.

So unterscheiden Arieti u. Bemporad zwischen Menschen, die sich an dominanten anderen und solchen, die sich an einem dominanten Ideal orientieren. Blatt beschreibt die Depressiven vom anaklitischen, d.h. anklammernden und von einem introjektiven (d.h. durch hohe Selbstanforderungen geprägten) Typus. Ähnlich spricht Benedetti von Es- und Über-Ich-Depression. Beck teilt die Patienten in soziotrope (d.h. beziehungsorientierte) und betont autonome ein. Rudolf unterscheidet zwischen regressiven und eher narzisstischen Verarbeitungsformen des depressiven Grundkonfliktes.

Allen gemeinsam ist also ein Pol der Objektnähe bzw. Objektferne als ein Grundprinzip der Regulation des inneren Gleichgewichtes.

Eine weitere Zugangsmöglichkeit zu diesem komplexen Feld bietet die Bindungstheorie in der Tradition von John Bowlby (z.B. 1980, zum aktuellen Stand der Bindungstheorie s. Cassidy u. Shaver 1999), der von der Grundannahme ausging, dass Menschen mit ungünstigen Bindungserfahrungen, d.h. einer fehlenden oder schwankenden Verfügbarkeit und Klarheit von Bezugspersonen, innere Arbeitsmodelle (inner working models) von Bindungen entwickeln, die Parallelen zu den von anderen Autoren beschriebenen Verarbeitungsmodi des depressiven Konfliktes aufweisen. Die unsicheren Bindungsmodi (ambivalent-unsicher und vermeidend-unsicher, Ainsworth et al. 1978), sind nach neueren Forschungsergebnissen Reflex der Bindungsrepräsentanz und Bindungssicherheit der zentralen Bezugsperson, d.h. sie werden zu einem großen Teil transgenerational über familiäre Interaktionen weitergegeben. Der ambivalente Bindungsstil ist dabei Ausdruck eines wechselnd überfürsorglichen und uneinfühlsamen Kontaktes mit den primären Bezugspersonen, wobei weitere Belastungsfaktoren und „life-events" einen eigenen Anteil am Entstehen der Bindungsunsicherheit haben. Vermeidendes Bindungsverhalten findet sich bei Kindern, die eine eher emotional karge bis vernachlässigende frühe Umgebung erlebt haben. Interessant ist nun, dass parallel zur Entdeckung dieser kindlichen Bindungsstile, die als Vulnerabilitätsmarker verstanden werden können, in der Erforschung depressiver Patienten Persönlichkeits- und Verarbeitungsmuster gefunden wurden, die starke Parallelen und Berührungspunkte zu diesem entwicklungspsychologischen Modell aufweisen. Bereits Freud erwähnte, dass sowohl Objektverlust als auch der Verlust eines Ideales zur Depression führen kann. Aus der Sicht der Bindungstheorie entsteht im Rahmen eines ambivalent-unsicheren Stils eine starke innere Verstrickung mit zentralen Bezugspersonen, während der vermeidende Bindungsstil eher zur Ausbildung von (pseudo-)autonomen Lebensentwürfen führt.

Ein anderer, aber offensichtlich verwandter Zugang ist das Konzept der „internalisierten Objekte". Melanie Klein führte die „Unfähigkeit zur Verinnerlichung eines guten Objektes" als wesentliches Merkmal depressiver Patienten an (Klein 1940). Dies führe dazu, dass die Betroffenen jeglichem Erleben von Frustration, Wut, Enttäuschung und destruktiven Phantasien schutzlos ausgeliefert seien, sich nicht durch Rückbezug auf einen „guten Kern" schützen können. Offen bleibt in dieser traditionsreichen Auseinandersetzung lediglich, inwieweit das Fehlen eines solchen guten inneren Objektes durch Realerfahrungen (Bowlby) oder vor allem durch innere, triebdynamisch zu verstehende Konflikte des Kindes (M. Klein) zu erklären ist.

Die dargestellten Versuche zur Konzeptualisierung der Vulnerabilität für Depression sollen deutlich machen, warum in den folgenden Abschnitten zur Therapie neben dem zunächst behandelten Umgang mit der akuten Depression vor allem klinische Beispiele gewählt wurden, die den dargestellten Haupttypen entsprechen. Die jeweils unterschiedlichen Vorläufer der depressiven Dekompensation haben, wie zu zeigen sein wird, Auswirkungen auf die therapeutische Strategie und die therapeutischen Ziele einer psychodynamisch orientierten Therapie der Depression.

Zur Therapie der akuten Depression

Fallbeispiel 1

Frau A., eine 42-jährige Verwaltungsangestellte und Mutter von 2 Kindern kommt auf Empfehlung einer Familienberatungsstelle zum Erstgespräch. An diese hatte sie sich gewandt, da sie besorgt war, dass ihre depressiven Zustände sich nachteilig auf ihre halbwüchsigen Kinder auswirken könnten. Sie hatte lange gezögert, für sich selbst psychotherapeutische Hilfe in Anspruch zu nehmen. Die jetzt ausgesprochene Empfehlung und ihr sich stetig verschlechternder psychischer Zustand hatten schließlich den Ausschlag gegeben. Frau A. ist zutiefst verzweifelt, hat sich weitgehend aus ihren sozialen Bezügen zurückgezogen, kommt teilweise über Wochen, insbesondere in Urlaubszeiten, in denen ihr Beruf als Verwaltungsangestellte ihr keine äußere Struktur mehr gibt, nicht mehr aus dem Bett. Sie trinkt vermehrt Alkohol und flüchtet sich in Fressanfälle, die zu einer Gewichtszunahme geführt haben. Darüber hinaus ist sie von massiven Selbstwertzweifeln und Zukunftsängsten sowie von Schlafstörungen getrieben und fühlt sich kaum noch in der Lage, ihren Alltag zu bewältigen.
Dieser akuten Zuspitzung vorausgegangen waren eine Kette von belastenden Ereignissen: Eine geliebte ältere Schwester war zwei Jahre zuvor plötzlich und unerwartet verstorben, ein Pfarrer, zu dem sie über einen langen Zeitraum vorsichtig Vertrauen gefasst hatte und an den sie sich wegen ihrer lebenslang bestehenden Selbstzweifel und depressiven Verstimmungen gewandt hatte, war ebenfalls überraschend verstorben, und zuletzt hatte sich unerwartet ihr Ehemann nach 15 Jahren Partnerschaft von ihr getrennt und war zu einer 20 Jahre jüngeren Geliebten gezogen. Zum lebensgeschichtlichen Hintergrund der jetzt aufgetretenen massiven Depression sei nur erwähnt, dass die Patientin Tochter eines extrem strafenden, unberechenbar-gewalttätigen und emotional kargen Vaters und einer hilflosen unterwürfigen Mutter war, dass sie sich in der Adoleszenz früh von zu Hause distanziert hatte, in sozialen Bezügen die Rolle eines „Mädchen für alles“ und in der Familie der sich aufopfernden „Übermutter“ übernommen hatte. Sie beschreibt ihr Erleben als von der unterschwelligen Idee geprägt, durch Leistung und Engagement für andere letztendlich doch noch die im Elternhaus versagte Anerkennung zu bekommen. Das Scheitern ihres Versuches, auch vom Mann die Anerkennung als Frau zu erhalten, war besonders kränkend, als sie erfahren musste, dass der Partner sie über Jahre mit guten Freundinnen und Bekannten betrogen hatte.

Diese Falldarstellung soll als Beispiel für eine typische Konstellation zu Beginn einer psychotherapeutischen Behandlung dienen. Die Patientin erfüllte alle diagnostischen Kriterien einer mittelschweren depressiven Episode mit hier nicht im Einzelnen aufgeführten somatischen Symptomen sowie einer Dysthymie. Der erste Kontakt war von der tiefen

Verzweiflung der Patientin geprägt: Sie wirkte verlangsamt, scheinbar kaum in der Lage, einen psychotherapeutisch produktiven Kontakt aufzunehmen. Sie weckte durch ihre ausgeprägte Belastung Mitgefühl, aber auch Hilflosigkeit und Gefühle von Ausweglosigkeit. Der Beginn der Behandlung, der hier beschrieben werden soll, weist also den Charakter einer Krisenintervention auf.

Welche therapeutischen Interventionen sind in der Behandlung akut depressiver Patienten aus psychodynamischer Sicht angezeigt?

Kontaktaufnahme und Entlastung

Gewöhnlich stellt das unaufdringliche Zuhören und die Bereitstellung von Zeit und Raum für die meisten Patienten eine erste Beruhigung dar und schafft eine gewisse Entängstigung, da die erlebte Starre und Hilflosigkeit mit jemandem geteilt werden kann, zu dem zunächst einmal kein unbedingtes Gefühl der Verpflichtung besteht. Da depressive Patienten nicht selten davon ausgehen, dass ihnen so viel Zuwendung eigentlich gar nicht zusteht, ist es u.U. ratsam, die Betroffenen explizit darin zu bestärken, dass sie sich Hilfe gesucht haben. Im Zuge der ersten Gespräche sollte das Ausmaß der depressiven Symptomatik, die Suizidgefährdung (vgl. Kap. 13) und die sozialen Einschränkungen des Patienten geklärt werden. Hierzu zählt auch, Kompetenzen und psychische sowie soziale Ressourcen zu erkunden.

Bei Frau A. wurde rasch deutlich, dass sie zwar durch ihre Partnerschaftssituation zutiefst verletzt und hilflos war, dass sie aber andererseits ihren Beruf und die dortigen sozialen Kontakte sehr schätzte und dass sie eine liebevolle Beziehung zu ihren Kindern hatte.

Aufklärung, Strukturierung und Festlegung des Behandlungsrahmens

Im Rahmen der ersten Kontakte ist die Vermittlung von Informationen über Symptomatik und Charakter sowie ggf. die Hintergründe der Erkrankung sinnvoll. Auch Fragen der Behandlungsdauer sollten besprochen werden (vgl. Kap. 7). Oft wird unterschätzt, wie wesentlich die klare Absprache über die zeitliche Struktur und Perspektive der Behandlung bereits zu Beginn ist. Hier können selbstverständlich keine standardisierten Vorgaben zum Vorgehen gemacht werden. Selbst wenn nach klinischer Einschätzung eine langfristige Therapie angezeigt zu sein scheint (s.u.), kann es anfangs sinnvoll sein, nur einen kürzeren Behandlungsabschnitt (10 oder 20 Stunden) zu vereinbaren, um eventuelle Abhängigkeitsängste nicht zu sehr zu mobilisieren. Hier ist es dann wichtig, dass man sich auf konkrete (nicht einfach „Besserung der Depression") und realistisch erreichbare Ziele im Sinne eines Themenfokus einigt. Umgekehrt ist oft aus der Schwere einer akuten depressiven Symptomatik nicht unbedingt von vorne herein abschätzbar, ob nicht bereits nach 20 oder 30 Therapiestunden eine Restitution so weit erfolgt ist, dass die Betreffenden aus eigener Kraft weitermachen können. Die Entscheidung über solche Fragen wird im Verlauf der ersten Gespräche wesentlich davon abhängen, ob Hintergrund der Depression eine lebenslange intrapsychische Konfliktsituation ist oder ob „äußere Lösungen" bzw. die aktive Unterstützung bzgl. bereits vorgedachter Lebensentscheidungen oder weiterer Schritte ausreichen.

Zum Behandlungsrahmen gehört auch die Besprechung einer evtl. nötigen Begleitmedikation und der Frage, wer diese verordnet und die entsprechenden Kontrollen durchführt. Außerdem sollte hier die evtl. vorgesehene Einbeziehung von Lebenspartnern angesprochen werden. Zuletzt muss u.U. die Frage einer stationären Aufnahme, beispielsweise bei akuter Verschlechterung der Symptomatik, thematisiert werden.

Stützende Interventionen

Neben der Bestimmung psychodynamischer Aspekte darf keinesfalls außer Acht gelassen werden, dass sich im Zuge depressiver Entwicklungen häufig vielfältige reale Probleme entwickelt haben, die ihrerseits zur Verstärkung der depressiven Symptomatik beitragen. So bekommen Therapeuten oft zu Beginn eine gewisse betreuende und schützende Funktion und sollten diese keinesfalls zurückweisen, auch wenn später die hierin liegende Selbstaufgabe der Patienten thematisiert werden muss. Zu den unterstützenden Aufgaben gehört z.B. die Erarbeitung „antidepressiver" Strategien. Hierzu können sportliche Aktivitäten gehören, aber auch andere Formen aktiver Betätigung oder die (Wieder-) aufnahme sozialer Kontakte.

Therapeutisch besonders schwierig ist in der Phase der akuten Depression das Umgehen mit habituellen Selbstentwertungen, mit Suizidimpulsen sowie mit der Antriebshemmung der Patienten. Die größte therapeutische Arbeit besteht hier weniger darin, dem Patienten wohlmeinende Ratschläge zu geben, als darin, die in dieser Situation oft vermittelte Hilflosigkeit auch am eigenen Leib auszuhalten, ohne sie dem Patienten unterschwellig aggressiv „zurückzugeben". Aber auch wenn es nicht um konkrete Ratschläge geht, gibt es doch einige Interventionen, die unmittelbare Entlastung aus depressivem Erleben ermöglichen können.

Freedman (1986) bezeichnet den Verlust der Symbolisierungsfähigkeit als zentrales Moment der akuten schweren Depression. Dies meint, dass Patienten in der depressiven Verstimmung nicht mehr in der Lage sind, differenzierte innere Bilder und damit auch einen Abstand zu sich selbst zu entwickeln, der es ihnen ermöglicht, ihr Selbstwertgefühl und ihr Bild von sich selbst so zu regulieren, wie sie das zu gesunden Zeiten können. In der akuten Depression sollten Interventionen deshalb auch darauf abzielen, den Patienten eine solche Distanzierung zu ihrem inneren Erleben zumindest zeitweilig zu erleichtern. Hierzu zählt beispielsweise die Anerkennung realer Belastung, die Frage nach Unterschieden in der Stimmungslage, nach Einflussfaktoren auf die Stimmung etc.

> Im Falle von Frau A. resultierte aus ihrem Rückzug und ihrer ausgeprägten Antriebsminderung sowohl ein relativer Verlust an sozialem Kontakt als auch waren viele notwendige Aufgaben und organisatorische Anliegen (beispielsweise im Rahmen der Scheidung) liegen geblieben und bedurften der sehr strukturierten Klärung.

Bestimmung des Behandlungsfokus

Als Fokus kann beispielsweise ein zentrales problematisches Beziehungsmuster gewählt werden (z.B. ständiges Unterordnen und lediglich unterschwelliger Protest mit der Folge von Dominanz anderer und zunehmender Selbstentwertung). Im Allgemeinen werden solche therapeutischen Fokusbildungen nicht ausführlich thematisiert, sondern dienen eher dem Therapeuten als innere Richtschnur, die im Verlauf der Therapie natürlich auch wechseln kann. Manchmal kann es allerdings auch in einer akuten depressiven Symptomatik entlastend sein, wenn Patienten mit einer Hypothese zu dem vielleicht lebensüberdauernden Konfliktmuster konfrontiert werden, das zu der jetzt akut aufgetretenen Situation geführt hat.

So wurde bei Frau A. trotz der akuten Kränkung recht schnell deutlich, dass die Partnerbeziehung lebenslang konflikthaft verlaufen war und die Patientin sich ihrerseits immer wieder mit Trennungsgedanken getragen hatte, innerlich ihren Ehemann in vielem gering schätzte, sich aber aus Angst vor dem Alleinsein willfährig unterordnete. Der Konflikt entstand durch ihren Wunsch, von jemandem, den sie eigentlich verachtete (ähnlich dem tyrannischen Vater), die Anerkennung als Frau zu finden.

Behandlungsfehler

Kontraindiziert in der initialen Phase ist es, dem Patienten seine latenten Aggressionen gegen enttäuschende andere offensiv zu deuten. Dies führt erfahrungsgemäß eher zu einem weiteren Einbruch im Selbstwertgefühl. Ebenso muss der Bezug auf positives Erleben oder Ressourcen von Patienten vorsichtig gehandhabt werden: leicht fühlen sich Patienten angesichts ihres so anders gearteten inneren Erlebens missverstanden und zurückgewiesen. Insgesamt gilt es also sowohl therapeutisches Überengagement als auch therapeutische Distanzierung zu vermeiden. Vielmehr sind die vielfältigen Interaktionsangebote der Patienten, die heftige Affekte im Therapeuten auslösen können, auch als Test des Therapeuten auf seine Belastbarkeit und „Tragfähigkeit" zu verstehen. „Besteht" er/sie diesen Test mittels unaufdringlicher und zuversichtlicher Präsenz, so ist eine initiale Entlastung in den ersten therapeutischen Kontakten in der Regel gut möglich. In der Folge schließt sich dann oft die Frage an, ob die depressive Dekompensation eher nur aus der Erschöpfung angesichts äußerer Belastungen zu verstehen ist (was durchaus gelegentlich der Fall sein kann), oder aber ob sie die Endstrecke einer im oben beschriebenen Sinn lebensüberdauernden ungünstigen Persönlichkeitsentwicklung auf dem Boden einer basalen Bindungsunsicherheit ist.

Im Folgenden sollen die beiden zentralen Bindungsmuster bzw. Verarbeitungsformen anhand von Fallbeispielen dargestellt und hinsichtlich ihrer therapeutischen Konsequenzen diskutiert werden.

Psychotherapie bei regressiven Verarbeitungsformen des depressiven Grundkonfliktes

Fallbeispiel 2

Zum Erstgespräch in einer psychotherapeutischen Ambulanz kommt eine 24-jährige, kränklich und elend wirkende junge Theologiestudentin, die berichtet, dass sie seit mehreren Monaten ausgeprägt niedergeschlagen sei, ihr Studium und ihre sozialen Kontakte vernachlässige, unter wiederholten grippalen Infekten leide und kaum noch alleine sein könne. Ihr Partner reagiere auf ihren Zustand mit Vorhaltungen. Sie hatte über ein Jahr eine Psychotherapie bei einer Kollegin gemacht, die sie abbrach, als diese ihr den Eindruck vermittelte, sie müsse jetzt endlich auch ihre in der Therapie gewonnenen Erkenntnisse umsetzen. Zu diesem Zeitpunkt sei sie innerlich, wie sie resigniert-ironisch bemerkt, mit Suizidgedanken beschäftigt gewesen. Sie ist die Tochter eines ungelernten Arbeiters, der aus eigener Initiative einen Handwerksbetrieb aufgebaut hatte, im 2. Weltkrieg mutige Akte zivilen Widerstandes (Unterstützung von Kriegsgefangenen) zeigte und den die Patientin als belesen, religiös, aber auch freudlos und karg beschreibt. Sie hing an ihm mehr als an der Mutter, die als depressiv, mit Schuldgefühlen agierend und an äußerlichen Normen orientiert beschrieben

wird. Eine Tante mütterlicherseits hatte sich suizidiert, ein Bruder der Patientin (+5) war zeitweilig opiatabhängig.
Frau B. beschreibt sich als zeitlebens schüchtern, aufgrund ihrer Zuverlässigkeit jedoch im Kreis der Gleichaltrigen akzeptiert. Sie lernt ihren späteren Ehemann schon früh kennen und entwickelt eine intensive Beziehung zu ihm, die von gegenseitigem Verständnis und einer Art Gefühl „Wir gegen den Rest der Welt" geprägt gewesen sei. Der Mann erlebt sie als abhängig und ängstlich und hält sie immer wieder zu eigenständigen Aktivitäten ohne ihn an. Sie macht tatsächlich eine Reise, die sie genießt, kommt dann jedoch zurück und versinkt wieder in depressiver Apathie. Schließlich wird ein Sohn geboren. Der Mann beginnt ein außereheliches Verhältnis. Es kommt zu einer zweiten Schwangerschaft, die die Patientin eher erduldet und deren Ende durch Spontanabort in der 14. Schwangerschaftswoche sie vordergründig begrüßt.
Ihre weibliche Entwicklung beschreibt sie als gehemmt, Sexualität kann sie nur distanziert erleben, lediglich während der Schwangerschaft fühlte sie sich etwas freier. Sie ist in ihrem inneren Erleben stark daran orientiert, anderen zu helfen und eine Freude zu machen. Handlungen, die mit einer eigenständigen Expansion verbunden sind, müssen ihr andere, wie genannt, eher abringen.
In der Gegenübertragung entstehen widersprüchliche Gefühle: Einerseits sind die Erzählungen der Patientin durch eine gewisse depressive Monotonie gekennzeichnet, wirken dadurch ermüdend und stimmen hoffnungslos, andererseits blitzt immer wieder, wie lebensgeschichtlich nachvollziehbar, etwas von Lebenslust auf. Trotz eines eher grauen Habitus geht eine gewisse erotische Ausstrahlung von der Patientin aus. Nicht untypisch für Patienten mir dieser Problematik ist es, dass die ersten Therapiegespräche regelhaft um 10–15 Minuten überzogen werden.

Diese Fallgeschichte enthält einige typische Merkmale für die Patienten, die den depressiven Grundkonflikt von Nähewunsch und (teils schuldbehaftetem) Autonomiebedürfnis auf eher regressive Weise zu verarbeiten suchen. Diagnostisch finden sich hier vor allem Patienten mit phobischer und/oder depressiver Persönlichkeitsstruktur, teilweise auch solche mit zwanghaften Zügen. Zentral ist eine starke Normorientierung (Typus melancholicus im Sinne Tellenbachs), die untergründig dazu dient, gefürchtete Zustände von Alleinsein zu vermeiden. Auch sonst sind die sozialen Beziehungen eher von altruistischer Unterwerfung als von eigenständiger Expansivität gekennzeichnet (vgl. auch anaklitischer Typus, Soziotropie, Orientierung an idealen Objekten). Bei dieser Gruppe von Patienten ist die basale Trennungsangst der Depressiven relativ direkt spürbar. Die Begegnung mit ihnen in der Therapie ist von daher vordergründig unkompliziert, sie sind entgegenkommend, gelegentlich „anhänglich" (Stunden überziehen) und es ist zunächst nicht schwer, mit ihnen in guten Kontakt zu kommen. Auf der anderen Seite muss gesehen werden, dass das Konflikthafte im inneren Erleben der Betroffenen in dem schuldbewussten Wunsch nach Eigenständigkeit und Loslösung liegt. Gleichzeitig wird deren Realisierung gefürchtet, weil in der Vergangenheit vergleichbare eigenständige Handlungen mit Zurückweisungen seitens zentraler Bezugspersonen beantwortet wurden. Das Konstrukt der internalisierten Objekte ist hier besonders bedeutsam. André Green hat in einem Aufsatz das Bild der „toten Mutter" (d.h. der depressiven Mutter) geprägt (Green 1993), die von dem Kind aufgrund ihrer Depression als abwesend erlebt wird und nur durch Akte der Hilfe, der Unterstützung und der Nähe „zum Leben erweckt werden kann". Eigenständigkeit und Loslösung sind mit Schuld verbunden. Gleichzeitig wecken diese Schuldgefühle archaische Wut und es entsteht die für die Depression typische Ambivalenz.

Auch Frau B. konnte die Nähe zu ihrem Partner nur vorübergehend genießen und fühlte sich rasch gelähmt und depressiv. Autonome Impulse konnte Sie nur „nach Aufforderung“ entwickeln.

Bei diesen Patienten findet sich, wenn auch nicht so ausgeprägt wie bei der „progressiven“ Verarbeitung, eine Neigung zur Selbstentwertung und Autoaggression. Der psychodynamische Hintergrund dieser therapeutisch oft schwer zu beeinflussenden Einstellung besteht darin, dass die innere Verbindung mit dem als vorwurfsvoll erlebten Objekt „per Identifikation“ erhalten bleibt. Gleichzeitig werden durch Selbstanklagen im Anderen Schuldgefühle wachgerufen, die indirekter Ausdruck der in der Selbstanklage versteckten Aggression sind.

Andererseits sind Selbstanklagen immer auch Bewältigungsversuche, indem in ihnen die Hoffnung ausgedrückt wird, dass der andere, hier der Therapeut, das Gute entdecken und den Selbstanklagen keinen Glauben schenken möge. Im Zustand ausgeprägterer Depression ist es bisweilen auch so, dass das in der Selbstanklage gezeigte Leiden noch erträglicher ist als der dahinter verborgene und gefürchtete „objektlose“ Zustand.

Zu bedenken ist, dass im depressiven Selbstvorwurf immer auch ein „Körnchen Wahrheit“ enthalten ist: Der basale Mangel an „befriedigter Oralität“ oder, wie es die spätere objektbeziehungstheoretische Sicht beschreiben würde, „unerfüllter Symbiosewünsche“ bzw. das „mangelhafte „attunement“ (s.u.) führt bei regressiver Verarbeitung zu einer insgesamt eher passiven Haltung. Ängstliche Passivität und damit verknüpfte Erwartungshaltungen an die Umgebung werden so zum Bestandteil ungünstiger Interaktionsmuster. Depressive spüren den hieraus bei anderen erwachsenden Ärger und suchen diesem über die Selbstanklage zuvor zu kommen.

Hinsichtlich des therapeutischen Umganges mit der geschilderten Dynamik wurde in den frühen Jahren der Psychoanalyse immer wieder betont, dass es darauf ankäme, die „oralen Wünsche“ der Patienten nach Geborgenheit, Zuwendung etc. nicht zu erfüllen und in Abstinenz zu verharren. Aus heutiger Sicht ist dies so weit zu modifizieren, dass es angesichts des Autonomie-Abhängigkeits-Konfliktes und der unbewussten Ambivalenz kontraproduktiv ist, unmittelbare Wünsche nach Zuwendung im Sinne des „es ist nicht genug“ zu erfüllen, beispielsweise durch Gewährung von mehr Zeit etc. Solche Interaktionen führen oft unterschwellig zur Mobilisierung von Schuldgefühlen bei den Patienten und zu einer Verschlechterung der depressiven Symptomatik. Davon nicht betroffen ist allerdings der berechtigte Wunsch der Patienten nach Anerkennung ihres Leidens, ihrer Konflikte, aber auch ihrer lebendigen Wünsche. Patienten mit solchen lebenslangen Mustern benötigen im Übrigen eher längerfristige Therapieangebote.

Frau B. absolvierte schließlich eine 80-stündige psychodynamische Psychotherapie mit einer Frequenz von einmal pro Woche im Sitzen. Prinzipiell wäre auch eine klassische analytische Behandlung mit höherer Frequenz im Liegen vorstellbar gewesen. Im Verlauf dieser Behandlung ging es zunächst um eine Entlastung von unangemessenen inneren Anforderungen, wobei bewusst eine Konfrontation mit verborgenen Wut- und Neidgefühlen sowie einer spürbaren Anspruchshaltung zunächst vermieden wurde. Im Verlauf der affektiven Stabilisierung nach einigen Wochen wollte die Patientin zunächst ohne therapeutische Unterstützung „weitermachen“. Sie hatte in den therapeutischen Gesprächen gelernt, etwas besser auf ihre eigenen Interessen zu achten, akzeptierte sich mehr und blieb dabei aber immer noch relativ subdepressiv verstimmt. Ihr Wunsch nach Beendigung der Therapie wurde akzeptiert. Nach einigen Monaten wendete sie sich jedoch erneut an den Therapeuten, da inzwischen die

Partnerschaft kurz vor dem Auseinanderbrechen war. Im zweiten Abschnitt der Behandlung konnten nun auf dem Boden einer insgesamt deutlich größeren Stabilität und im Zuge der Auseinandersetzung mit dem Ehemann erstmals auch negative Gefühle wie Wut, Hass und Neid thematisiert werden. Dies führte dazu, dass die Patientin sich auch deutlich mehr um ihr Äußeres kümmerte, ihre unter einem leidenden Habitus verborgene Anspruchshaltung überwand und sich schließlich aus eigener Initiative von ihrem Partner trennte. Hierunter verschwand die Depression, sie begann ein neues Studium, wechselte den Wohnort und berichtete in einem katamnestischen Kontakt, dass sie in einer neuen Partnerschaft mit deutlich weniger depressiven Einbrüchen sehr zufrieden sei.

Das therapeutische Vorgehen bei dieser Art von depressiver Störung orientiert sich an der zentralen inneren Dynamik: Patienten mit abhängig-willfähriger Verarbeitung des depressiven Konfliktes fürchten, dass die Realisierung eigener Interessen, das Befolgen expansiver Wünsche oder auch aggressive Auseinandersetzungen ihr brüchiges Sicherheitserleben in Beziehungen noch weiter gefährden. Diese basale Unsicherheit wird noch dadurch kompliziert, dass die Patienten durchaus auch in ihrem bewussten Erleben nicht frei von Aggression, Enttäuschung und Wut bzw. Neid sind, die aber per Selbstanklage gebannt sind. Die resultierende Ambivalenz gegenüber allen wichtigen Bindungspersonen bestimmt von Beginn an mehr oder weniger stark die therapeutische Beziehung, wird aber durch die freundliche Kooperation zunächst überdeckt.

An dieser Stelle ist anzumerken, dass das Übertragungsgeschehen bei der psychodynamischen Therapie zwar wichtige Hinweise auf zentral bedeutsame Erlebensweisen ermöglicht, nicht aber selber unbedingt zum Thema der Therapie gemacht wird (zur Arbeit an der Übertragung vgl. Kap. 5).

Therapeutisch geht es in der initialen Behandlungsphase oft darum, die widerstrebenden Tendenzen in den sozialen Interaktionen herauszuarbeiten und vor allem anzuerkennen. Ein zu starkes Drängen nach Veränderung ungünstiger Muster muss, wie oben genanntes Beispiel zeigt, vorsichtig gehandhabt werden. Es ist im eigentlichen Sinne eher untherapeutisch, da es das Erleben von Hilflosigkeit und Inkompetenz verstärken kann. Hier liegt aus psychodynamischer Sicht eine Gefahr in der unerfahrenen Anwendung pragmatischer Interventionen, wie sie in manchen Therapieformen vorgeschlagen werden. Die implizite Anthropologie der Psychoanalyse geht eher davon aus, dass bei Einsicht in die bestehenden Konflikte und mit ihrer „Durcharbeitung" sowie bei Anerkennung der verborgenen schmerzhaften Affekte mit Hilfe der stabilen therapeutischen Bindung die lebendigen und expansiven Tendenzen, die dem Menschen eigen sind, sich „von alleine" Bahn brechen. Es muss aber gesagt werden, dass dies wahrscheinlich oft, aber keineswegs immer zutrifft und psychodynamische Therapeuten hier auch einiges von den strukturierten Ansätzen der interpersonellen und der kognitiven Therapie lernen können (vgl. Kap. 3 und 7). Berücksichtigt man die innere Konflikthaftigkeit ausreichend, so bedeuten oft Strukturierungen „stützende Therapie" im besten Sinne des Wortes.

Angesichts der inneren Konstellation muss allerdings manchmal erwartet werden, dass Patienten über längere Zeiten der Therapie Hilflosigkeit und depressive Resignation zeigen, an erarbeiteten Problemlösungen scheitern und die Geduld ihrer Umgebung auf die Probe stellen. Es kommt dann darauf an, sich als Therapeut nicht in die depressive Grundstimmung ziehen zu lassen und gleichzeitig zu vermeiden, die mit der Resignation verbundenen Affekte beim Patienten zu ignorieren oder gar zu entwerten. Therapeutisch ist es oft gut möglich, durch genaue Betrachtung von „kleinen" auslösenden Situationen typische Verarbeitungsmuster und Abwehrkonstellationen zu erkennen (Wendung gegen das Selbst, verzerrte Wahrnehmung, Konstellierung von ungünstigen Interaktionen, die für andere nicht nachvollziehbar sind) und diese dann zu bearbeiten.

Der aus den Arbeiten von Weiß u. Sampson (1986) abgeleitete Grundsatz ist dabei, dass es Patienten nicht um die Befriedigung „unangemessener" Bedürfnisse geht, sondern dass sie den Wunsch haben, aus ihren sich wiederholenden ungünstigen Interaktionsmustern ausbrechen zu können, ihre inneren Konflikte durch einen „anders" reagierenden Menschen (hier dem Therapeuten) zu meistern.

Aus dem Gesagten folgt, dass ein wesentliches Therapieziel in dieser Gruppe depressiver Patienten die verbesserte Wahrnehmung eigener Interessen und die Verarbeitung damit einher gehender Trennungsängste und unbewusster Schuldgefühle ist. Für die im Folgenden zu schildernde Patientengruppe gilt ein etwas anderer Therapiefokus.

Psychodynamische Therapie bei „progressiven" Verarbeitungsformen des depressiven Grundkonfliktes

Fallbeispiel 3

Ein 40-jähriger kaufmännischer Angestellter wird als Notfall in die psychiatrische Klinik aufgenommen, nachdem er versucht hatte, sich mit einer hohen Dosis Antidepressiva (2 g Amitryptilin) zu suizidieren und in letzter Minute von einem Kollegen gefunden worden war. Auslöser war eine schwere berufliche Kränkung in seiner Tätigkeit als Abteilungsleiter in einer Marketing-Abteilung. Konflikte mit einer Untergebenen, zu der er ein länger andauerndes Liebesverhältnis hatte, hatten zur Kündigung des ehrgeizigen und erfolgsorientierten Mannes geführt. Sein bisheriger beruflicher Werdegang war von dem Muster geprägt, dass er sich mit Ehrgeiz und Intelligenz immer wieder in bestimmten Positionen emporarbeiten konnte, dann die Stelle kündigte und eine noch einflussreichere Position an einem anderen Ort übernahm. Auf diese Weise war er, der keine Familie hat, insgesamt in 7 oder 8 Anstellungen gewesen und zuletzt in eine leitende Position aufgestiegen. Nur selten war es ihm jedoch gelungen, das innere Gefühl, von seiner Umgebung und seinen Mitmenschen wie durch eine Glaswand getrennt zu sein, zu überwinden. Seine berufliche Suche war von daher einerseits geprägt durch die Phantasie, auf die Umwelt nicht angewiesen, ihr faktisch auch überlegen zu sein, andererseits aber auch durch die Suche nach Nähe und Kontakt. Immer wieder ging er Liebesbeziehungen zu untergeordneten Mitarbeiterinnen ein, die zuletzt in Entwertung, kühler Distanzierung und Einsamkeit endeten.

Lebensgeschichtlich muss man zum Verständnis seiner Situation wissen, dass er in einer Familie mit mehreren Geschwistern das „schwarze Schaf" war. Er war schon früh in schulischen und beruflichen Dingen gescheitert, brach Ausbildungen aus Prüfungsangst ab und versuchte schließlich zur See zu fahren, was er wegen der Enge und Angewiesenheit der Crew aufeinander ebenfalls abbrechen musste. Ein erster Suizidversuch im 22. Lebensjahr und eine sich daran anschließende lange stationäre Psychotherapie halfen ihm schließlich zu mehr Stabilität und einer gewissen Klarheit in der beruflichen Orientierung und ermöglichten ihm die genannte Karriere. Was jedoch blieb, war seine basale Unsicherheit im Kontakt mit anderen, und eine Furcht vor Demütigung und Abweisung, die jedoch hinter einer kühlen und effizienten beruflichen Fassade verborgen blieb.

An dieser Fallgeschichte werden typische Momente der „autonomen" Verarbeitung des depressiven Grundkonfliktes deutlich. Hier finden sich narzisstische, zwanghafte und schizoide Patienten. Der Pol der „Selbstbezogenheit"(Mentzos 1995), der forcierten Autonomie, der Orientierung an inneren Idealen von Unabhängigkeit und Stärke steht dabei nur scheinbar im Gegensatz zu den Merkmalen des oben beschriebenen regressiven Typus. Die Grundangst vor der Unerreichbarkeit des Anderen und vor Kontaktlosigkeit ist die gleiche. Das „innere Arbeitsmodell" sieht jedoch so aus, dass Sicherheit vor diesen genannten Ängsten eher in der aktiven Bewältigung oder im Ideal von Unabhängigkeit und relativer Bindungslosigkeit zu suchen ist (vermeidender Bindungsstil, Ainsworth et al. 1978). Es besteht eine Abhängigkeit von einem inneren Idealbild, das quälerisch sowohl hinsichtlich der unerreichbaren Selbstanforderungen ist als auch destruktiv, weil es mit der Entwertung von wichtigen Anderen verbunden ist.

Es ist offensichtlich, dass trotz des ähnlich gelagerten Grundkonfliktes das therapeutische Vorgehen mit Patienten dieser Gruppe ein anderes ist. Während Patienten mit eher willfähriger Persönlichkeit oft ambivalent gegenüber Psychotherapie sind, weil sie denken, sie stünde ihnen nicht zu, sind Patienten dieser Gruppe ablehnend, weil sie Therapiebedürftigkeit als Kränkung ansehen. Sie ist unterschwellig verbunden mit einer Vision von Abhängigkeit, Demütigung und Gefangensein. In der akuten Depression sind diese Patienten in besonderer Weise ihren destruktiven inneren Bildern ausgeliefert, da sie ja gerade offensichtlich in ihrem Versuch gescheitert sind, sich und andere von ihrem Wert zu überzeugen.

In dieser Situation findet sich dann, wenn auch vor einem etwas anderen Hintergrund, ebenfalls ein Vorherrschen von Selbstentwertung, hier aber weniger verknüpft mit der Suche nach Unterstützung durch den (evtl. idealisierten) Therapeuten, sondern eher mit dem Tenor, dass „alle Welt", also auch der Therapeut, nicht helfen kann. Dies entspricht der Lebenserfahrung mit Bezugspersonen, die wenig Nähe und Geborgenheitserfahrung vermitteln konnten. Es besteht deshalb die Gefahr der „Reinszenierung" in der Therapie in dem Sinne, dass auch Therapeuten durch die entwertende und resignierte Art der Patienten ihrerseits auf Distanz gehen, karg und ratlos werden, die Patienten narzisstisch entwerten und so deren „Arbeitsmodell" bestätigen.

> Im Falle von Herrn C. führte die tiefe Ratlosigkeit und Verlassenheit, die „Glaswand" zwischen ihm und der Welt anfangs zu einer gewissen Starre im Kontakt. Diese löste sich manchmal fast unerwartet in einem starken Verbundenheitsgefühl, verknüpft mit intensiver Reflexion und Einsicht, die wiederum vermutlich Ausdruck der tiefen Anlehnungswünsche des Patienten waren.
> Die heillos verfahrene soziale Situation (gleichzeitiger Verlust von Partnerin, Arbeitsstelle und Wohnung, die an den Arbeitsplatz gebunden war) machte nun zunächst eine intensive Strukturierung im Rahmen einer stationär-psychotherapeutischen Behandlung nötig. Dies entlastete den Patienten zunächst, kränkte ihn aber auch sehr. In einem sich über mehrere Monate hinziehenden Prozess kam es deshalb immer wieder zu depressiven „Rückschlägen", in denen die Bemühungen der Umgebung massiv entwertet wurden und Hoffnungslosigkeit und Suizidimpulse aufkamen.
> Im Rahmen dieses Verlaufes gelang es dem Patienten aber, zu seinem behandelnden Therapeuten so viel Vertrauen zu fassen, dass er eine langfristig angelegte ambulante Weiterbehandlung aufnehmen konnte.

Während also bei den regressiven Verarbeitungsformen eher Aspekte der Individuierung, der Abgrenzung, der Interessensdurchsetzung im Vordergrund stehen, sind es in dieser

Gruppe Themen von Relativierung von Ansprüchen, Anerkennung von Abhängigkeit und Angewiesensein. Dabei geht es weniger darum, den Patienten „pädagogisch" auf die Notwendigkeit der Reduzierung seiner inneren Ansprüche zu verweisen. Dies scheitert meist und wird oft vorwürflich und uneinfühlsam erlebt (wenn dies so leicht ginge, wären die Patienten nicht bei uns). Vielmehr geht es darum, im Sinne eines tieferen Verständnisses gemeinsam die Hintergründe und die Not zu verstehen, aus der diese Ansprüche entstanden sind. Auf der andere Seite muss gesehen werden, dass das Beharren auf hohen Ansprüchen im Verlaufe einer Therapie tatsächlich auch Abwehrcharakter bekommen kann, der aus der Angst resultiert, Verhaltensänderungen, wie sie therapeutisch evtl. erarbeitet wurden, umzusetzen. Insofern ist ein Verweisen auf habituelle Selbstentwertungen in schwierigen Situationen durchaus wichtig.

> So ging es in der Therapie mit Herrn C. immer wieder auch darum, dass er sich in seinem Kontaktverhalten massiv in Frage stellte und unerfüllbare Forderungen an sich stellte, was Präsenz, Hilfsbereitschaft und Offenheit anging (dies wohlgemerkt hinter einer Fassade kühler Entwertung).

Konkrete therapeutische Themen sind darüber hinaus häufig die Aufrechterhaltung von Kontakten und die Veränderung von destruktiven Beziehungsabbrüchen. D.h. das therapeutische Vorgehen zentriert sich auf interpersonelle Fragen, es geht um die Erarbeitung von Wiederholungsmustern und Bedeutungen zwischenmenschlicher Situationen. Die häufig vorhandenen Einschränkungen im sozialen Verständnis und in der Einfühlung in andere spielen hier eine große Rolle (s.u. „Reflexive Funktion").

Aufgrund ihrer spezifischen Verarbeitung des depressiven Konfliktes sind diese Patienten, zumindest dann, wenn ihr Lebenskonzept völlig zusammenbricht und sie schließlich „doch" in Therapie kommen, häufig sozial sehr isoliert. Aus diesem Phänomen und aus der Hartnäckigkeit und „Unbezogenheit" ihrer Persönlichkeitszüge ergibt sich häufig die Indikation für eine längere Therapie, die manchmal auf Jahre angelegt sein muss.

Es gibt deutliche Berührungspunkte zwischen dem genannten Anspruchsdenken und perfektionistischen Persönlichkeitsmerkmalen. Aus Studien zur Katamnese von (20-stündigen) Therapien mit depressiven Patienten ist bekannt, dass derartige Merkmale mit einer ungünstigen Prognose nach kurzen Therapien einhergehen (Blatt et al. 1998) und folglich an sich bereits die Indikation für eine längerfristige Behandlung nahe legen sollten.

Allgemeine Aspekte der Psychotherapie der Depression

Die beschriebenen idealtypischen Konstellationen bei depressiven Patienten liegen natürlich häufig auch in Mischformen vor (z.B. aufopfernder Altruismus, der mit einer autonomen Unerreichbarkeit einher geht). Dennoch können die genannten Grundpole immer wieder eine Orientierung für das therapeutische Vorgehen geben.

Da es aber unabhängig von der Form der jeweiligen Verarbeitung um den depressiven Grundkonflikt und damit um die Frage der Sicherheit von inneren und äußeren Bindungen geht, muss auch erwogen werden, ob es neben den konfliktspezifischen therapeutischen Vorgehensweisen, wie sie oben dargestellt wurden, auch noch allgemeine Wirkfaktoren gibt, die zur Verbesserung der Bindungssicherheit beitragen. Hier werden insbesondere drei Begriffe diskutiert: die Bedeutung des „attunement" seitens des Therapeuten, die Wichtigkeit bestimmter „moments of meeting" in der Therapie (Stern 1998) und die Entwicklung der „Reflexiven Funktion" (Fonagy u. Target 1997).

Die im Folgenden beschriebenen Aspekte sind dabei natürlich nicht nur für die Behandlung depressiver Patienten relevant, haben bei Ihnen aber eine besonders große Bedeutung.

„Attunement" oder Eingestimmtheit des Therapeuten

Der Begriff des „attunement" meint in der Entwicklungspsychologie die affektive und kognitive Einstimmung der Bezugsperson auf das Kind bzw. auch die wechselseitige Einstimmung der Beteiligten aufeinander. Diese Konzeptualisierung hat natürlich einen engen Bezug zur Empathie und zum einfühlenden Verstehens, geht aber in bestimmten Aspekten darüber hinaus. In der Psychotherapie ist dieses „attunement" wesentliche Voraussetzung dafür, dass der Therapeut dem Patienten als „sichere Basis" zur Verfügung stehen kann, um so eine gesunde Entwicklung explorativer und selbstrealisierender Verhaltensweisen zu unterstützen. Vertrauensvolle Sicherheit auch angesichts „unangenehmer" Affekte ist ein wesentliches Element der Therapie gerade depressiver Patienten. Dabei kann Einstimmung bzw. „attunement" viele und wechselnde Formen annehmen. In Analogie zur elterlichen Pflegefunktion kann es um Beruhigung, Ablenkung, Aktivierung, Kontemplation oder auch Interpretation von inneren Zuständen gehen. Forschungen zur nonverbalen Einstimmung von Therapeuten auf ihre depressiven Patienten ergaben beispielsweise: je besser diese bereits zu Beginn der Therapie auf mimischer Ebene ist (z.B. unterstützend und ermunternd auf depressive Klagen), desto besser wird das spätere Ergebnis (Geerts et al. 1996). Diese Eingestimmtheit von Patient und Therapeut ist also ein wesentlicher, wenn auch insgesamt schwer zu fassender Faktor, zu dem ganz zentral auch das Akzeptieren depressiver Einbrüche der Patienten durch den Therapeuten gehört. Allerdings geht es hier nicht, wie oft falsch verstanden wird, um das „Ertragen" mit einer Art bedingungsloser Freundlichkeit: Konfrontationen und angemessene Kritik können offensichtlich ebenso zum Verstehensprozess und zu einer positiven therapeutischen Beziehung beitragen, wie Geduld und Akzeptanz.

Zu den letzten Aspekten: ein wesentliches Moment der Behandlung Depressiver ist das „Durcharbeiten" von solchen sich wiederholenden typischen „depressiven" Erfahrungen. Jeder Therapeut kennt Situationen, in denen ein Patient tief depressiv eine zurückliegende Alltagserfahrung schildert und dann schließlich am Ende mit einem Erleben von Akzeptanz und der Einsicht in unbewusst abgelaufene Mechanismen gestärkt aus einer schwierig begonnenen Sitzung geht.

Vielleicht liegt in dieser steten Wiederholung des Verstehens und des „Herauskommens" aus der Hilflosigkeit eines der wichtigsten Wirkmomente von Psychotherapie. Hier wird ein Modell erschaffen, das vom Patienten zunehmend in das eigene Leben integriert wird und so „antidepressive" Wirkung entfalten kann. Es ist dabei angesichts der Charakteristik menschlichen Lernens leicht einzusehen, dass dies nicht mit einmaligen Deutungen oder gut gemeinten Aufforderungen erreicht werden kann.

Manchmal gibt es aber in einer Therapie durchaus auch einmalige Ereignisse, die von besonderer (auch heilender) Bedeutung sind. Diese Art von Erfahrungen sind noch wenig verstanden. Daniel Stern hat mit seinem Konzept der „now moments" und der „moments of meeting" versucht, sie zu erhellen.

Moments of Meeting

Wenn schon der Begriff „attunement" etwas bezeichnet, das schwer in Worte zu fassen ist, so gilt dies umso mehr für das Konzept der „moments of meeting". Solche Momente sind im Grunde jedem Therapeuten bekannt und in ihrer großen Bedeutung für den Therapieerfolg geläufig, sie zu beschreiben ist aber fast so unmöglich, wie sie gar intendiert herbeizuführen.

D. Stern (1998) geht von der Überlegung aus, dass implizites (nicht-bewusstes) Wissen über Bezogenheit („implicit relational knowledge") ein wesentliches Merkmal unseres Beziehungsverhaltens ist. Dieses Wissen steuert das „Miteinander-Vorankommen" des therapeutischen Prozesses mit seinen oft verschwommenen oder unbemerkt wechselnden Zielen und Entwicklungen (das seiner Ansicht nach viele Gemeinsamkeiten mit der frühen Mutter-Kind-Interaktion hat). Stern sieht in den häufig vorkommenden Brüchen des Verständnisses und vor allem in deren anschließender „Reparatur" einen zentralen therapeutischen Wirkaspekt.

In diesem schwer vorhersagbaren Prozess kommt es nun immer wieder zu plötzlichen Momenten der Offenheit und Unbestimmtheit, zu „Sprüngen", in denen Weichen gestellt werden, für den zukünftigen Charakter der Beziehung (sog. „now moments"). Diese Augenblicke sind deshalb so bedeutsam, weil sie das Potenzial enthalten, beim Patienten Änderungen in seinem sonst wenig der Veränderung zugänglichen impliziten Wissen über Bezogenheit herbeiführen zu können. „Now moments" sind oft Augenblicke, in denen Patienten den Therapeuten direkt ansprechen, aus dem Fluss der Erzählung aussteigen, beispielsweise eine direkte Frage stellen, eine Handlung ankündigen oder offensichtlich eine typische Wiederholungsinteraktion initiieren.

Um ihr Potenzial zu entfalten, muss die Situation nach Stern von den Beteiligten so gehandhabt werden, dass aus ihr ein Moment der Begegnung, ein „moment of meeting" wird. Dieser Prozess bedarf einerseits keiner Deutung oder Verbalisierung, er „passiert" und hat zur Folge, dass sich danach die Beziehung für Patient und Therapeut verändert hat. Andererseits sind gewisse Aspekte u.U. doch erklärbar: Weiß u. Sampson beschreiben in ihren Arbeiten (1986), dass Patienten, „positiv" auf Interventionen reagieren, in denen der Therapeut nicht so reagiert, wie sie es gewohnt sind, sondern ihrem inneren „Plan" der Konfliktmeisterung entsprechend auf eine produktive Weise antwortet („Pro-Plan-Interventionen" im Gegensatz. zu „Anti-Plan-Interventionen").

Frau A., deren Geschichte oben berichtet wurde, begann sichtlich aufgeregt und ganz gegen ihre sonstige Art (z.B. einfach von der vergangenen Woche zu erzählen), eine Stunde mit dem Satz „Letztes Mal habe ich mich geärgert ... (Schweigen)". Für sie, im Gegensatz zu vielen anderen Patienten, offensichtlich eine ungeheuer ängstigende Eröffnung. Meine Antwort bestand zunächst einfach in einem Nachfragen und der Herausarbeitung der kritischen Situation und innerlich in der Selbstbefragung, ob die von ihr wahrgenommene ungeduldig-tadelnde Haltung meinerseits, eine innere Entsprechung bei mir gehabt hatte, es sich um eine „reale" Wahrnehmung handelte. Im Fortgang der Stunde konnte ich ihre bei mir wahrgenommene Ungeduld bestätigen und es gelang, den darin verborgenen Ärger mit der zuvor stattgefundenen Interaktion in Verbindung zu bringen. Dies war offensichtlich für Frau A. außerordentlich befreiend. Dass ihre Wahrnehmung bestätigt wurde, ohne dass ich hierüber Schuldgefühle zeigte, und dass der Bezug zu unserer Interaktion herstellbar war, veränderte ihr inneres Beziehungswissen: Es ist möglich kritisch miteinander umzugehen, ohne dass die wechselseitige Sympathie Schaden nimmt. Ihre Depressivität nahm nachhaltig und auch in den folgenden Stunden ab, die ängstliche Defensivität wich öfter einer manchmal fast kecken, humorvollen und auch selbstironischen Art.

Dass ein „now moment“ zu einem Moment der Begegnung wird, hat zur Voraussetzung, dass beide Beteiligte etwas Einzigartiges und Authentisches in die Interaktion einbringen, das spontan und der Situation angemessen ist. Aus der Entwicklungspsychologie stammt die Beobachtung, dass gelungene Elternreaktionen auf ein neues oder unklares Verhalten des Kindes bei diesem zu einer sofortigen Veränderung des Verhaltens (z.B. erhöhte Wachheit oder auch zufriedener Schlaf) führen. Von einem ähnlichen „neuen Niveau“ spricht Stern auch in therapeutischen Prozessen, die Beziehung und das Wissen um sie hat sich nach einem solchen Ereignis dauerhaft verändert. Das Beispiel zeigt eine in der Therapie depressiver Patienten typische Situation, die alle diese Charakteristika aufweist.

Dass es in der Therapie aber nicht nur um solche Ereignisse, sondern auch um sehr bewusst erarbeitete affektiv-kognitive Erkenntnisse geht, wird in der Diskussion um die „reflexive Funktion“ deutlich, wie sie augenblicklich in der Erwachsenen-Bindungsforschung geführt wird.

Reflexive Funktion

Eine Grundannahme der aktuellen Bindungsforschung besteht darin, dass der elterliche (meist mütterliche) Bindungsstil und die mit ihm einhergehende „Feinfühligkeit“ einen wesentlichen Einfluss auf die Ausbildung kindlicher Bindungsstile hat (Fonagy et al. 1991). Feinfühligkeit und elterliche Bindungsrepräsentanz erklären allerdings nur einen gewissen Teil der Varianz. Aus dieser Tatsache zieht Fonagy den Schluss, dass es zur Aufrechterhaltung eines sicheren Bindungsstiles komplexerer Mechanismen bedarf, die allein durch das Konzept der mütterlichen Feinfühligkeit nicht erfasst sind. So können Bezugspersonen bei älteren Kindern durchaus scheinbar angemessenes Pflegeverhalten zeigen und dennoch wenig in der Lage sein, über eine angemessene Spiegelung und Verbalisierung intrapsychischer Vorgänge („reflexive Funktion“) die Entwicklung eines komplexen und flexiblen Selbst im Kind zu fördern. Diese reflexive Funktion, die im Verlauf dann zu einer integrierten psychischen Fähigkeit des Kindes wird, spielt in der aktuellen Diskussion um Bindungsverhalten bei Erwachsenen ein wichtige Rolle. Sie kann eine Pufferfunktion bei Belastungen und Traumatisierungen haben.

Bei Erwachsenen bezeichnet die reflexive Funktion basale zwischenmenschliche Fähigkeiten wie das „Sich und andere als denkend und fühlend realisieren“, die Antizipation der Reaktion anderer, das Gespür für die Grenzen des „Psychischen“ (Wünsche, Gedanken etc. sind nicht „allmächtig“), die Fähigkeit zur Perspektivenübernahme und die Verknüpfung von inneren Zuständen mit äußeren Handlungen (Fonagy u. Target 1997).

Befunde der Forschung zur Bindungssicherheit bei erwachsenen Patienten zeigen, dass bei unsicher gebundenen Individuen ein Zugewinn an Sicherheit (beispielsweise im Rahmen einer Therapie) mit einer Verbesserung der Selbstreflexion und der Einfühlung in andere verknüpft ist (Fonagy et al. 1996). Der Mangel an solchen reflexiven Fähigkeiten hat im weiteren Leben von unsicher gebundenen und damit für Depressionen vulnerablen Individuen eine große Bedeutung.

Man kann zusammenfassend sagen, dass neben den Aspekten des geduldigen „attunement“ und der erfolgreichen Bewältigung bestimmter „moments of meeting“ sicherlich die „reflexive Arbeit“ der Therapie an sich, wahrscheinlich vor allem im Sinne des

Modelllernens, einen wesentlichen Beitrag zur Stabilisierung und zur Verbesserung der Bindungssicherheit sowie zur Überwindung depressiogener Strategien liefert.

Zur Dauer der Behandlung und ihrer Beendigung

Die Richtlinien der Kassenpsychotherapie sehen für die tiefenpsychologisch fundierte Therapie eine Dauer von 50 Stunden mit meist einwöchentlichen Terminen vor. Verlängerungen sind bis zu 80 Stunden möglich. Studien in den USA haben gezeigt, dass die dort angesetzten 20 Therapiestunden zu so hohen Rückfallquoten führen, dass eine solche Stundenzahl für die überwiegende Zahl Depressiver nicht als angemessen angesehen werden kann (Shea et al. 1992).

Es wird also in Zeiten zunehmenden ökonomischen Druckes, auch auf die Psychotherapie, immer wieder die Frage nach der notwendigen Dauer der Therapie gestellt. Dies ist sicher sinnvoll, da es bei depressiven Manifestationen offensichtlich ein breites Spektrum von sehr verschiedenen biographischen und „charakterpathologischen" Hintergründen gibt. Es lässt sich vielleicht verallgemeinernd sagen, dass, je stärker der „innere" Anteil, d.h. die lebenslange Vulnerabilität und Bindungsunsicherheit ist, desto wahrscheinlicher ein längerer Therapieprozess nötig wird. Das Ausmaß der Vulnerabilität steht dabei nicht unbedingt in direktem Zusammenhang mit der Schwere der depressiven Symptomatik, sodass u.U. vergleichsweise akut weniger belastete dysthyme Patienten manchmal einer längeren Therapie bedürfen, als Patienten mit einer schweren aber akut aufgetretenen bzw. ausgelösten Störung.

Kriterien für die Notwendigkeit einer längerfristigen, d.h. u.U. mehrjährigen Behandlung, gleich welcher Frequenz, ergeben sich im Übrigen häufig erst im Verlauf einer begonnenen Therapie (weshalb die Kassenrichtlinien auch die Möglichkeit der Umwandlung von Anträgen vorsehen).

Mundt (1996) hat auf den „Sollensdruck", also das normorientierte Denken (Hypernomie nach Tellenbach), bei vielen Depressiven hingewiesen, der durch eine zu eng bemessene Therapiezeit nicht ausreichend thematisiert werden kann. Man muss sich als Therapeut darüber im Klaren sein, ob man mit dem Patienten einen „Status quo ante" herstellen möchte, sozusagen in den Grenzen seiner Sollensnormen (Mundt) oder ob es auch um das Wagnis von mehr Nonkonformität gehen kann. Offensichtlich ist dies wesentlich eine Frage der ausreichenden Zeit, die für einen solchen tiefergehenden Prozess zur Verfügung steht (vgl. auch oben, Ergebnisse zur Bedeutung von Perfektionismus, Blatt et al. 1998).

In diesem Zusammenhang muss noch auf die besondere Bedeutung und Schwierigkeit der Beendigung von Therapien mit Depressiven hingewiesen werden: Aus den obigen Darstellungen ergeben sich zwei grundsätzliche Probleme. Patienten mit eher ängstlich-regressiver Struktur neigen dazu der Beendigung eher auszuweichen, forciert-autonome Patienten dazu, die Behandlung bereits zu einem Zeitpunkt zu beenden, zu dem sie eigentlich noch nicht stabil sind. Beide Gefahren sollten möglichst früh in der Therapie thematisiert werden, gerade dann, wenn nicht eine feste Stundenzahl verabredet wurde. Es erfordert dabei beim Therapeuten eine ehrliche Reflexion der Gegenübertragung, um ein Mitagieren zu verhindern, d.h. zu sehen, wann ein anhänglicher und vielleicht weniger anstrengender Patient dennoch zur Beendigung angehalten werden sollte bzw. wann ein evtl. entwertender und unzugänglicher Patient zum „Bleiben" veranlasst werden sollte, auch wenn dem Therapeuten beides jeweils schwer fällt.

Die Möglichkeit langfristiger niederfrequenter Folgetermine (z.B. alle 4 Wochen oder alle viertel Jahr), sollte bei der Therapie Depressiver öfter erwogen werden.

Synopsis

- Zentrales Persönlichkeitsmerkmal von zu Depressionen neigenden Menschen ist eine ungenügende Verarbeitung des depressiven Grundkonfliktes von Bindungswunsch und Autonomiestreben bzw. -angst.
- Dieser Grundkonflikt kann regressiv (phobisch, gehemmt, anklammernd) oder (pseudo)progressiv (narzisstisch, schizoid, zwanghaft-autonom) verarbeitet werden. Hier finden sich Parallelen zum ängstlich-ambivalenten bzw. vermeidenden Bindungsstil bei Kindern.
- Unabhängig von der Persönlichkeit sind in der *akuten* Depression stützende Entlastung, Strukturierung, Informationsvermittlung und Zielbestimmung sowie die Festlegung des Behandlungsrahmens zentrale Aspekte des Vorgehens.
- Bei regressiven Verarbeitungsformen kann eine Fokussierung auf Selbstaktualisierung, Ambivalenzerleben und Trennungsschuld sinnvoll sein.
- Bei autonomen Verarbeitungsformen sollten die hohen Selbstanforderungen und die vordergründige Ablehnung von Bindung und Abhängigkeit beachtet werden.
- Neben konfliktspezifischen Interventionen geht es in der Depressionstherapie um eine bestimmte Art von geduldiger und eingestimmter Kontaktaufnahme („attunement"), begleitet von einer Balance von Akzeptanz und vorsichtiger Konfrontation mit ungünstigen Interaktionsmustern.
- Das wiederholte Durcharbeiten depressiogener Alltagserfahrungen hat einen hohen Stellenwert.
- Spezifische Begegnungsmomente erfordern eine spontane Authentizität auf Seiten des Therapeuten, die zu einer wirksamen Veränderung der Beziehungsmuster führen kann.
- Die Dauer der Therapie wird für Patienten mit einer hohen Vulnerabilität für Depressionen eher langfristiger angelegt sein. Niederfrequente Begleitung über mehrere Jahre kann sinnvoll sein.

5. Psychoanalyse

Herbert Will

Es wird ein Überblick gegeben über Fragen der psychoanalytischen Diagnostik, Indikationsstellung und Behandlung depressiver Störungen. Besonders hervorgehoben wird die Bedeutung der Persönlichkeitsfaktoren, welche die chronische Depression aufrechterhalten. Sie werden gemäß unterschiedlicher „Strukturniveaus" differenziert. Schließlich werden anhand mehrerer Fallbeispiele Wirkfaktoren und Veränderungsmöglichkeiten in der analytischen Psychotherapie Depressiver diskutiert.

Die erste psychoanalytische Therapie einer depressiven Patientin ist für das Jahr 1910 in New York dokumentiert durch den Nervenarzt und analytischen Pionier Abraham A. Brill („Ein Fall von periodischer Depression psychogenen Ursprungs"). Die ersten theoretischen Arbeiten der Psychoanalyse zur Krankheitslehre, Ätiologie und Psychodynamik depressiver Störungen hat Karl Abraham von 1911 an in Berlin verfasst. Seither sind weltweit viele hunderttausend depressive Patienten mit psychoanalytischen Methoden behandelt worden; die Literatur dazu ist kaum zu überblicken. Nehmen wir die analytisch orientierten Psychotherapeuten von heute in Deutschland, so stellen die Depressiven ihre größte Patientengruppe. Wenn gelegentlich behauptet wird, die Psychoanalyse habe sich aus der Behandlung depressiv Erkrankter zurückgezogen, so stimmt dies nicht; im Gegenteil haben die Analytiker in ihrer täglichen Arbeit am häufigsten mit Depressiven zu tun.

Die Bedeutung der Dysthymie (neurotische Depression)

Die Domäne der Psychoanalyse im Feld der depressiven Störungen sind zweifellos die Dysthymien, d.h. die Patienten mit neurotischen Depressionen gemäß der traditionellen Terminologie. Sie sind gekennzeichnet durch eine chronisch auftretende depressive Symptomatik in Verbindung mit typischen Persönlichkeitsfaktoren, welche wiederum die Chronifizierung der Depression und psychosoziale Einschränkungen bewirken. Oft haben diese Persönlichkeitsfaktoren das Ausmaß einer Persönlichkeitsstörung. Die dysthyme Störung (neurotische Depression) ist gemäss DSM-IV besonders häufig verbunden mit histrionischen, narzisstischen, vermeidend-selbstunsicheren, dependenten und Borderline-Persönlichkeitsstörungen. Der Zusammenhang mit der depressiven Persönlichkeitsstörung, wie sie im Anhang des DSM-IV beschrieben wird, ist unklar. Neurotisch-depressive Zustände sind möglicherweise auf einem Spektrum angeordnet, wobei die depressive Persönlichkeitsstörung die früh im Leben einsetzende, beständige, „trait"-ähnliche Störung darstellt und die depressive Symptomatik als aktuelle Ausprägung hinzukommt.

Leider werden bei einer rein symptomorientierten Diagnostik depressiver Episoden nach ICD-10 oftmals die Persönlichkeitsfaktoren der Depressiven „wegdiagnostiziert", d.h. die Dysthymia übersehen. Dabei ist diese bei vielen Patienten von erheblichem, negativem Einfluss auf den Krankheitsverlauf und von eminenter Bedeutung für die positive Psychotherapieindikation.

Zur Differenzialindikation in der Psychotherapie Depressiver

Die Depressiven, die in die psychotherapeutischen Ambulanzen oder psychoanalytischen Praxen kommen, haben in aller Regel eine jahrelange Vorgeschichte von depressivem Leiden und Behandlungsversuchen hinter sich. Oft ist ihnen durch antidepressive Medikation oder kürzerdauernde Psychotherapien vorübergehend geholfen worden. Doch die Beschwerden sind wiedergekehrt. Die typische Klientel in der Psychoanalyse leidet an chronifizierten Krankheitsbildern – bedingt durch ihre depressiogenen Persönlichkeitsfaktoren.

Die Überlegungen zur Psychotherapieindikation und Prognose bei diesen Patienten sind vielschichtig; ihre Einordnung nach Symptomdiagnosen spielt dabei die geringste Rolle. Es gibt eine recht brauchbare klinische Literatur darüber (z.B. König 1994, Hohage 1996, Will et al. 1998), kaum jedoch aussagekräftige empirische Daten. Aus psychoanalytischer Sicht ist das Wesentliche der Nachweis einer typisch depressiven Psychodynamik in Verbindung mit dem chronischen depressiven Syndrom. Denn die Indikation sollte positiv und nicht nach Ausschlusskriterien gestellt werden („Schwieriger Patient, mit ihm kann man nichts anderes anfangen"). D.h. wir suchen:

- nach typischen intrapsychischen Konflikten,
- nach depressionsspezifischen Beziehungsmustern und Handlungsmodellen,
- nach charakteristischen Erlebens- und Denkweisen,
- nach der Inszenierung dieser Muster in der Übertragung der Vorgespräche,
- nach der Verbindung zur Biographie des Patienten: durch den positiven Nachweis aktueller und biographischer Belastungserlebnisse, die akut und chronisch fehlverarbeitet wurden und werden.

Hinzu kommt eine Fülle weiterer Fragen, die mit der Subjektivität des Patienten, seiner sozialen Realität und mit dem zur Verfügung stehenden Therapieangebot zusammenhängen: Welche Erwartungen hat der Patient? Was sind seine expliziten oder impliziten Ziele? Ist sein Selbstverständnis pragmatisch-handlungsorientiert oder introspektionsorientiert? Wie ist seine Motivation? Lässt sie sich klären und stärken? Wie ist der Leidensdruck? Wie seine Krankheitseinsicht, die Flexibilität und Introspektionsfähigkeit? Wie kann er das Angebot der Vorgespräche aufnehmen? Wird er eher von einem Gruppensetting profitieren können, oder angesichts seiner Charakterstruktur (z.B. schizoid oder narzisstisch) von einer intensiven Einzelarbeit, oder aufgrund äußerer Lebensumstände von einer niederfrequenten tiefenpsychologischen Behandlung? Welcher Therapeut wird wohl zu ihm passen?

Als Faustregel zur *Unterscheidung der tiefenpsychologischen von der psychoanalytischen Therapie* gilt, dass der Schwerpunkt der psychodynamischen Behandlung mit meist einer Wochenstunde auf der Auseinandersetzung mit dem *gegenwärtigen Leben* liegt: dem auslösenden Konflikt und den aktuellen beruflichen, sozialen, familiären und Beziehungsproblemen. Ausgehend von ihnen werden die depressiogenen Eigenarten und Verhaltensweisen des Patienten bearbeitet. Die psychoanalytische Behandlung mit in der Regel drei Wochenstunden verwendet ebenfalls dieses Material, hat jedoch noch zwei weitere Schwerpunkte: die Auseinandersetzung mit der *Biographie* und den Erfahrungen des Patienten mit seinen primären Bezugspersonen von der frühen Kindheit an und die Bearbeitung seiner typischen Beziehungsmuster und Charakterstrukturen, wie sie sich in der *therapeutischen Beziehung* entfalten (Arbeit mit Übertragung, Gegenübertragung, Widerstand und Regression). Je chronischer die Erkrankung, je konfliktreicher das Leben und je differenzierter die Innenwelt des Depressiven, desto klarer ist die Indikation für eine Psychoanalyse.

Aufgrund ihres langjährigen Leidens ist diesen Patienten die Notwendigkeit einer intensiven und langdauernden psychoanalytischen Behandlung meist einsichtig zu machen. Gemäß den Psychotherapie-Richtlinien übernehmen die Krankenkassen bei nachgewiesener Indikation und ausreichender Prognose die Kosten dieser Psychoanalysen bis maximal 300 Behandlungsstunden.

Abgesehen von den methodisch nicht mehr ganz aktuellen Arbeiten Blatts (zusammenfassend Blatt 1998) lagen bisher keine quantitativen Studien über die Wirkung von psychoanalytischen Behandlungen speziell bei Dysthymien vor. Dies ändert sich derzeit grundlegend mit einer Vielzahl neuer anspruchsvoller Studien zum Outcome psychoanalytischer Behandlungen mit ersten erfreulichen Ergebnissen (Sandell et al. 1999). Die kumulative klinische Erfahrung lässt bei sorgfältiger Indikationsstellung gute Ergebnisse erwarten. Daneben gibt es einen sehr deutlich nachgewiesenen positiven Zusammenhang zwischen der Dauer einer Psychotherapie und dem präventiven Langzeiteffekt und einen ebenfalls sehr deutlichen positiven Zusammenhang zwischen der Qualifikation des Psychotherapeuten und dem Ergebnis der Therapie (Roth u. Fonagy 1996). Gerade in der Psychotherapie Depressiver scheint uns wegen ihrer heiklen Übertragungen und unerfreulichen Verstrickungen, in welche sie den Therapeuten zu ziehen pflegen, der Psychotherapeutenfaktor (bestmögliche Ausbildung, intensive Selbsterfahrung, konstruktiver Umgang mit der Gegenübertragung) besonders wichtig zu sein.

Zum erweiterten Indikationsbereich der psychoanalytischen Therapie

Es verdient angemerkt zu werden, dass die analytische Psychotherapie Depressiver sich keineswegs auf Patienten mit dysthymer Störung beschränken muss. Zwei weiteren Gruppen kann bei sorgfältiger Indikationsstellung mit modifizierten analytischen Verfahren in Kombination mit Pharmakotherapie gut geholfen werden: Zum ersten Patienten mit manisch-depressiven Psychosen und gleichzeitig bestehenden charakterologischen Konflikten (Kahn 1993). Ein eindrucksvolles Beispiel bietet die Autobiographie der bekannten amerikanischen Depressions-Forscherin K.R. Jamison (1995), die unter einer Zyklothymie litt und meint, dass die analytische Psychotherapie ihr im übertragenen Sinn das Leben gerettet habe. Die andere Gruppe kennt ebenfalls jeder erfahrene Depressions-Behandler: Patienten mit Melancholie oder anderen „endogenen" Depressionsfaktoren, die zugleich „neurotische" Persönlichkeitszüge zeigen und im klinischen Jargon „endo-neurotische" Depressive genannt werden (Hole 1992). Solche Patienten kommen oft erst nach langen Irrwegen rein medikamentös-psychiatrischer Behandlung zum analytischen Psychotherapeuten; dabei könnte ihre Prognose bei einer frühzeitig angesetzten intensiven Psychotherapie entscheidend verbessert werden.

Auf die aus der Psychoanalyse entwickelten psychodynamischen und tiefenpsychologischen Therapien und auf die ihnen zugrundeliegenden ätiologischen und nosologischen Modelle ist H. Schauenburg im vorhergehenden Kapitel (Kap. 4) eingegangen. Wir können uns, darauf aufbauend, nun den speziellen Fragen der psychoanalytischen Behandlung Depressiver zuwenden.

Die Bedeutung der Persönlichkeitsstruktur

Ein wichtiger Gesichtspunkt für die Therapieplanung und die einzusetzende Behandlungstechnik ist die Persönlichkeitsstruktur und Charakterologie des Depressiven. Aus psychoanalytischer Sicht finden wir kaum einen Depressiven, der nicht typische Persönlichkeitszüge und Charaktereigenarten zeigte. Diese haben zwei Aspekte:

- Die vorherrschenden Konfliktmuster und Beziehungsmodi,
- das Niveau der Persönlichkeitsorganisation.

Beginnen wir mit dem zweiten Aspekt.

Fallbeispiel

Die 29-jährige Frau A. leidet unter einer verstärkten depressiven Symptomatik, seitdem sie sich von ihrem Partner getrennt hat. Sie hatte in den vergangenen Jahren mit Gewinn eine kognitive Verhaltenstherapie und eine stationäre Psychotherapie durchgeführt; ihre damalige Psychotherapeutin hat ihr nun, darauf aufbauend, eine Psychoanalyse empfohlen. Es stellt sich heraus, dass sie ein „broken-home"-Kind ist und in verschiedenen Pflegefamilien aufgewachsen war, bis sie im 7. Lebensjahr zu ihrer psychisch kranken Mutter (schizophrene Psychose mit wechselhaftem Verlauf) und alkoholischem Stiefvater kam. Sie übernahm frühzeitig eine mütterliche Rolle für ihre jüngeren Geschwister und versorgte den gesamten Haushalt. Aufgrund ihrer Begabungen entwickelte sie trotz vielfältiger frühkindlicher Traumatisierungen, narzisstischer Defizite und mangelhafter Strukturierungen einen ausreichenden Realitätsbezug, um in der Adoleszenz das Elternhaus zu verlassen und Krankengymnastin zu werden.
Seit der Kindheit litt sie unter depressiven Verstimmungen. Kein Bereich ihres Lebens ist konfliktfrei. Sie liegt im ständigen Kampf mit sich selbst, leidet unter extremer Selbstablehnung und Selbstkritik und ist nie mit sich zufrieden. Auch in der Arbeit lebt sie in andauernder Anspannung, ob sie keine Fehler mache und ob sie den anderen Gründe gebe sie abzulehnen. Dabei hat sie insgeheim eine enorm kritische und abfällige Sicht der meisten anderen Menschen, abgesehen von denen, die sie gerade maßlos bewundert. Sie ist, was ihre eigene Person angeht, extrem ehrgeizig; derzeit macht sie eine aufwändige berufliche Weiterbildung. Zu den bewunderten Menschen hatte ihr Partner gehört. Sie hatte jedoch zunehmend gemerkt, in welchem Ausmaß sie sich ihm ausgeliefert und er sie äußerst schlecht behandelt hatte (sadomasochistisches Beziehungsmuster). Dies konnte sie nicht mehr ertragen. Gleichwohl fiel sie nach der Trennung in ein schwarzes Loch der Einsamkeit, Verzweiflung und Selbstvorwürfe.
In den Erstgesprächen versucht sie sich sachlich und beherrscht zu geben, doch ist ihre unglaubliche Sehnsucht nach Nähe und Verschmelzung zu spüren, die konterkariert wird durch die Angst, etwas falsch zu machen und von mir abgelehnt zu werden. Ihr Hang zu Idealisierungen und Entwertungen und zu Spaltungsvorgängen in der Selbst- und Fremdwahrnehmung wird deutlich; ich werde in der Gegenübertra-

gung leicht in diese Dynamik hineingezogen (Mechanismus der projektiven Identifizierung). Insgesamt zeigen sich für den Analytiker gute Ansatzpunkte, um, aufbauend auf den bisherigen Psychotherapie-Ergebnissen, analytisch mit dieser Patientin zu arbeiten und eine weitere Persönlichkeitsentwicklung und psychische Strukturveränderung zu erwarten und, damit einhergehend, eine weitgehende Verbesserung der Symptomatik.

Bei Frau A. liegt, deskriptiv betrachtet, eine Dysthymie vor, verbunden mit einigen psychosomatischen Syndromen (Spannungskopfschmerz, Lumboischialgien, funktionelle Darmbeschwerden). Wesentlich ist, dass diese Symptomatik mit einer Persönlichkeitsorganisation verbunden ist, welche, wie man im Jargon sagt, „auf Borderline-Niveau funktioniert". Die Einzelheiten dieser Festlegung können wir hier nicht diskutieren (ausführlich dazu Will et al. 1998), doch die Folgerung ist wichtig: Ein klassisches psychoanalytisches Setting ist kontraindiziert, man wird mit dieser Patientin mit zwei Wochenstunden im Sitzen arbeiten und einen mehrjährigen Therapieverlauf einplanen. Daneben wird man Modifikationen der Behandlungstechnik vornehmen (besonderes Gewicht legen auf Klärungen, Konfrontationen und Deutungen im Hier und Jetzt). Die Frage einer initialen antidepressiven Medikation wird mit einem psychiatrischen Kollegen zu klären sein. Nach erfolgreicher psychoanalytischer Behandlung wird sie in ihrer Persönlichkeitsorganisation besser strukturiert sein und im Niveau „aufsteigen".

Wir beziehen uns mit diesem klinischen Beispiel auf die Einteilung unserer Patienten gemäß dem Niveau ihrer Persönlichkeitsorganisation. Diese Einteilung ist für die depressiven Störungen erstmals von Jacobson (1971) und Kernberg (1975) vorgeschlagen worden und ist inzwischen im Bereich der analytischen Psychotherapie weitgehend akzeptiert. Während zunächst zwei Niveaus – „neurotisch" und „strukturelle Ich-Störung" bzw. „Frühstörung" – verwendet wurden, hat sich heute die Einteilung auf drei Ebenen durchgesetzt. Eine bundesweite Standardisierung liegt mit dem Operationalisierten Psychodynamischen Diagnosesystem OPD-1 vor (Arbeitskreis OPD 1996). Dessen Formulierungen lassen sich hervorragend auch für die diagnostische Einordnung und die Therapieplanung der Depressiven verwenden. Wir kommen damit aus struktureller und psychodynamischer Sicht zu folgender Einteilung der depressiven Störungen:

- *Psychotische Depressionen oder Melancholien* (affektive Psychosen mit im psychotischen Zustand desintegrierter Persönlichkeitsstruktur nach OPD-1),
- *Borderline-Depressionen* (Depressionen bei schweren Persönlichkeitsstörungen mit gering integriertem Strukturniveau nach OPD-1. Hierher gehört die eben beschriebene Patientin zu Beginn der Behandlung; daneben manche sehr schizoide, Borderline- oder passiv-aggressive Persönlichkeitsstörungen),
- *neurotische Depressionen und depressive Persönlichkeiten auf mittlerem Strukturniveau* (mit mäßig integrierter Persönlichkeitsstruktur nach OPD-1. Dazu zählen u.a. viele narzisstische Depressionen und psychosomatisch Depressive z.B. mit Essstörungen),
- *neurotische Depressionen und depressive Persönlichkeiten auf ödipalem Strukturniveau* (mit gut integrierter Struktur nach OPD-1; oftmals die histrionischen und ängstlich-selbstunsicheren Depressiven),
- *depressive Reaktionen* auf belastende Lebensumstände (auf unterschiedlichem Strukturniveau).

In aller Regel ist bei den depressiven Reaktionen gemäß der aktuellen Problemlage eine kürzere, niederfrequente Psychotherapie indiziert; bei den Borderline- und neurotischen

Depressionen ist die Indikation einer psychoanalytischen Psychotherapie zu überlegen; bei den psychotisch Depressiven stellt sich je nach Persönlichkeitsstruktur und Motivation ebenfalls die Frage nach einer intensiven Psychotherapie, natürlich in Kombination mit einer Pharmakotherapie.

Der Verlauf der psychoanalytischen Behandlung

Wie nun sieht die heute üblicherweise durchgeführte psychoanalytische Therapie Depressiver aus? Sie ist auf mehrere Jahre angelegt und findet in der Regel mit 3 Stunden pro Woche im Setting mit der Couch statt; in manchen Fällen auch mit höherer Stundenfrequenz (Danckwart u. Gattig 1996); bei in ihrer Persönlichkeit schwer gestörten Depressiven mit zwei Wochenstunden im Sitzen. Durch die Dauer und Intensität der analytischen Arbeit können Effekte erzielt werden, die bei einstündigen und kürzerdauernden Psychotherapien außerhalb jeder Reichweite sind. Die pathogenen Beziehungsmuster und Charaktereigenarten der Depressiven werden in der Hitze der Übertragung aktiviert; das chronisch Erstarrte gelangt in der aktuellen Beziehung zum Analytiker zu neuem lebendigem Sein. Ein häufiger Mangel der niederfrequenten Psychotherapien liegt darin, dass überwiegend intellektuelle Einsichten gewonnen werden, deren Umsetzung in Veränderungen des Selbsterlebens und Verhaltens nur unzureichend gelingt und nicht stabil ist, da die Emotionalität, das Erleben und das Durcharbeiten zu kurz kommen.

Bei Depressiven, deren Symptomatik eng mit chronischen Konflikten und Persönlichkeitsfaktoren zusammenhängen, eröffnen erst die psychoanalytischen Maßnahmen ausreichende Veränderungsmöglichkeiten:

- Die durch das Setting geförderten regressiven Prozesse,
- die Inszenierung der pathologischen Beziehungsmuster in der Übertragung,
- die Umwandlung der Charakterabwehr in aktuelle und bearbeitbare Widerstände,
- die Aktualisierung frühkindlicher, präverbaler Traumata und damit zusammenhängender Handlungsmodelle und ihre Veränderung in der „neuen Erfahrung" mit dem Analytiker,
- die psychoanalytische Behandlungstechnik, bei der auf der Basis des empathischen Zuhörens die Analyse der aktuellen Beziehung zum Patienten, die Verwendung der Gegenübertragung und die deutende Tätigkeit im Vordergrund stehen.

Als veränderungsrelevanter Faktor in der analytischen Behandlung wirkt deshalb nicht nur die kognitive *Einsicht* in die unbewusst motivierte und automatisierte Verhaltenspathologie und ihre lebensgeschichtliche Entwicklung. Ebenso wichtig ist das *Erleben* und die *affektiv geladene Erinnerung* der schmerzlichen Ursprungssituationen. Schließlich folgt das *Durcharbeiten*, d.h. das immer wieder neue „Durchkauen" der zentralen Konflikte in ihren verschiedensten Erscheinungsformen, bis eine stabile Veränderung des Erlebens und Verhaltens des Depressiven in seinem äußeren Leben erreicht ist. In aller Regel kommt es im Zusammenhang damit zu einer durchgreifenden Verbesserung der Symptomatik.

Nun möchten wir schildern, wie in typischen Analysen Depressiver die Übertragung sich entfaltet und verläuft (Klauber 1967). Der zentrale unbewusste Konflikt wird dabei allmählich aktiviert, bestimmt – für beide Beteiligte oft schwer erträglich – eine Zeit lang die Übertragung und wird dadurch einer therapeutischen Durcharbeitung zugänglich. Banck (in: Will et al. 1998) unterscheidet drei Phasen der Übertragungsentwicklung:

- „So entfaltet sich im ersten Abschnitt der Analyse die große Beziehungssehnsucht der Depressiven und die Hoffnung, im Analytiker ein idealisierbares Objekt zu finden. Es zeigen sich das entwertete Selbstbild und die tiefe Hoffnungslosigkeit und Hilflosigkeit, in Beziehungen und in der Lebensgestaltung Befriedigung zu finden. Das Misstrauen und der Vorwurf an alle Objekte, so auch an den Analytiker, letztlich versagend zu sein, erweisen sich als ein ‚chronischer Vorwurf' der nicht widerlegbar zu sein scheint. Indem wir mit dem analytischen Setting einen sicheren und schützenden Rahmen und uns selbst als empathisches Gegenüber zur Verfügung stellen, ermöglichen wir unseren Patienten, ihre inneren Konflikte zu entfalten.
- So kann sich schließlich in einer zweiten Phase die traumatische Beziehungserfahrung mit dem primären Objekt in einer regressiven Beziehungsgestaltung, die keine Eigenständigkeit und Getrenntheit zulässt, inszenieren, welche dem Bewusstsein nicht zugänglich und noch in keine Worte zu fassen war. Unter der „bösen Mutter", die so versagend erlebt wurde, zeigt sich die „tote Mutter", die innerlich abwesende, nicht antwortende Mutter und die fatale primäre Identifikation mit ihr, die die Objektbeziehungen durchdringt und die libidinöse Besetzung des Selbst wie des Objektes einfriert. Die mit dem narzisstischen Rückzug einhergehende Leere und innere Einsamkeit mit einem neuen Objekt, dem Analytiker, und im schützenden Rahmen der analytischen Beziehung zu erleben, kann die traumatische Erinnerung von ihrem pathologischen Einfluss befreien und zu einer Reorganisation führen.
- Die Überwindung der Regression und die Wiedergewinnung eines triangulären Beziehungsraumes in der dritten Phase ermöglichen nun eine neuerliche Auseinandersetzung mit sich selbst und den Objekten und der so verwirrend erlebten ödipalen Situation, indem es zu einer Integration der ambivalenten Seiten der libidinösen und aggressiven Bestrebungen kommen kann. Im Prozess der Entidealisierung des Analytikers kann der depressive Patient schließlich seine eigene Vitalität wiederfinden" (Banck, ebd. S. 160f).

Wenn bei dieser Beschreibung der Prozess der Übertragung im Vordergrund steht, heißt dies natürlich nicht, dass es in der analytischen Behandlung immer nur darum geht. Fragen der äusseren Realität, der Beziehungen zu Partner, Familie und am Arbeitsplatz, des Selbsterlebens, der Hindernisse und Hemmungen, der verdrängten Wünsche in Träumen und Tagträumen usw. sind das hauptsächliche Material, anhand dessen sich die Übertragung konkretisiert. Durch sie schließlich wird die Pathologie des Depressiven lebendig und damit bearbeitbar.

Die Veränderung depressiver Konfliktmuster und Beziehungsmodi

Die einzelnen Aspekte der Charakterstruktur unserer depressiven Patienten werden in der analytischen Therapie „verflüssigt". So haben wir beispielsweise zum Ziel, die negativen Beziehungserwartungen in der Übertragungsbeziehung zu aktualisieren (Analyse der „negativen Übertragung"), die destruktiven Phantasien erlebbar zu machen und dadurch die in ihnen liegenden potenziell positiven Kräfte freizulegen, die Vermeidung bzw. altruistische Abtretung eigener Bedürfnisse in wahrnehmbare Triebwünsche zu verändern, aus der chronischen Enttäuschung die Enttäuschungswut zu befreien, die Hoffnungslosigkeit in eine offen zugelassene Hilfesuche zu transformieren, aus den nie erfüllbaren regressiven Versorgungswünschen die Fähigkeit zur Regression freizulegen und die destruktiven Schuldgefühle in eine zunehmende Fähigkeit zur aktiven Beziehungsgestaltung umzuwandeln.

Es sind viele Versuche unternommen worden, die typischen Charakterzüge Depressiver zusammenzufassen. Keiner bisher ist abschließend und allumfassend gewesen, sodass die nun 90-jährige Geschichte der psychodynamischen Depressionsforschung nahe legt, dies als eine unendliche Aufgabe anzusehen, die immer neue Verständnismöglichkeiten im veränderten psychosozialen Kontext eröffnet. An neueren Arbeiten zum Thema möchte ich erwähnen Will (1994), Wolfersdorf (1995), Mundt (1996), Zennaro (1997) und Blatt (1998).

Aus der Sicht der Behandlungspraxis ist diese Offenheit der Depressionstheorien kein Nachteil, sondern ein Vorteil, weil sie unsere Wahrnehmungsfähigkeit für die Erlebnisdimensionen unserer Patienten schult. Ist es doch ein wesentlicher Aspekt der psychodynamischen Therapie, dass sie nicht systematisch und unmittelbar theoriegeleitet vorgeht, sondern flexibel und an der jeweiligen aktuellen Situation des Patienten orientiert. Wir arbeiten mit dem Konflikt, der gerade aktiviert ist, und müssen diesen deshalb zunächst einmal wahrnehmen und in Worte fassen können. Dafür ist ein möglichst differenzierter theoretischer Hintergrund ebenso hilfreich wie eine klinische Sensibilität für die spezifischen Übertragungsangebote der depressiven Patienten (besonders empfehlenswert hierzu sind die Arbeiten von Jacobson 1975 und Saviotti 1983). Ich möchte nun zwei klinische Vignetten vorstellen, an denen die Veränderung depressiver Charakterstrukturen bzw. Beziehungserwartungen im Verlauf der psychoanalytischen Therapie deutlich werden.

Das Durcharbeiten der depressiven Enttäuschungserwartung

Fallbeispiel

Herr B., ein 25-jähriger junger Mann kommt nach einem stationären psychiatrischen Aufenthalt und mit chronischer Depressivität zu mir. Er ist überzeugt, ein „kaputter Typ“ zu sein, nicht fähig, engere Beziehungen zu anderen Menschen aufzunehmen, und voller Selbstablehnung und Verkrampfung. Er hat sich in seinem schizoiden Rückzug eingerichtet und sieht keinerlei Konflikthaftigkeit in seinen Objektbeziehungen, weil er alle Konflikte mit sich selber habe. Trotz großer Skepsis gegenüber der Psychoanalyse beginnt er die Therapie, da er sonst „keine Chance“ habe. Nach vielen Verwicklungen und bei einem insgesamt guten Verlauf der Behandlung entdeckt er ein für ihn typisches Beziehungsmuster: Er verspürt schnell ein Defizit an Aufmerksamkeit und Zuwendung, erwartet vom Gegenüber ganz besonders viel Liebe und Hilfe, geht jedoch davon aus, „Du kannst mir das gar nicht geben, was ich von dir erwarte“, zieht sich verärgert zurück und beendet den Kontakt. Für ihn ist zu diesem Zeitpunkt revolutionär, dass er sich seine Wünsche ans Gegenüber erstmals eingestehen kann. Das Muster taucht natürlich auch in der Übertragung auf; in der 210. Stunde sprechen wir darüber:

P: Sie haben ja gefragt letzte Stunde, ob dieses Gefühl des Nicht-beachtet-Werdens auch hier in letzter Zeit aufgetreten ist. Und ich hab gesagt in letzter Zeit nicht so sehr. Aber wenn ich mich so zurückerinnere, dann war das doch manchmal vorhanden und ich glaube das war im Prinzip genau die gleiche Sache, die ich eben sonst auch beschrieben habe. Also manchmal ist es eben so, sobald dieses Gefühl bei mir auftritt, und es sind, glaube ich, oft nur wirkliche Kleinigkeiten, die das auslösen, die

wahrscheinlich der andere gar nicht merkt oder registriert, bei mir gehen da sofort irgendwie die Rollläden runter, also das ist fast so ein Automatismus, glaub ich, der da abläuft, und das heißt, ich glaub, ich geh dann absichtlich sehr stark auf Distanz und versuche, ja, den anderen fast zu bestrafen, indem ich das tue.
A: Ja, das kann ich mir vorstellen. – Also könnte es sein, dass solche Situationen auch zwischen uns entstanden sind, ohne dass Sie und ich viel davon mitbekommen haben?
P: Ja, ich glaube schon. Ich versuche mich zu erinnern, wann das jetzt gewesen ist, aber – also als es mir vor einigen Wochen ja noch ziemlich dreckig gegangen ist und ich mich da auch drüber ausgelassen habe, dann war das zwar zunächst mal eine Tatsache, aber es war ja auch eine, ja sozusagen eine Anklage Ihnen gegenüber, wenn ich das so deutlich geschildert habe, und ich hatte den Eindruck, dass Sie sich da in keinster Weise irgendwie hatten beeindrucken lassen, wahrscheinlich war das auch, haben Sie sich das auch ziemlich gut überlegt, aber in dem Moment hatte ich eben den Eindruck, da, ja da ist irgendwie keine Verbindung da.
A: Mh. Und wenn Sie sagen, es lag da auch eine Anklage drin, wie würden Sie die jetzt in Worte fassen?
P: Ja, hm, ich hatte etwa das Gefühl, dass ich wieder dabei bin kaputt zu gehen, und hatte nicht so, also war alles andere als zuversichtlich und habe nicht gewusst, wie das jetzt so in Zukunft sich entwickeln wird und hab überhaupt nicht gewusst, wie ich etwas ändern könnte und hatte gleichzeitig das Gefühl, dass Sie mehr oder weniger, ja ich sag jetzt mal, fast teilnahmslos zuschauen und eben auch nichts tun können und aus dem Grund, dass Sie auch nichts tun können, dann sich in die Teilnahmslosigkeit zurückziehen. –
A: Ach ja, da müssen Sie sich ziemlich alleingelassen gefühlt haben.
P: Ja. – Sie haben zwar dann schon gesagt, Sie glauben nicht dass alles so schlimm kommen wird, wie ich mir das vielleicht vorgestellt hab, aber ich habe Ihnen das nicht so richtig geglaubt. Ich glaub, es ist überhaupt so, also im Zweifelsfall kann ich mich niemals auf jemanden anderen verlassen, sondern dann verlasse ich mich lieber auf mich selber, und –

Ich muss erwähnen, dass ich mich in meiner Gegenübertragung keineswegs teilnahmslos gefühlt hatte, im Gegenteil meinte ich, dem Patienten mein Mitgefühl gezeigt zu haben. In diesen Situationen zwischen uns hat sich vermutlich eine frühkindliche traumatische Erfahrung reinszeniert, aus der sich die typisch depressive Enttäuschungserwartung des Patienten entwickelt hatte. Nun ist aus seiner depressiven Klage tatsächlich die Anklage an den Analytiker geworden; sie hat sich in ein interpersonales Geschehen umgewandelt. Das Durcharbeiten dieses Aspekts seiner – im Jargon gesagt – präödipalen Mutterübertragung war ein wichtiger Schritt für den Patienten in der Neugestaltung seiner Beziehungen, insbesondere gegenüber dem weiblichen Geschlecht.

Die Milderung von Schuldgefühlen

Fallbeispiel

Die 29-jährige Frau C. war mit einer Mutter aufgewachsen, die an einer chronischen, subklinisch verlaufenden paranoiden Psychose litt und sich zur eigenen Beruhigung und Angstminderung an die Tochter gehängt hatte. Die Patientin war zum Selbstobjekt der Mutter geworden, hatte sich nie von ihr lösen können und entwickelte ab der Pubertät eine schwere dysthyme Störung. In der psychoanalytischen Therapie, die unter antidepressiver Begleitmedikation durchgeführt wurde, entstand zunächst eine psychotisch wirkende Übertragung, aus der sich jedoch immer klarer die neurotische Persönlichkeitsstruktur der Patientin herausschälte. Nach zweieinhalb Jahren Behandlung entwickelte sie eine heftige Übertragungsliebe auf mich. Sie träumte: *Wir begegnen uns an einer Bar und Sie berühren mich am Rücken, der an der Stelle ganz stark zu brennen anfängt.* Unmittelbar im Anschluss daran entwickelte sie einen quälenden Juckreiz an verschiedenen Stellen des Körpers, der körpermedizinisch nicht erklärt werden konnte und nach ca. zwei Monaten von selbst, d.h. im Zusammenhang der analytischen Arbeit wieder verschwand. In dieser Zeit stand das Thema ihrer Liebe zu mir im Vordergrund; daraus entwickelten sich viele Fragen um ihre Sexualität, ihre Wünsche an die Männer und ihre Berührungsängste in diesem Zusammenhang. Sie war noch Jungfrau und hatte bisher keinerlei Freundschaft zu einem Mann erlebt.

Was sie jedoch in dieser Zeit mindestens ebenso wie ihre erwachende Sexualität beschäftigte, waren quälende Schuldgefühle, die ihr nun oft den Schlaf raubten. Zunächst wusste sie diese überhaupt nicht einzuordnen; schließlich wurde der Zusammenhang mit den aus der Verdrängung auftauchenden Wünschen immer klarer. Bisher hatte sie sich alle eigenständigen Wünsche versagt, um ihre Mutter nicht zu verletzen. Was sie nun erlebte, waren Schuldgefühle wegen ihrer eigenen Vitalität, die sie – in ihrer Phantasie – der Mutter zumutete, nachdem sie in ihrem Leben bisher alle Vitalität um der Nähe zur Mutter willen unterdrückt hatte. Zudem erlebte sie Trennungsschuldgefühle, denn Sexualität bedeutet Trennung vom primären Objekt, dem sie damit ebenfalls „etwas antat" (Hirsch 1997). In meinem Verständnis war es mithilfe der Übertragung zur Reinszenierung des ödipalen Konflikts gekommen, wobei die Patientin mir gegenüber ihre sexuellen Wünsche und Ängste und die Befürchtung, vom Vater abgelehnt zu werden, erlebte. Ihrem inneren Mutterbild gegenüber empfand sie die Schuldgefühle. Das analytische Durcharbeiten dieses Erlebens brachte eine grundlegende Befreiung ihrer Einstellung zu Männern mit sich und eine wesentliche Reduktion ihrer Neigung, unter übermäßigen Schuldgefühlen zu leiden.

Diese beiden Beispiele beleuchten die Art und Weise, in der die analytische Psychotherapie sich mit den unbewussten Komplexen auseinander setzt, die im Verlauf der Behandlung aktualisiert werden. Diese tauchen gemäß einer für den Patienten typischen inneren Logik auf, welche wir die Übertragungsneurose nennen. Um ein vollständiges Bild vom Durcharbeiten depressiver Konflikte und Beziehungsmodi in der Analyse zu geben, könnte ich eine Fülle weiterer Vignetten anführen. Die Summe dieser Szenen und der damit verbundenen analytischen Arbeit bewirkt die Veränderungen im Patienten und den therapeutischen Erfolg.

Synopsis

- Die Domäne der psychoanalytischen Behandlung im Feld der depressiven Störungen sind die Dysthymien (neurotische Depression), deren Diagnostik oft vernachlässigt wird.
- Bei sorgfältiger psychodynamischer Untersuchung zeigen die meisten Depressiven typische Konflikte und charakterologische Muster, deren pathogene Auswirkungen sich durch Psychotherapie verändern lassen.

- Bei sorgfältiger psychodynamischer Untersuchung zeigen die meisten Depressiven typische Konflikte und charakterologische Muster, deren pathogene Auswirkungen sich durch Psychotherapie verändern lassen.
- Die differenzielle Indikation zu tiefenpsychologischen, psychoanalytischen oder anderen Psychotherapieverfahren ist ein komplexer Entscheidungsprozess. Bei ihm spielen subjektive Faktoren des Patienten, Faktoren des Versorgungsangebotes und Fragen der Persönlichkeitsstruktur des Depressiven eine besondere Rolle.
- Für die Behandlungsplanung wird das Niveau der Persönlichkeitsorganisation zunehmend berücksichtigt: ob psychotisch (desintegriert), Borderline (gering integriert), mittleres Niveau (mäßig integriert) oder neurotisch-ödipal (gut integriert).
- Die Besonderheiten der psychoanalytischen Behandlung ermöglichen strukturelle Veränderungen beim Depressiven, durch die neben einer stabilen Symptomreduktion vor allem präventive Langzeiteffekte erzielt werden sollen.
- Insbesondere sind es Veränderungen depressiver Konfliktmuster und Beziehungsmodi, an denen die analytische Psychotherapie ansetzt. Besonderheiten der Behandlungstechnik sind der Umgang mit Übertragung, Gegenübertragung, Widerstand, Regression und der Inszenierung präverbaler Erfahrungen. Wirkfaktoren sind vor allem die affektiv geladene Erinnerung, das Erleben der Konflikte und der neuen Erfahrungen in der Übertragungsbeziehung, die kognitiven Einsichten und das Durcharbeiten.

6. Gesprächspsychotherapie

Sabine Gollek

Zunächst werden nach einer kurzen Darstellung der Entwicklung der Gesprächspsychotherapie die drei Basisvariablen der therapeutischen Beziehung definiert. Anschließend wird auf die Therapieziele und die Indikationskriterien zur Gesprächspsychotherapie eingegangen. Danach werden die Gesprächsregeln für die Behandlung einer Depression aufgezeigt. Ein Fallbeispiel soll schließlich den Verlauf einer prozessorientierten Gesprächspsychotherapie transparent machen.

Entwicklung der Gesprächspsychotherapie

Die Gesprächspsychotherapie wurde in den 40er Jahren von Carl Ransom Rogers (1902–1987) als Reaktion auf die damals bereits sehr verbreitete analytische Therapie und die sich im Gegenzug dazu entwickelnde Verhaltenstherapie gegründet. Rogers selbst interessierte, was wohl zwischen Menschen, die miteinander in Kontakt kommen, passiert, worauf gute Beziehungen basieren und unter welchen Bedingungen sich Menschen mit persönlichen Belastungen, Beschwerden entwickeln und sich selber helfen können. Um das zu erkunden, gewöhnte er es sich alsbald an, seine Gespräche, die er mit Klienten führte, auf Tonband aufzuzeichnen, um sich hinterher selbstkritisch zu betrachten. Somit gilt Carl Rogers als ein Begründer der empirischen Psychotherapieforschung.

In einer *ersten* Entwicklungsphase (bis 1950) stand die *nicht direktive* Psychotherapie im Mittelpunkt: In einer möglichst unbedrohlichen, angstfreien, annehmenden Atmosphäre soll sich der problembelastete Mensch betrachten können und Ressourcen zur Selbsthilfe, die ihm Selbstverwirklichung und Reifung ermöglichen, entdecken.

In einer *zweiten* Phase (bis 1967) lag die Betonung auf der *klientzentrierten* Psychotherapie und es wurde die Eigenverantwortung und Selbstständigkeit des Hilfe suchenden Klienten besonders hervorgehoben. Neben dem Bemühen des Therapeuten, seinen Klienten im Prozess der Selbsterfahrung aktiv, sich zuwendend zu begleiten und zu verstehen, sollte er seinem Klienten die Lösung seines Problems *selber zutrauen* und somit Selbstbewusstsein und Selbstentfaltung fördern.

In späteren Phasen erfolgte die detailliertere Erforschung des Therapieprozesses und die Beschreibung von störungsspezifischen Therapietechniken und Methodenkombinationen.

Voraussetzungen des gesprächspsychotherapeutischen Kontakts

Ein therapeutischer Kontakt entwickelt sich unter den von Rogers (1991, S. 40) beschriebenen Bedingungen:

- Zwei Personen befinden sich im *Kontakt*.

- Die erste Person, die wir Klient nennen, befindet sich in einem Zustand der *Inkongruenz*; sie ist *verletzlich* oder *voller Angst*.
- Die zweite Person, die wir den Therapeuten nennen, ist *kongruent* in der *Beziehung*.
- Der Therapeut empfindet bedingungslose positive Beachtung gegenüber dem Klienten.
- Der Therapeut erfährt empathisch den inneren Bezugsrahmen des Klienten.
- Der Klient nimmt zumindest in geringem Ausmaß die Bedingungen der bedingungslosen positiven Beachtung des Therapeuten ihm gegenüber und das empathische Verstehen des Therapeuten wahr (Rogers 1991).

Biermann-Ratjen et al. (1981, S. 11) schlagen zu Beginn der Therapie folgendes Beziehungsangebot seitens des Therapeuten vor:

„Ich biete Ihnen an, mit mir frei und offen über alles zu sprechen, was sie beschäftigt und belastet. Sie bestimmen selbst, worüber Sie reden. Ich werde mich bemühen, Ihnen dadurch zu helfen, dass ich Ihnen immer genau sage, was ich verstanden habe aus dem, was Sie sagen. Ich werde Ihnen keine Ratschläge und Hinweise geben. Es ist unsere Erfahrung, dass man durch solche Gespräche ruhiger und entspannter wird, wenn auch nicht sofort und immer und dass es in der Regel so ist, dass je klarer und deutlicher Probleme werden, sich umso eher auch Möglichkeiten und Wege zu ihrer Lösung finden."

Basisvariablen der Gesprächspsychotherapie

Rogers vertrat einen idiographischen Forschungsansatz, der der Einzigartigkeit des Individuums Rechnung trägt. Über seine empirische Forschungsarbeit kristallisierten sich für Rogers die sog. *Basisvariablen* heraus, die die Effektivität und die Wirksamkeit der Gesprächspsychotherapie für ihn ausmachten. Diese Basisvariablen sind:

Empathie

Empathie meint genaues einfühlendes Verständnis, was später von Tausch (Tausch u. Tausch 1973) als „Verbalisierung emotionaler Erlebnisinhalte" bezeichnet wurde. Bei einem sehr hohen Verbalisierungsgrad versteht der Psychotherapeut sehr genau die emotionalen und auch die motivationalen Aspekte des momentanen Erlebens vom inneren Standpunkt des Patienten aus.

Im besten Falle ist der Therapeut völlig auf den Klienten eingestimmt. Der Therapeut kann auch solche Gefühle verdeutlichen, die dem Klienten selbst noch nicht erfassbar werden (Klient reagiert oft mit lebhaften, emotional getönten Äußerungen).

> *Klient*: „Ich wusste schon, dass es schwierig ist, meinem Vater beizubringen, dass ich das Studienfach wechsele. Aber dass er so verständnislos ist ... Er hat gar nicht hingehört, da fing er schon an zu schreien. Ich bin aufgestanden und schweigend hinausgegangen."
> *Therapeut*: „Wie ist das: Ich stehe dem Vater gegenüber. Was ich auch sage, kommt nicht an ..., er ist so unzugänglich, so hart (*Klient*: „... richtig brutal ..."). Ja, ... es ist so ..: Ich fühle Wut in mir aufsteigen, möchte auch schreien und kann es doch nicht ..." (*Klient*: „Ja, das war es ..., ich konnte nur noch fortgehen ...").

Akzeptanz und bedingungslose Wertschätzung

Akzeptanz und bedingungslose Wertschätzung (zentraler Begriff Rogers: „positiv regard") heißt, dass der Psychotherapeut in der Begegnung gegenüber dem Patienten eine wahre, wertschätzende und akzeptierende Haltung einnimmt. Die Haltung soll möglichst jede Wertung, besonders Abwertung, ausschließen. Wertschätzung und Akzeptanz sollten nicht an bestimmte Bedingungen gebunden sein. Diese Basisvariable soll verhindern, dass der Therapeut den Patienten belehrt oder kritisiert, ihn lenkt oder überredet, ihm Vorschläge macht oder etwa eigene Erfahrungen bei der Lösung bestimmter Probleme (im Sinne einer Gegenübertragung) einbringt. Die erfolgreiche Realisierung dieser Variable führt zur Verringerung von Abwehr und Verteidigungsverhalten beim Patienten und ermöglicht somit eine offenere, selbstkritische und konstruktive Introspektion und Problembearbeitung beim Patienten.

Im besten Falle zeigt der Therapeut durchweg eine tiefe Achtung für den persönlichen Wert und die Möglichkeiten des Klienten, sodass sich dieser frei fühlt, er selbst zu sein. Die Beziehung wird auch nicht beeinträchtigt, wenn der Klient unerwünschtes Verhalten zeigt oder sich emotional distanziert. Der Therapeut ist ernst engagiert, den Klienten in seiner Selbstfindung zu unterstützen. Gerade deshalb können ihm Gegensätze der Sichtweise und der Wertung zum Problem werden, sodass er den Klienten damit konfrontiert, ohne aber dessen Freiheit zu beeinträchtigen.

Klient: „Das Pauken für`s Examen erscheint mir als so sinnlos. Viel wichtiger ist, dass ich mich für den Erfolg meiner Mannschaft bei Wettkämpfen einsetze. Das fordert jetzt meine ganze Kraft ..."
Therapeut: „Die Trainingsarbeit bedeutet jetzt viel mehr für Sie als die Examensvorbereitung und ich verstehe gut, dass Ihnen das zentral wichtig ist. Es bewegt mich aber auch, wie Sie eine tragfähige Grundlage für Ihre Zukunft schaffen ..."

Kongruenz und Transparenz

Die dritte therapeutische Basisvariable bildet die Echtheit, d.h. die Kongruenz und Transparenz des Therapeuten. Rogers (1957) bezeichnet dieses Merkmal als Selbstkongruenz, d.h. der Therapeut sollte frei von Verteidigung, von Professionalität und von jeglicher berufsmäßiger Fassade sein. Er ist in der Lage, sich natürlich, echt und spontan zu geben.

Im besten Falle ist der Therapeut spontan in der Interaktion, er gibt freien Einblick in sein Erleben. Das Gespräch wird auf diese Weise zu einer wechselseitigen partnerschaftlichen Interaktion.

Klient: (Nach einer Aggression, die den Therapeuten deutlich irritiert hat).
„Sie sehen ja ganz schön mitgenommen aus. Das hätten Sie wohl nie gedacht, dass ich Ihnen mal so die Meinung sage."
Therapeut: (Der Therapeut spricht, sich selbst explorierend):
„Ich erlebe Sie plötzlich ganz anders als in unseren bisherigen Gesprächen. Ich habe nun ein zwiespältiges Gefühl. Einerseits freut es mich, Sie so eigenwillig und kraftvoll zu sehen, andererseits fühle ich mich verletzt, missverstanden. Es wäre mir wichtig, wenn wir klären könnten, woraus sich diese Spannung zwischen uns ergeben hat."

Tabelle 6.1 Therapieziele der Gesprächspsychotherapie

Therapieziele	
Autonomie und innere Freiheit	• Eigene Ideale, Wünsche, Erwartungen (auch an sich selbst) auf ihre multiplen Funktionen hinterfragen können, Bedürfnisse und Neigungen unverstellt wahrnehmen • Distanz von bisher verinnerlichten einschränkenden (auch elterlichen) Normsetzungen („eigentlich sollte ich")
Selbstannahme	• Akzeptanz eigener Erlebnisweisen, Bedürfnisse und Intentionen und Reduzierung der Diskrepanz von Selbstbild und Selbstideal
Identität	• „Weg von den Fassaden" • Kenntnis der eigenen Lebensgeschichte, um authentisch sein zu können („das Selbst zu sein, das man in Wahrheit ist") • Erfahrungsoffenheit • das Mit-sich-selbst-identisch-Sein setzt Selbsterkenntnis und Selbsterfahrung voraus • daraus folgt die stete Auseinandersetzung mit sich selbst, sich selbst gegenüber offen sein, sich sein unmittelbares Erleben vergegenwärtigen können
Erfahrung des Selbst als Prozess	• weg von der Rigidität bestimmter Denkstrukturen und Einstellungen hin zur Möglichkeit ständiger Entwicklung
Beziehungsfähigkeit	• der sich akzeptierende Mensch kann auch andere besser verstehen und akzeptieren • sein Verhältnis zu anderen in konstruktiver Weise stets neu definieren

Therapieziele

Als Therapieziele gelten auch bei den depressiven Störungen die von Rogers (1973) herausgearbeiteten Schwerpunkte der Selbstentfaltung eines Menschen, der Selbstakzeptanz und des offenen Umgangs mit neuen Erfahrungen (Tab. 6.**1**).

Indikation zur Gesprächspsychotherapie bei Depression

Die Indikation für eine Gesprächspsychotherapie richtet sich vor allen Dingen nach der wahrgenommenen Inkongruenz (Symptome) des Patienten. Inkongruenz meint, dass eine Diskrepanz zwischen dem unmittelbaren Erfahren des Patienten und den entsprechenden Repräsentationen im Bewusstsein oder mit der Kommunikation hierüber besteht. Diese Diskrepanz ist dem Patienten im Allgemeinen nicht bewusst, sondern nur offensichtlich für einen trainierten Diagnostiker (Tausch u. Tausch 1973). So behauptet beispielsweise der Patient nicht ärgerlich zu sein, während viele Ausdruckssymptome und manche Inhalte seiner Äußerungen deutlich auf Ärger schließen lassen. Zahlreiche größere Inkongruenzen werden deutlich in widersprüchlichen Äußerungen des Patienten, die von ihm jedoch nicht bemerkt werden. Man hat den Eindruck, dass der Patient einen relativ engen Gesichtskreis für diejenigen Vorgänge hat, die sich innerhalb und außerhalb seines Organismus zu einer gegebenen Zeit abspielen. Weite Bereiche des Erfahrens, die potenziell dem Bewusstsein zugänglich sind, werden dem Individuum nicht bewusst.

Somit ist der Begriff der Inkongruenz ein zentraler Begriff in der Gesprächspsychotherapie und beschreibt einen Zustand, in dem eine Erfahrung bzw. bestimmte sich wiederholende Erfahrungen gegensätzlich bewertet werden und so zur Destabilisierung des Selbstwertgefühls führen. Die Kollision zwischen Selbsterfahrung und Selbstbehauptung ist im Lebensprozess immanent und dient zur Adaptation an neue Lebensbedingungen und Lebensaufgaben und somit der Weiterentwicklung der Persönlichkeit. Die Fähigkeit, sich anforderungsadäquat anzupassen und zu verhalten bezeichnet Antonovsky (1987) als Resilienz bzw. als psychische Widerstandskraft und meint damit das Phänomen, sich unter schwierigen Lebensumständen nicht nur gesund und kompetent zu entwickeln, sondern auch die relativ eigenständige Erholung von einem Störungszustand. Misslungene Adaptation (Inkongruenz) entsteht, wenn wichtige Erfahrungen mit anderen eine positive Selbsterfahrung nicht erlauben (z.B. frühkindliche Erfahrung des Abgelehntwerdens durch die Eltern) und kann u.a. auch zu seelischen Erkrankungen wie der Depression führen.

Durch die Therapie soll der Patient nach Rogers (1942) ein Verständnis seines Selbst in einem Grade erreichen, dass er hierdurch imstande ist, Inkongruenzen aufzulösen und sich angepasster zu verhalten. Das Verständnis soll durch adäquate Differenzierungen des Selbst und dessen Beziehungen in der Realität erreicht werden.

Schließlich sei noch zu erwähnen, dass der Gesprächspsychotherapie im weiteren Sinne ein humanistisch-akzeptierendes Menschenbild zugrundeliegt. Dieses Menschenbild kann den Kontakt zwischen Menschen allgemein prägen. Für therapeutische Bemühungen im engeren Sinne ist noch entscheidend, ob der depressiv Erkrankte das spezielle Beziehungsangebot der Gesprächspsychotherapie überhaupt annehmen kann. Für den angestrebten Selbsterkenntnisprozess kann z.B. eine erheblich verminderte Intelligenz oder eine wahnhafte Verkennung der Realität bei schwersten depressiven Störungen hinderlich sein. Trotzdem dürften empathisches Verstehen, die Akzeptanz und Wertschätzung des Patienten sowie die Transparenz und das Bekenntnis zu sich selbst seitens des Therapeuten für die Gestaltung einer helfenden und hilfreichen Begegnung stets sinnvoll sein.

Allgemeine Indikationskriterien

Als Indikationskriterien für eine Gesprächspsychotherapie nennen Biermann-Ratjen et al. (1995, S. 155):

Eine Gesprächspsychotherapie als Heilbehandlung ist dann indiziert, wenn

- die Störung eine psychische Inkongruenz zur Grundlage hat,
- ein Selbstkonzept und ein gewisses Ausmaß von Beziehungsfähigkeit zu sich selbst beim Klienten gegeben sind,
- der Klient seine Inkongruenz zumindest im Ansatz als solche wahrnimmt und diese Wahrnehmung mit einem Wunsch nach Veränderung verbunden ist,
- der Klient das gesprächspsychotherapeutische Beziehungsangebot zumindest in Ansätzen wahrnehmen und annehmen kann,

- in der Aufhebung der Inkongruenz im Erleben des Klienten wenigstens ein erster Schritt zur Behebung einer psychischen Störung bzw. zur Lösung seiner Probleme gesehen werden kann, und sei es auch nur die Klärung des Problems.

Spezielle Indikation

Der speziellen Indikation bzw. dem störungsspezifischen Ansatz bei Depression widmeten sich u.a. Swildens (1991), Speierer (1994) sowie Finke (1994,1999). Durchgängig werden Selbstbild und Beziehungserwartungen Depressiver mit folgenden Merkmalen beschrieben:

- Große Diskrepanz zwischen hohem Selbstideal und negativem Selbstbild,
- die Abhängigkeit von anderen,
- Selbst- sowie Fremddestruktion.

Depressiv erkrankte Menschen leiden unter Niedergeschlagenheit, Antriebslosigkeit, unter dem Verlust der Zuversicht, unter Schuldgefühlen und Verzweiflung sowie Entscheidungsschwierigkeiten. Sie beklagen Minderwertigkeitsgefühle, Interessenverlust und Angst, aber auch körperliche Beschwerden wie Schlafstörungen, Appetitverlust und Ähnliches.

Das Selbstbild vieler Depressiver ist vom Streben nach Harmonie und sozialer Anerkennung durch Altruismus und Aufopferungsbereitschaft geprägt, womit Unabhängigkeitswünsche und die damit einhergehenden Risiken sozialer und emotionaler Konfrontation und Konflikten ausgewichen wird. Aufkeimender Ärger, Wut oder Aggressivität rufen sofort Schuldgefühle wach; sie passen nicht in das Idealbild des Patienten. Somit kommt es zur Verstärkung depressiver Symptome und so reibt sich der depressiv Erkrankte mit dem Bestreben des Erhalts des mit überhöhten Ansprüchen befrachteten Idealbildes und der Wahrnehmung des negativen Selbstbildes auf. Er begibt sich in Abhängigkeit von seinen Bezugspersonen. Der selbstanklagende, selbstdestruktive Umgang mit sich selbst führt zur Destabilisierung aller seiner sozialen Beziehungen und häufig zur Ablehnung seiner Person.

Gesprächsregeln

Finke (1994) formuliert nun störungsspezifisch ausgerichtete Gesprächsregeln für den Umgang mit depressiv Erkrankten (Tab. 6.**2**).

Tabelle 6.2 Regeln zum Umgang mit Depressiven

Gesprächsregeln
• Zeigen Sie dem Depressiven Verständnis und Anerkennung, indem Sie auch seine düsteren Gedanken geduldig spiegelnd begleiten.
• Fokussieren Sie betont die Selbstbewertung des Depressiven und regen Sie so eine Auseinandersetzung mit seinem Selbstbild und Selbstideal an.
• Vermeiden Sie es zunächst, die Selbstbewertung des Patienten direkt zu korrigieren, vor allem bagatellisieren Sie seine negative Welt- und Selbstansicht nicht.
• Versuchen Sie, aus seiner Klagsamkeit den indirekten Vorwurf gegen seine Bezugsperson herauszuhören und sprechen Sie behutsam seine Enttäuschung und seinen Ärger an.
• Beziehen Sie den Ärger und die Enttäuschung des Patienten auch auf sich selbst und bieten Sie ihm an, seine Erwartungen Ihnen gegenüber auszudrücken.
• Zeigen Sie besonders zu Beginn der Therapie Ihre bedingungslose Anteilnahme und Fürsorge. Versuchen Sie in den späteren Stadien der Therapie, die Autonomie des Patienten zu fördern durch Verändern seines Selbstkonzeptes und seiner Beziehungserwartungen.

Der Klient erhält die Möglichkeit, in einer geschützten und sicheren Atmosphäre über sich selbst nachzudenken und zu sprechen, Abwehrhaltungen fallen zu lassen und sich in seinem Selbst und seinem individuellen Gewordensein ganzheitlich, d.h. mit positiven, als auch negativen Einstellungen, Denk- und Verhaltensweisen zu betrachten. Es fällt ihm dann leichter, ursprünglich abgewehrte, mit dem eigenen Selbst nicht übereinstimmende Erfahrungen genau zu symbolisieren und in das Selbstkonzept zu integrieren.

Für depressiv erkrankte Menschen bedeutet dies, sozial negativ bewertete Empfindungen wie z.B. Aggressivität, Ärger, Wut oder Neid an sich selbst wahrzunehmen und die Eigenüberforderung durch die persönlichen Werte eines schier unerreichbaren Idealbildes („Ich muss immer perfekt sein.", „Ich darf niemanden vor den Kopf stoßen.", „Ich muss immer funktionieren.", „Im Vergleich zu anderen wird aus mir sowieso nichts.") einzustellen.

Prozessorientierte Gesprächspsychotherapie – ein Fallbeispiel

Der differenziellen Anwendung des klientzentrierten Ansatzes bei der Behandlung psychischer Erkrankungen hat sich Swildens (1991) in der prozessorientierten Gesprächspsychotherapie gewidmet. Er beschreibt den Verlauf einer Behandlung anschaulich über ganz bestimmte Phasen. Schwere psychische Erkrankungen werden als Stagnation im menschlichen Werdeprozess gesehen und so gilt es, den psychischen Prozess wieder in Bewegung zu bringen. So sind sowohl der Prozess der Gesprächspsychotherapie als auch die menschliche Existenz gekennzeichnet durch das Auf-dem-Weg-sein. Dabei erlebt der Klient unterschiedliche therapeutische Phasen: Von der Stagnation aus über die Prämotivationsphase, die Symptom-/Syndromphase, die Problem-/Konfliktphase, die existenzielle Phase, die Abschiedsphase hin zur Person als Prozess. Der inhaltliche Verlauf einer Gesprächspsychotherapie soll nun anhand eines Fallbeispiels und der kurzen Umschreibung der Phasen, die der Klient durchlebt, dargestellt werden.

> Zur Therapie erscheint ein 43-jähriger Patient, der noch niemals vorher Kontakt mit psychotherapeutischen Einrichtungen hatte. Er ist verheiratet, hat zwei Töchter und lebt in einer stabilen Partnerschaft. Er ist als Oberarzt in einer Abteilung für Unfall-

chirurgie eines größeren Krankenhauses tätig. Dort wird er wegen seiner Leistungsbereitschaft und hohen Kompetenz, aber auch wegen seiner Mitmenschlichkeit und seines guten sozialen Kontaktvermögens geschätzt. Körperlich ist er niemals erheblich krank gewesen. Das Jahr vor Ausbruch der depressiven Erkrankung ist durch hohen beruflichen Stress, durch einen Hausbau und durch die schwere Erkrankung eines nahe stehenden Familienmitgliedes gekennzeichnet. Den Beginn der Symptomatik schildert der Klient mit Angstzuständen, Störungen von Konzentration und Aufmerksamkeit, Anhedonie und Entscheidungsunfähigkeit. Dies alles konnte er etwa zwei Wochen recht gut verdrängen. Er operierte weiter und fühlte sich belastungsfähig, erlitt aber immer wieder erhebliche Erschöpfungszustände. Es beunruhigte ihn sehr, dass er die gleiche Leistung nur mit erheblich mehr Kraftaufwand bewältigen konnte.
Herr Dr. A. war Einzelkind und das Bestreben seiner Familie bestand vor allem darin, aus dem begabten Jungen etwas ganz Besonderes zu machen. So entsprach es durch und durch den elterlichen Vorstellungen, dass der Sohn Medizin studierte, promovierte und als Oberarzt Karriere machte. Sie boten ihrem Sohn die nötigen Bedingungen und erwarteten dafür Dankbarkeit und die erhofften Leistungen.

Phase der Stagnation: Hier wird die Stagnation des existenziellen Prozesses des Klienten beschrieben. Es erfolgt die Klärung des Soseins, der persönlichen Situation des Klienten und die ganz spezielle, individuelle Bedeutung der Situation für ihn.

Herr Dr. A. neigt zunächst zu idealtypischen Schilderungen seines persönlichen Lebensweges und seiner Lebenssituation. Er äußert tiefes Unverständnis, warum gerade er mit all diesen guten Bedingungen an einer Depression erkrankt sei. Er ist sehr verzweifelt, schwankt zwischen Wut und Trauer über sein persönliches Versagen im Sinne der körperlichen Funktionsunfähigkeit: Wegen des starken Schwitzens und des Zitterns der Hände, der eingeschränkten Konzentrations- und Aufmerksamkeitsleistung könne er nicht mehr so gut operieren.

Prämotivationsphase: In dieser Phase erfolgt die Motivation des Klienten zur Psychotherapie. Er sollte Vertrauen in die Person des Therapeuten und in die Gesprächspsychotherapie als Methode erlangen. Es sollte das Angebot sinnvoller formaler Strukturen erfolgen und ebenso Informationen über Art und Wesen einer Depression und die Möglichkeiten der psychotherapeutischen und gegebenenfalls medikamentösen Behandlung vermittelt werden.

Herr Dr. A. spürt alsbald, dass er über das Krankheitsmodell „körperliche Krankheit" nicht weiterkommt, sich nicht helfen kann. Er verspürt sehr intensiv den Wunsch nach Aussprache und nach Betrachtung seines Lebensweges und seiner Lebenssituation. Er sucht Informationen über die Krankheitswertigkeit einer Depression, gleichzeitig keimt in ihm die Hoffnung der Behandelbarkeit seiner depressiven Verstimmung auf.

Symptom-/Syndromphase: In dieser Phase sollten die beklagten Beschwerden auf solche Weise durchdrungen werden, dass der Klient dazu kommt, sich in die Problematik zu vertiefen, die mit diesen Beschwerden verbunden ist. Hier können evtl. Kausalzusammenhänge erarbeitet werden. Es geht um die genaue Wahrnehmung der Symptome als krankheitswertige Anzeichen.

Herr Dr. A. thematisiert seine fast schmerzhaft wahrgenommene innere Leere, kann jetzt aber auch über Angstgefühle und die dazugehörigen vegetativen Symptome (vor allen Dingen starkes Schwitzen und Zittern) sprechen. Er beleuchtet seine eigene hohe emotionale Ansprechbarkeit, ja Dünnhäutigkeit auch in gesunden Zeiten. Er vergleicht sein eigenes Befinden mit dem der Patienten, die er als Konsiliararzt in der psychiatrischen Abteilung kennen gelernt hat.

Existenzielle Phase: In dieser Phase erfolgt die Erarbeitung eines klaren Konzeptes über Vergangenheit, Gegenwart und Zukunft des Klienten. Ihm wird es nun möglich, die eigene Sinnhaftigkeit der Erkrankung zu erkennen. Dies wird ihn dahin führen, Selbstwirksamkeitsprozesse bei der Bewältigung der Krankheit und bei der Prävention neuer Erkrankungsepisoden zu finden und zu benennen.

Herr Dr. A. kann jetzt ein individuelles Krankheitsmodell, das er in persönliche Sinnbezüge von gestern und heute einbettet, entwickeln. Er betrachtet seine persönliche Entwicklung schon als Kind als erheblich von den Erwartungshaltungen der Eltern geprägt, indem er ganz der brave, strebsame, fleißige Schüler und Student, der gründliche, gewissenhafte und erfolgreiche Arzt wurde, den sie sich wünschten. Er kann jetzt Versagensängste und auch Wut und Ärger über erlebte Bewertung und Einschränkungen persönlicher Wünsche benennen. Erst jetzt gelingt es ihm, über früher geplante Suizidabsichten als mögliches Problemlösungsverhalten zu sprechen. Herr Dr. A. kommt zu einer ganzheitlichen Betrachtung der eigenen Person, nicht nur bezogen auf den Anforderungs-Leistungs-Aspekt, sondern auch auf den Bereich der Emotionalität und der Verhaltensorganisation. Er entwickelt somit ein verändertes, vollständigeres Selbstkonzept. Der Patient beschreibt seine Sicht auf die Dinge schließlich als erweitert. Er habe einen „weiteren Horizont" bekommen. Die depressive Symptomatik ist deutlich rückläufig.

Letzte Phase – der Abschied: In dieser Phase geht es um die Loslösung des Patienten vom Therapeuten. Die Gespräche finden jetzt in größeren Abständen statt. Inhaltlich zeigt sich eine deutliche Besserung der psychischen Beschwerden.

Das Aussprachebedürfnis von Herrn Dr. A. lässt etwas nach. Mit den größeren Abständen der Gespräche kommt er gut zurecht. Im Gespräch selbst wird eine eindeutige Orientierung auf die Beendigung der Therapie und die Zuwendung zur Reintegration in den beruflichen und familiären Bereich deutlich. Er fühlt sich zunehmend als „der Alte", aber mit neuen Einsichten. Er definiert die schwere Krankheitsphase nicht mehr als Peinlichkeit, sondern als Chance. Er beendet die Therapie mit dem Vorsatz, auf Leistungsanforderungen anders, nämlich adäquat seiner eigenen Möglichkeiten und Wünsche, zu reagieren.

Das Beispiel soll einen Einblick in den Verlauf einer Gesprächspsychotherapie geben. Dabei sollte besonders der persönlichen Entwicklung des Klienten Rechnung getragen werden.

Eine katamnestische Erhebung nach einem Jahr zeigte das stabile psychische Befinden von Herrn Dr. A. Wohl aber zeigten sich seine engeren Bezugspersonen irritiert, die ihn mit der vom Patienten sehr befreiend erlebten inneren Gelassenheit, weniger nach Perfektion strebend, konfliktfeudiger und -toleranter sowie weniger festgelegt wahrnahmen. Auch hier zeigte sich der Patient erfahrungsoffen und verstand es gut, sein Verhältnis zu anderen anforderungsadäquat und konstruktiv neu zu definieren.

Synopsis

- Drei Basisvariablen (Empathie, Kongruenz, Akzeptanz) prägen das therapeutische Beziehungsangebot.
- Therapieziele aus phänomenologisch-existenzialistischen Grundpositionen der humanistischen Psychologie: Überwindung von Inkongruenzen auf emotionalem, kognitivem und verhaltensmäßigem Niveau.
- Hohes Selbsthilfepotenzial wird angenommen.
- „Aktives Zuhören" (Gordon 1998) als Begleitung auf dem Weg der bewussten Wahrnehmung von Inkongruenzen.

7. Interpersonelle Psychotherapie (IPT)

Elisabeth Schramm

Die Interpersonelle Psychotherapie nach Klerman und Weissman gehört zu den wirksamsten psychologischen Depressionstherapien. Es handelt sich um ein Kurzzeitverfahren, bei dem die gezielte Auseinandersetzung mit der depressiven Störung und die Bewältigung damit verbundener zwischenmenschlicher Schwierigkeiten im Vordergrund steht. Der theoretische Hintergrund beruht auf den Ideen der Interpersonellen Schule nach Sullivan und auf der Bindungstheorie Bowlbys. Bei 12–20 wöchentlichen Einzelsitzungen liegt der Behandlungsschwerpunkt im „Hier und Jetzt". Orientiert am medizinischen Krankheitsmodell kann die Therapie mit oder ohne begleitende Medikation durchgeführt werden.

Theoretischer und empirischer Hintergrund

Bei der Interpersonellen Psychotherapie nach Klerman und Weissman (IPT) handelt es sich um eine Kurzzeittherapie, die speziell auf die ambulante Akutbehandlung von Depressionen zugeschnitten wurde. Die depressive Entwicklung wird als maßgeblich beeinflusst von dysfunktionalen Beziehungsmustern und/oder einem unsicheren Bindungsstil des Betroffenen betrachtet. Bei der Durchführung dieser Methode werden deshalb einerseits die Bewältigung zwischenmenschlicher Konflikte und Verluste und andererseits der Aufbau sozialer Unterstützung und tragfähiger Bindungen in den Behandlungsfokus gerückt. Theoretische Bezüge gehen auf die Interpersonelle Schule Sullivans (1953), einem Schüler von Adolf Meyer, und auf die Bindungstheorie Bowlbys (1969) zurück. Meyer (1957) betrachtete psychische Störungen als misslungenen Versuch des Individuums, sich an veränderte Umweltbedingungen und dabei insbesondere an psychosoziale Stressoren anzupassen. Das Anpassungsverhalten des Betroffenen sah er als geprägt von frühen Erfahrungen in der Familie und in anderen sozialen Gruppen. Dieser Ansatz brach mit dem zu dieser Zeit vorherrschenden Triebmodell Freuds, das von den Vertretern der interpersonellen Schule (Fromm, Horney, Fromm-Reichmann, Cohen und andere) als unzureichend angesehen wurde, um menschliche Motivation und die Natur menschlicher Erfahrungen erklären zu können. Die Bedeutung sozialer Beziehungen und der gesellschaftliche Einfluss bei der Persönlichkeitsentwicklung sei dabei stark unterschätzt worden.

Mit der Bindungstheorie Bowlbys wurde die Betonung der Bedeutung früher interpersoneller Erfahrungen auf eine wissenschaftlich überprüfbare Ebene gehoben. Die Bindungstheorie geht auf John Bowlbys Bemühungen zurück, ein komplexes Erklärungsmodell für die Entstehung psychopathologischen Verhaltens zu entwickeln, das etologische, neurobiologische und psychologische Aspekte verbindet. Er bezeichnete zwischenmenschliche Bindung als ein biologisch überlebenswichtiges und damit primäres Bedürfnis, dessen Erfüllung als sichere Basis dient für das Explorieren der inneren und äußeren Welt eines Individuums und für psychisches Wohlbefinden im Allgemeinen. Mangelndes Vertrauen in die Verfügbarkeit von stabilen Bezugspersonen resultiert laut

Bowlby in unsicheren Bindungsstilen und der Schwierigkeit enge Bindungen einzugehen. Damit ist man prädisponiert zur Entwicklung depressiver und anderer psychischer Störungen. Auch der unbewältigte Abbruch beziehungsweise Verlust bedeutsamer Bindungen kann zu depressiven Reaktionen führen.

Jedoch noch vielmehr als an theoretischen Modellen orientierten sich die Begründer der IPT bei der Entwicklung des Verfahrens an empirischen Befunden, beispielsweise aus der „Life-event-“ und der „Social-support“-Forschung und auch der Bindungsforschung (Überblick bei Schramm 1998, Paykel u. Cooper 1992). Damit wird die pragmatische Zielsetzung der Autoren deutlich, eine möglichst wirksame Intervention zu kreieren und damit weder einen besonders originellen Therapieansatz, noch eine neue Therapieschule zu begründen. Es ist auch nicht beabsichtigt, die IPT einer der traditionellen Schulen zuzuordnen. Es wird schulenübergreifend gearbeitet, wobei bewährte Techniken und Elemente verschiedener Therapierichtungen mit spezifisch interpersonellen Strategien integriert werden.

Das Rationale der Methode beruht in Anlehnung an Sullivan und Bowlby auf der Grundannahme beziehungsweise auf der Beobachtung, dass es einen Zusammenhang gibt zwischen ineffektivem Umgang mit interpersonellen Belastungen – beispielsweise im Rahmen eines aktuellen zwischenmenschlichen Konflikts oder einer Trennung – und dem Auftreten depressiver Episoden. D.h. dass jede Depression unabhängig von ihren komplexen Ursachen in einem psychosozialen Kontext entsteht und sich auch dort abspielt. Enge Bezugspersonen sind somit stets von der Depression mitbetroffen und haben einen Einfluss auf die weitere Entwicklung. Es wird davon ausgegangen, dass durch Klärung und Veränderung dieser Zusammenhänge die Depression gelindert werden kann und diese Intervention sogar möglicherweise prophylaktische Wirkung hat.

Behandlungsfokus

Gemäß dem Konzept der IPT sind 3 Prozesse an der Depressionsentstehung beteiligt:

- Die Symptombildung,
- die zwischenmenschliche und soziale Konstellation,
- andere Vulnerabilitätsfaktoren wie die Persönlichkeitsstruktur.

Aufgrund der kurzen Behandlungsdauer und des problemorientierten Vorgehens bestehen die Ziele der IPT darin, auf der Ebene der Symptome und der interpersonellen Schwierigkeiten zu intervenieren und nicht auf der Ebene der situationsüberdauernden Persönlichkeitsaspekte. Neben der Krankheitsbewältigung soll einer von 4 Bereichen interpersoneller Belastung fokussiert werden, die empirisch am häufigsten in Verbindung mit Depressionen gefunden wurden. Dabei handelt es sich um:

- Pathologische Trauer,
- ungelöste zwischenmenschliche Auseinandersetzungen und Konflikte,
- unbewältigte Rollenwechsel und -übergänge,
- interpersonelle Defizite, die in Einsamkeit resultieren.

Der Behandlungsschwerpunkt wird im „Hier und Jetzt“ bearbeitet und richtet sich inhaltlich danach, welcher der oben genannten Bereiche den bedeutsamsten Beitrag zur derzeitigen depressiven Episode geleistet hat. Was die depressive Störung anbelangt, ist man an einem medizinischen Krankheitsmodell orientiert. Demzufolge kann die Therapie mit oder ohne begleitende Medikation durchgeführt werden.

Vorgehen und Behandlungselemente

Die Gesprächsführung ist am ehesten an das Vorgehen psychodynamischer Kurzzeittherapien angelehnt (vgl. Kap. 4). Die Haltung des Therapeuten ist dabei aber eher aktiv und unterstützend, stets explizit aufseiten des Patienten. Während zu Beginn Exploration und Klärung interpersoneller Themen im Vordergrund stehen, geht es in den späteren Abschnitten hauptsächlich um konkreten Handlungs- und Verhaltensaufbau bzw. Bewältigungsstrategien. Emotionale Aspekte finden während des Behandlungsverlaufs die stärkste Berücksichtigung. Konfrontatives und interpretierendes Vorgehen soll vermieden werden. Vielmehr als durch therapeutische Techniken ist die IPT jedoch von spezifischen Strategien geprägt. Diese sind für alle drei Therapiephasen in einem Behandlungsmanual (Klerman et al. 1984, dt. Version: Schramm 1998) klar beschrieben und geben der Durchführung eine relativ umschriebene Struktur. Die therapeutischen Ziele und Strategien in den initialen, den mittleren und den Beendigungssitzungen sind auf die Gesetzmäßigkeiten des typischen Depressionsverlaufes und die Eigenheiten depressiver Patienten in den jeweiligen Behandlungsphasen zugeschnitten. So wird in der Anfangsphase (ambulant 1. bis ca. 3. Sitzung, stationär ggf. bis zur 5. Sitzung) in erster Linie auf das eingegangen, was den Patienten am stärksten beschäftigt und quält: auf den Stress der depressiven Erkrankung. Dazu gehören die vielfältigen depressiven Symptome, wie beispielsweise Schlaf- und Konzentrationsstörungen, Niedergeschlagenheit, Antriebslosigkeit, Entscheidungsschwierigkeiten etc. Dazu gehören weiterhin die dadurch bedingten Einschränkungen in der sozialen und beruflichen Rollenerfüllung sowie die zwischenmenschlichen Belastungen im Rahmen der Erkrankung. Hier versucht der Therapeut Erleichterung zu schaffen durch psychoedukative und symptombewältigende Maßnahmen, wenn möglich unter Miteinbeziehung der Angehörigen. Das Symptombild wird systematisch und für den Patienten als zusammenhängend erkennbar erhoben: "Die Beschwerden, die Sie bisher geschildert haben, also die Schlafstörungen, die Niedergeschlagenheit, die Konzentrationsschwierigkeiten etc. sind alle Teil eines Krankheitsbildes, das man als klinische Depression bezeichnet. Dabei handelt es sich um eine psychische Störung, die relativ weit verbreitet ist ..." Der Betroffene soll ein klares Konzept bezüglich der Störung erhalten, das im weiteren Verlauf durch die Einbettung in den interpersonellen und psychosozialen Kontext noch erweitert wird. Mit Hilfe der Informationsvermittlung über die Eigenheiten und Behandlungsmöglichkeiten der Erkrankung wird das Rational für das Annehmen der Krankenrolle und für das Symptommanagement geschaffen. Außerdem werden damit die Ressourcen des Patienten zur Selbsthilfe aktiviert. „Wir sollten gemeinsam herausfinden, wie Sie am besten ein Gleichgewicht herstellen können zwischen einerseits Aufgaben und Aktivitäten zu reduzieren, die Sie aufgrund der Depression überfordern, und andererseits einem Rückzug und Passivität entgegenzuwirken, durch die Sie unterfordert sind. Was würde Ihnen beispielsweise helfen, der Antriebslosigkeit zu begegnen ohne sich zu überfordern?"

Auch zur therapeutischen Beziehungsgestaltung, die bei der IPT als Kurzzeittherapie gezielt unterstützend ist und dabei Widerstände umgehen soll, tragen die vom Patienten in der Regel als entlastend und Halt gebend empfundenen psychoedukativen Interventionen bei. Das Vorgehen bei der Aufklärung ist einerseits validierend, was den Leidensdruck und die Beeinträchtigung des Patienten anbelangt, andererseits bewältigungsorientiert und ermutigend. Der Aufbau von Hoffnung ist in diesem Behandlungsabschnitt eine entscheidende Aufgabe. Genauso wichtig ist jetzt auch eine Entlastung des Patienten. Denn häufig wird die Störung als persönliche Schwäche erlebt und ist deswegen von Gefühlen der Schuld, Scham und Wut begleitet. Diese Gefühle führen zu einer weiteren Verschlimmerung des depressiven Zustands. Wenn der Patient und seine Bezugspersonen die Symptome und Beeinträchtigungen als Erkrankung begreifen, ermöglicht diese Erkenntnis eine konstruktive Auseinandersetzung mit den Beschwerden.

Der Therapeut vermittelt als Depressionsexperte dem Patienten die Sicherheit und Zuversicht, die er sich selbst vorübergehend nicht geben kann. Diese hilfreichen und vertrauensbildenden Maßnahmen dienen dazu, dass die von Bowlby (1969) postulierte „sichere Basis" frühzeitig etabliert wird. Dadurch wird in der mittleren Phase eine intensive Bearbeitung des Problembereichs gewährleistet, üblicherweise ohne dass es zu nennenswerten Widerständen des Patienten kommt.

Die oben aufgeführten Interventionen, zielen auf eine kurzfristige und zumindest teilweise Symptomreduktion. Diese aktivierende Entwicklung nutzt der Therapeut, um in den mittleren (ca. 4.–13., stationär 6.–10.) Sitzungen an dem bzw. den interpersonellen Problemfeldern zu arbeiten. Um den relevanten Fokus festzulegen, einigen sich Therapeut und Patient nach einer ausführlichen Problem- und Beziehungsanalyse in Form eines Behandlungsvertrag auf das weitere Vorgehen. Der Behandlungsfokus steht mit dem Auftreten der depressiven Episode in engem Zusammenhang. Dabei kommen ein oder zwei der bereits erwähnten typischen Problembereiche Trauer, Auseinandersetzungen, Rollenwechsel oder interpersonelle Defizite in Frage. Die oben erwähnte Krankenrolle hat nur vorübergehenden Charakter. Während im Anfangsteil vor allem die Entlastung durch den Krankenstatus im Vordergrund steht, wird zu Beginn des mittleren Abschnitts die mit der Krankenrolle verbundene Verpflichtung betont, nämlich an der Genesung aktiv mitzuarbeiten. Je nach Problemfeld soll der Verlust einer Bezugsperson angemessen betrauert, zwischenmenschliche Konflikte oder Rollenwechsel erkannt und gelöst oder soziale Defizite bewältigt werden mit dem Ziel, soziale Unterstützung zugänglich zu machen. Das konkrete Vorgehen soll im Folgenden anhand eines Fallbeispiels verdeutlicht werden.

In der Beendigungsphase (ca. 14.–16., stationär 11.–12. Sitzung) erfolgt die Vorbereitung auf den Therapieabschluss und die Zeit danach, eine Zusammenfassung der therapeutischen Fortschritte und das emotionale Begreifen dieser Therapiephase als Abschiedsprozess. Letzteres erfolgt wiederum unter Berücksichtigung von Schritten, die laut Bowlby für eine normale Ablösungsreaktion zuträglich sind. Dazu gehört in erster Linie, die damit verbundenen und z.T. schmerzhaften Gefühle zuzulassen und den Therapeuten im Sinne der sicheren Basis innerlich zu repräsentieren.

Fallbeispiel

Vorgeschichte

Eine 21-jährige, ledige und kinderlose Studentin der Betriebswirtschaft kommt auf Anraten ihrer Hausärztin in ambulante psychotherapeutische Behandlung. Sie lebt alleine in einem Einzimmer-Appartement an ihrem Studienort. Sie gibt an, keinerlei Beziehungen zu haben, sie fühle sich einsam und isoliert. Allerdings sei sie auch erst vor knapp 8 Monaten von einem einjährigen Auslandsaufenthalt aus den USA zurückgekehrt, habe sich zu diesem Zeitpunkt bereits schon „angeschlagen und überfordert" gefühlt. In den Vereinigten Staaten habe sie schon professionelle Hilfe aufgesucht, da sie vor allem unter zunehmender Energielosigkeit, Interessenverlust, Kon-

zentrations- und Gedächtnisproblemen und Insuffizienzgefühlen litt. Sie habe sich nur noch zurückgezogen und übermäßig viel geschlafen, ihr Studienprogramm kaum noch bewältigt, es aber dennoch bis zum Schluss „durchgezogen". Ähnliche Symptome seien ihr vereinzelt zwar schon seit ihrer Kindheit bekannt, jedoch nie in einem Ausmaß, dass sie ärztliche Hilfe benötigte.
Auf das Medikament „Prozac" habe sie keine deutliche Verbesserung verspürt und es bei ihrer Rückkehr nach Deutschland eigenständig abgesetzt. Auch ein weiterer Behandlungsversuch mit trizyklischen Antidepressiva wurde von der Patientin abgebrochen, da sie eine damit verbundene Gewichtszunahme nicht tolerieren konnte und auch keine Linderung der depressiven Symptomatik erfuhr. Weitere medikamentöse Therapieversuche lehnte sie danach ab, psychotherapeutischen Gesprächen wollte sie eine Chance geben.

Biographie
Die Patientin wuchs als ältere von zwei Kindern auf, ihre Schwester ist 4 Jahre jünger, die Beziehung war zeitlebens durch Misstrauen, Neid und Streitereien geprägt. Der Vater, ein erfolgreicher Unternehmensberater, war häufig unterwegs, konnte sich kaum um die Familie kümmern, wird als sachlich distanziert, jedoch nicht „kaltherzig" beschrieben. Die Mutter gab ihren Beruf als Klavierlehrerin nach der Geburt der Kinder auf. Sie war von der Kindererziehung und Haushaltsführung permanent überfordert, beriet sich in täglichen stundenlangen Telefongesprächen mit ihrer Mutter, konnte keine eigenen Entscheidungen treffen, schien zeitweise auch depressiv verstimmt. Die Atmosphäre in der Familie war durch eine Beziehungslosigkeit geprägt, jeder versuchte letztendlich alleine „über die Runden" zu kommen. Die Patientin erhielt insbesondere vom Vater Anerkennung über ausgeprägten Ehrgeiz und gute Schulleistungen, blieb ansonsten auf der von den Eltern gewünschten Distanz. Von Mitschülern und Gleichaltrigen wurde sie eher gemieden oder geneidet. Sie hatte lediglich eine Freundin, die Hauptaktivität bestand im gemeinsamen Lernen oder Bücher lesen. Bis zum Zeitpunkt der Behandlung keine sexuellen Erfahrungen.

Initiale Phase – Auseinandersetzung mit der Depression
Die Patientin zeigte sich sehr erleichtert durch die krankheitsaufklärenden Maßnahmen, sie fühlte sich dadurch anscheinend in ihrer Stärke der Intellektualität und des Kompetenzstrebens bestätigt und ernst genommen. Sie zeigte Interesse an weiterführender Literatur, stellte viele Fragen. Bei der Krankenrolle sprach sie am ehesten auf den verpflichtenden Charakter an. So stimmte sie zu, die ihr noch zur Verfügung stehenden Energien hauptsächlich auf die Behandlung und ihre Genesung zu verwenden. Weitaus schwerer fiel es ihr, Abstriche im Studienprogramm zu tolerieren und einzelne Studienverpflichtungen zu verschieben. Symptombewältigende Maßnahmen wie beispielsweise die Regulierung und Strukturierung ihres Alltagsrhythmus gaben ihr bessere Kontrolle über die Energielosigkeit und die Schlafschwierigkeiten. Die Beziehungsanalyse erbrachte eine ausgeprägte und bereits lange bestehende Einsamkeit. Kontakte am Studienort gestalteten sich oberflächlich und fanden im Rahmen von Arbeitsgruppen und zeitweise gemeinsamen Mittagessen in der Mensa statt. Als engste Bezugsperson gab sie ihre frühere Schulfreundin an, gefolgt von ihrem Vater. Zu beiden hatte sie derzeit sporadische Kontakte, wenn sie ein- bis zweimal im Monat zu dem 200km entfernten Heimatort fuhr. Niemand wusste, dass sie sich in Behandlung befand. Die Beziehung zu ihrer Mutter empfand sie als anstrengend und kompliziert, da sie das Gefühl hatte, die Verantwortung für ihre Mut-

ter übernehmen zu müssen, was sie schon als Kind zu oft getan hätte. Zu ihrer Schwester hatte und wollte sie so gut wie gar keinen Kontakt, man würde sich meiden. In den USA lebte sie in einer Wohngemeinschaft, wo man sich Mühe gab, sie zu integrieren, was auf einer oberflächlich-freundschaftlichen Ebene auch gelang. Vertrauensvolle Gespräche fanden jedoch von ihrer Seite aus nicht statt u.a. aus Angst, sich nicht richtig in Englisch ausdrücken zu können.
Was die Problembereichsentwicklung anbelangte, wurde deutlich, dass die ersten Symptome bereits 3 Monate nach ihrer Ankunft in Amerika auftraten. Das erste Mal von zu Hause getrennt, fühlte sie sich fremd, von der amerikanischen Kultur und Sprache überwältigt und hatte Heimweh. Durch extreme Anstrengung gelang es ihr zunächst, die beginnenden Symptome durch Leistung und Ablenkung zu kompensieren. Erst nach mehreren Wochen begab sie sich dann in Behandlung. Zu einer erneuten Verschlechterung der Symptomatik kam es dann im Rahmen des Studienbeginns in Deutschland. Nach 2 Monaten vertraute sie sich ihrer Hausärztin am Heimatort an, die sie zur psychiatrisch-psychotherapeutischen Behandlung drängte.
Im Behandlungsvertrag einigten sich Therapeutin und Patientin auf den Problemfokus „Einsamkeit, Isolierung" (soziale Defizite) und „Rollenwechsel" (Ablösung vom Elternhaus, Studienbeginn, Umzug von den USA nach Freiburg). Die therapeutische Beziehung gestaltete sich bis zu diesem Zeitpunkt von der Patientin aus zurückhaltend, sachlich und um Gleichberechtigung ringend. Die Schilderung ihrer Krankheitsentwicklung, die inhaltlich ein hohes Maß an Leiden und Einsamkeit nahe legten, erfolgte sachlich korrekt und kaum von Gefühlen begleitet. Aus der Entwicklungsgeschichte und der derzeitigen therapeutischen Beziehungsgestaltung lag ein vermeidender Bindungsstil der Patientin nahe. Für die mittleren Sitzungen war von daher geplant, die Patientin gezielt, jedoch behutsam emotional zu involvieren. Obwohl der Problembereich „Soziale Defizite" im Vordergrund zu stehen schien, ließ sich die Therapeutin auf den Vorschlag der Patientin, mit „Rollenwechsel" zu beginnen bereitwillig ein, da sich die Patientin von dem Thema Einsamkeit offensichtlich unter Druck gesetzt sah.

Mittlere Phase – Arbeit am Problemfokus
Im Mittelteil der Therapie konnte die Krankenrolle schrittweise zurückgenommen werden, da die Patientin ein erhöhtes Gefühl der Kontrolle über ihre Symptome wahrnahm. Zunächst wurden bzgl. des Fokus „Rollenwechsel" die positiven und negativen Aspekte der alten Rolle exploriert. Hierzu gehörte die Beziehungsgestaltung bzw. Rollenerfüllung im Elternhaus, ihre Rolle in der Schule und unter Gleichaltrigen sowie das Verhältnis zu ihrer Freundin. Als stärksten Verlust im Rahmen der Lebensveränderung empfand sie die Trennung von der Freundin, mit der sie bis zur Abreise nahezu tägliche Kontakte pflegte. Obwohl die Beziehung von beiden Seiten nicht unbedingt durch ein hohes Maß an Selbstöffnung geprägt war, bestand eine gewisse Vertrautheit und die relative Sicherheit, akzeptiert und ggf. unterstützt zu werden. Die Patientin war nicht in der Lage, in der neuen Lebenssituation im Ausland einen Ersatz zu finden. An ihrer alten Rolle im Elternhaus sah die Patientin überwiegend negative, weniger positive Aspekte. So empfand sie es als Entlastung, nicht länger Verantwortung für die Mutter übernehmen und das entfremdete Verhältnis ihrer Eltern überbrücken zu müssen, den unerfreulichen Kontakten mit ihrer Schwester zu entkommen und sich nicht mehr mit ständigen Leistungsbeweisen für ihren Vater unter Druck zu setzen. Dennoch vermisste sie die vertraute Umgebung, die Anerkennung des Vaters und die materielle Sicherheit zu Hause. Ihrer Rolle in der Schule

trauerte sie nicht nach, da sie dort aufgrund ihres offensichtlichen Leistungsstrebens und ihrer Zurückgezogenheit bei Gleichaltrigen einen schweren Stand hatte. In der neuen Rolle als Studentin in den Staaten und schließlich in Freiburg war sie konfrontiert mit der Herausforderung, soziale Kontakte und Beziehungen aufzubauen und merkte rasch, dass ihr die hierfür nötige Leichtigkeit bzw. die Fähigkeiten fehlten. Ihre vertraute Strategie, sich zurückzuziehen und sich ausschließlich auf das Studium zu konzentrieren, mündete in Einsamkeit, zumal sie sich nicht an ihre Freundin oder ihren Vater wenden konnte. Mit den schulischen Herausforderungen kam sie dahingegen zunächst gut zurecht, obwohl sie zunehmend durch die depressive Symptomatik eingeschränkt war. Bei der Exploration der Veränderungen wurde die Patientin darin bestärkt, angedeutete Wut über die Überforderungssituation näher zu beschreiben. Die Wut richtete sich zum einen auf sie selbst, sich zu sehr herauszufordern (z.B. Studium im Ausland) ohne Rücksicht auf ihre emotionale Situation und auf andere, die nicht auf sie zukämen, sondern immer erwarteten, dass sie schließlich kompetent genug sei, mit allem alleine zurechtzukommen. Als weiteres Gefühl war dann auch Traurigkeit und Versagensangst spürbar, was die Patientin als „schwache" Gefühle ansah und nur mit Unterstützung der Therapeutin zulassen konnte. Es wurde ihr bald klar, dass sie schon als kleines Kind jegliche Form von Bedürftigkeit als unerwünscht erleben lernte und durch eine Pseudounabhängigkeit die maximal mögliche Nähe zu ihren Eltern herzustellen versuchte. Bedürftigkeit nach Schutz und Zuwendung waren auch mit Scham verbunden. Die mit dem Rollenwechsel verbundenen Emotionen erlaubten den Übergang zum Fokus „Soziale Defizite", indem diese altvertrauten Gefühle zu ihrer zwischenmenschlichen Lern- und Entwicklungsgeschichte und ihren früh erlebten depressiven Symptomen in Bezug gesetzt wurden. An dieser Stelle wurde auch thematisiert, welche positiven Gefühle sie früher und heute aus zwischenmenschlichen Aktionen bezog bzw. bezieht. Stolz und Freude erlebte sie, wenn sie mit ihrem Vater gemeinsam Aktivitäten, wie beispielsweise Hausmusik oder reiten, unternahm und er sie für ihr Verhalten lobte. Geborgenheitsgefühle erfuhr sie häufiger im Kontakt mit ihrer Freundin, wenn sich beide vor dem Rest der Welt in ein gemeinsam errichtetes Baumhaus zurückzogen. Ein weiteres Beziehungsmuster bestand darin, dass sie üblicherweise in dyadischen Beziehungen ihre Hemmungen überwinden konnte, während sie sich innerhalb von Gruppen schnell isolierte. Für die Patientin ergab sich so als erster Schritt zum Beziehungsaufbau, gezielt einzelne Kommilitonen anzusprechen, bei denen sie ein gemeinsames Interesse feststellte oder die sich in einer ähnlichen „Außenseiterposition" befanden wie sie selbst. In den nächsten Sitzungen berichtete sie davon, mit einer Studentin zum Reitkurs gefahren zu sein und schließlich die gemeinsame Pflege eines Pferdes ins Auge gefasst zu haben. Erstmals äußerte sie Hoffnung, doch Anschluss zu bekommen und in zwischenmenschlichen Beziehungen ihre Bedürfnisse zu äußern. Sie erkannte eine Chance in ihrem neuen Lebensabschnitt, andere mehr um Hilfe und Unterstützung zu bitten und zu überprüfen, ob sie anderen wirklich „zu viel" sei und alle von ihr erwarteten, dass sie die Dinge „selbst regele". Diese beziehungsbehindernde Wahrnehmung wurde außerdem am Beispiel der therapeutischen Beziehung hinterfragt, da die Patientin davon ausging, auch die Therapeutin nicht mit ihren Problemen belasten zu dürfen. In diesem Zusammenhang lernte sie, je nach den unterschiedlichen sozialen Rollen, die sie einnahm, zu erkennen, was ihr üblicherweise zusteht und wie sie selbst dafür sorgen kann, es zu bekommen (beispielsweise im therapeutischen Rahmen, von ihren Eltern, von Kommilitonen). Die Hauptschwierigkeit lag diesbezüglich darin, sich selbst die Erlaubnis für ihre berechtigten Bedürfnisse zu geben.

Gefühle der Scham und Angst vor Zurückweisung schienen sie darin zu blockieren. Auf der Verhaltensebene wurde sie darin ermutigt, einerseits ihren Gefühlen entgegengesetzt zu handeln (z.B. mutig auf andere zuzugehen) oder, falls angebracht, Befürchtungen zu äußern (z.B. „... auch auf die Gefahr hin, dass du am Samstag keine Zeit hast, wollte ich dich fragen, ob du Lust hättest ...). Gegen Ende der Therapie gab sie an, mindestens zweimal pro Woche dafür zu sorgen, sich mit drei bestimmten Personen zu Freizeitaktivitäten zu treffen. Außerdem lud sie ihre frühere Freundin ein, sie in den Semesterferien zu besuchen, was diese dankend annahm. Die Patientin war nun bereit, ein höheres emotionales Risiko einzugehen, indem sie mehr von sich preisgeben wollte. Zu Hause gelang es ihr, auf die fordernd geäußerten Bedürfnisse ihrer Mutter mit der Beschreibung ihrer eigenen belastenden Situation zu reagieren und beiden Elternteilen nach und nach ein realistischeres Bild ihrer Schwierigkeiten und Schwächen zu präsentieren.

Beendigungsphase – Ablösung
Die Patientin war in der Lage zu äußern, dass das näher kommende Therapieende sie mit Angst erfülle, wieder alleine gelassen zu sein und es nicht zu schaffen. Das mache sie auch traurig und sogar wütend, sie habe so viel nachzuholen und schließlich ein Recht auf Unterstützung. Nachdem diese Gefühle validiert wurden, wurden ihre eigenständig erzielten Fortschritte und Erkenntnisse im Detail zusammengefasst. Daraufhin minderte sich ihre mangelnde Zuversicht etwas. Weiterhin wurde überlegt, wer sie außerhalb der Therapie unterstützen und welche ihrer Ressourcen sie für diese Situation einsetzen könnte. Schließlich wurde mit ihr verhandelt, für weitere zehn Monate sog. monatliche Erhaltungssitzungen durchzuführen. Die Akutbehandlung wurde erfolgreich abgeschlossen, die Patientin zeigte lediglich in Belastungssituationen vereinzelte Symptome, mit denen sie jeweils kompetent und bewältigend umging. In den Erhaltungssitzungen wurde an der Beibehaltung der aufgebauten sozialen Beziehungen und an der klaren Kommunikation mit ihren Eltern gearbeitet. Ein weiterer Themenschwerpunkt stellte die Ablösung von der Therapeutin da. In diesem Zusammenhang wurde versucht, der Patientin das Konzept der inneren Repräsentanz von Bezugspersonen zu vermitteln, auf das sie sich einlassen konnte unter dem Zugeständnis, anrufen zu dürfen, falls sie einmal in Not sein sollte.

Rolle des Therapeuten und des Patienten

Therapeut

Wie bereits erwähnt, ist das therapeutische Vorgehen während der gesamten Therapie als aktiv, unterstützend und ermutigend zu bezeichnen. Die Rolle des Therapeuten wird als intervenierend, aber nicht ausgesprochen direktiv wie beispielsweise bei der Kognitiven Therapie (Beck et al. 1996) beschrieben. Der Therapeut sieht sich als „Anwalt" des Patienten. Das Einnehmen einer nicht-neutralen, nicht-zurückhaltenden Position soll verhindern, dass der Patient in der therapeutischen Beziehung regrediert. Die Übertragungsbeziehung, die sich durch die Therapeutenrolle in der Regel positiv gestaltet, wird nur dann thematisiert, wenn die Therapie gefährdet scheint. Die Gestaltung der therapeutischen Beziehung steht als Modell für andere zwischenmenschliche Beziehungen.

Beim Therapeuten wird zumindest eine Grundausbildung in einer der klassischen Therapieformen sowie Kenntnisse in der Behandlung depressiver Patienten vorausgesetzt. Außerdem sollte er sich mit dem interpersonellen Ansatz, dem medizinischen Krankheitsmodell der Depression und dem Modell einer zeitlich begrenzten Behandlung identifizieren können.

Patient

Vom Patienten wird in der initialen Behandlungsphase aufgrund der Beeinträchtigungen im Rahmen der depressiven Erkrankung nur bedingt Aktivität erwartet. In den übrigen Therapieabschnitten wird ihm dann – bei zunehmender Remission der Symptome – die Verantwortung für das Einbringen relevanter Themen übertragen.

Es wird vorausgesetzt, dass der Patient ambulant führbar ist. Dazu gehört, dass keine akuten psychotischen Symptome bestehen, keine manische Symptomatik, suizidale Impulse kontrolliert werden können und keine schwere Antriebsminderung vorliegt.

Dauer und Frequenz der Behandlung

Bei der ursprünglichen Form der IPT sind 12–20 wöchentliche ambulante Einzelsitzungen von ca. 50-minütiger Dauer vorgesehen. Zwischenzeitlich liegen Modifikationen für eine Erhaltungstherapie vor, die über einen längeren Zeitraum von beispielsweise drei Jahren monatliche Einzelsitzungen vorsieht (Frank et al. 1990). Auch als stationäres Behandlungsprogramm mit mindestens 10 Einzelsitzungen zweimal pro Woche in Kombination mit Gruppenangeboten ist die IPT modifiziert worden (Schramm et al. 1998).

Wirkungsnachweise

Die Wirksamkeit der IPT als ambulante Behandlungsmethode konnte in mehreren Studien von hoher methodischer Qualität nachgewiesen werden (Grawe et al. 1994). Die Methode weist laut Grawe eine überdurchschnittliche Effektstärke auf und zählt zu den wirksamsten psychologischen Depressionstherapien (Jarett u. Rush 1994). In den 70er Jahren führte die Arbeitsgruppe um Klerman und Weissman mehrere Studien durch (Klerman et al. 1974, Weissman et al. 1979), die die Überlegenheit der IPT gegenüber unspezifischer psychotherapeutischer Behandlung zeigten. In der Multicenterstudie des National Institute of Mental Health (Elkin et al. 1989, Elkin 1994) erwies sich die IPT als einzige Psychotherapie sogar bei der Gruppe der schwerer Depressiven der Placebo-Behandlung als überlegen und der medikamentösen Therapie als nahezu ebenbürtig. Außerdem wies sie die niedrigste Rate von Therapieabbrüchen auf. Allerdings musste man bei der Katamnese feststellen, dass alle untersuchten Akutbehandlungen (IPT, KVT, Imipramin, Placebo) für die meisten Patienten nicht ausreichten, um ganz zu genesen und diesen Zustand länger als 18 Monate beizubehalten (Shea et al. 1992). Die Frage, ob sich durch die Weiterführung der IPT allein oder in Kombination mit Imipramin ein rückfallprophylaktischer Effekt erzielen lässt, wurde von Frank et al. (1990) an 128 rezidivierenden Patienten über einen dreijährigen Zeitraum untersucht. Hauptergebnis dieser Studie hinsichtlich der IPT war, dass die rückfallfreie Zeit nach Absetzen der Medikation signifikant und positiv mit der minimalen Fortsetzung der Psychotherapie (einmal monatlich) korrelierte. Eine integre bzw. spezifische Durchführung der IPT, d.h. wenn Patient und Therapeut den interpersonellen Fokus über die Behandlungsdauer beibehalten konnten, ging mit einer deutlichen Verlängerung der phasenfreien Zeit einher (Frank et al. 1991). Die Kombinationstherapie war am wirksamsten und zumindest im ersten Jahr der Therapie mit Imipramin plus psychiatrischen Gesprächen überlegen, nach drei Jahren ergaben sich allerdings keine signifikanten Unterschiede mehr.

Der kurz- und langfristige Behandlungserfolg der IPT als Individualtherapie bei stationär behandlungsbedürftigen wird derzeit erforscht. Erste Pilotergebnisse zur Wirksamkeit hinsichtlich der Symptomreduktion und der sozialen und interpersonellen Funktionsfähigkeit an 28 stationären Depressionspatienten sind als ermutigend zu bewerten. Untersuchungen der Wirkmechanismen dieser Intervention und ihrer Prozessmerkmale liegen erst vereinzelt vor (Zusammenfassung: Schramm 1998).

Indikationen, Kontraindikationen, Einsatzbereiche

Die IPT erwies sich besonders wirksam bei nicht-psychotischen major depressiven Patienten mit psychosozialen Problemen und mit beruflichen oder partnerschaftlichen Schwierigkeiten (APA 1993). Komorbide Erkrankungen, wie beispielsweise Persönlichkeits- oder Angststörungen, stellen keine Kontraindikation dar, mit Ausnahme der Borderline- und der antisozialen Persönlichkeitsstörung. Selbst bei schwerer ausgeprägten Depressionen zeigte sich die IPT als effektiv (Elkin 1994). Bei schweren, therapieresistenten, suizidgefährdeten oder chronisch depressiven Patienten empfiehlt sich jedoch eher ein umfassendes stationäres IPT-Behandlungsprogramm in Kombination mit Pharmakotherapie. Das stationäre IPT-Konzept ist auf mindestens 10 Einzelsitzungen angelegt, die durch verschiedene Gruppenangebote ergänzt werden. Dabei kommen außer interpersonellen auch verhaltenstherapeutische Strategien, wie beispielsweise „Hausaufgaben“, zur Anwendung. Auch die im stationären Setting üblichen Begleittherapien, wie die Gestaltungs- und die Musiktherapie oder körpertherapeutisch orientierte Maßnahmen, sind auf das Konzept der IPT zugeschnitten. Dabei wird im Gruppenformat mit den entsprechenden Hilfsmitteln an den vier Problembereichen der IPT (Trauer, Rollenwechsel, interpersonelle Auseinandersetzungen, soziale Defizite) gearbeitet. Alle Gruppentherapien sind eng vernetzt mit der Einzeltherapie.

Bei Patienten, bei denen die Depression von akuten psychotischen Merkmalen begleitet ist, sollte diese Methode nicht angewandt werden. Das Behandlungsprogramm stieß seit der Einführung auf der Depressionsstation der Freiburger Universitätsklinik vor drei Jahren bei den Patienten und deren Angehörigen sowie beim Behandlungsteam auf eine außerordentlich hohe Akzeptanz und zeigte in einer Pilotevaluation positive Resultate.

Es liegen mittlerweile noch andere Modifikationen der IPT vor. Diese beziehen sich auf die ursprünglich postulierte Zeitdauer (z.B. Erhaltungsform, Kurzberatung), auf die spezifische Störungsform (z.B. Essstörungen, Dysthymie, bipolare Störungen) oder auf Patientencharakteristika (z.B. Jugendliche, Alterspatienten). Die ersten Ergebnisse zu den modifizierten Formen sind viel versprechend. Davon ausgenommen ist lediglich der Einsatz des Verfahrens bei Opiat- bzw. Kokainabhängigen. Besonders überraschend war die Wirksamkeit der IPT auch bei bulimischen Patienten (Überblick bei Schramm 1998).

Synopsis

- IPT ist spezifisch für die Behandlung von Depressionen entwickelt worden und berücksichtigt in erster Linie den zwischenmenschlichen Kontext der Störung.

- Die Kurzzeittherapie ist in drei Phasen aufgeteilt und in einem Manual beschrieben.
- In der Anfangsphase geht es um die Auseinandersetzung mit der Störung, in der mittleren Phase wird an einem depressionsrelevanten interpersonellen Fokus gearbeitet, in der Beendigungsphase geht es um eine gelungene Ablösung vom therapeutischen Kontext.
- IPT hat sich in der empirischen Überprüfung als wirksam erwiesen.
- Das Verfahren ist ursprünglich für ambulante, leicht bis mittelschwer und unipolar depressive Patienten indiziert. Es gibt mittlerweile zahlreiche Modifikationen der IPT. U.a. liegt ein Behandlungskonzept für stationär behandlungsbedürftige Depressionen in Kombination mit Pharmakotherapie vor.

8. Familien- und Paartherapie

Almuth Massing, Günter Reich

Familien- und Paardynamik bei depressiven Störungen werden beschrieben, ebenso Indikationen und Kontraindikationen zur Einbeziehung von Partnern und Familien in die Behandlung. Anhand einer klinischen Typologie und von Fallbeispielen werden die therapeutischen Schritte erläutert.

Familien- und paardynamische Aspekte von Depressionen

Depressive Störungen sind vielfältig mit dynamischen Prozessen in Familien- und Paarbeziehungen verwoben. Krisen und Störungen in Familien und Partnerschaften können ein wesentlicher Auslöser depressiver Phasen oder auch deren Folge sein (Beach u. Finchham 1998). Gestörte Paarbeziehungen sind ein wesentlicher Risikofaktor für die Entwicklung von Depressionen, insbesondere bei Frauen (Halford u. Bouma 1997). Verlauf und Prognose depressiver Erkrankungen werden durch die Qualität von Familienbeziehungen und Partnerschaft erheblich mitbestimmt (Coyne 1988, Hahlweg 1997). Insgesamt gehen Depressionen mit einem Mangel an partnerschaftlicher Unterstützung, feindseligen Interaktionen und der Unfähigkeit einher, soziale Unterstützung effektiv zu gestalten und anzunehmen, zudem mit Störungen der Beziehungen zu den Ursprungsfamilien und Einschränkungen in den elterlichen Fähigkeiten. Letzteres kann erheblich zu dem Risiko der Kinder in diesen Familien beitragen, selbst psychiatrisch zu erkranken (Coyne et al. 1987, Haas u. Clarkin 1988). Die Interaktion mit einem depressiven Familienmitglied kann eine extrem deprimierende Erfahrung sein. Befriedigende familiäre und partnerschaftliche Beziehungen wirken protektiv gegen die Entwicklung von Depressionen.

Auch wenn depressive Erkrankungen multikausal verursacht sind und es keine Spezifität bestimmter familiendynamischer Prozesse hierfür gibt (Keitner et al. 1985), so finden sich doch immer wieder typische Muster in Familien depressiver Patienten, die man als „depressive Konstellation" (Reiter 1995) bezeichnen kann. Die Kenntnis dieser Muster, die sich z.T. auch in quantitativen Studien finden ließen, erleichtert es dem Kliniker, die jeweilige familiäre und Paardynamik besser zu verstehen und in der Behandlung angemessen zu berücksichtigen.

Bereits die Arbeitsgruppe um Frieda Fromm-Reichmann in der Chestnut Lodge Clinic beschrieb einige Auffälligkeiten von Familien manisch-depressiver Patienten (Cohen et al. 1954). Seither erweiterten andere Gruppen von Klinikern die hier gemachten Beobachtungen.

Diese Beschreibungen lassen sich folgendermaßen skizzieren: Die Familien Depressiver erscheinen als geschlossene „symbiotische" Systeme mit geringen außerfamiliären Einflüssen, starkem „Wir-Gefühl" und übermäßigen Verpflichtungen (Cohen et al. 1954, Davenport u. Adland 1988, Massing et al. 1994, Slipp 1984, Stierlin et al. 1986), wobei Starrheit und Stagnation in der familiären Entwicklung eintreten (Massing et al. 1994, Stierlin et al. 1986). Trauer und die Wahrnehmung von Gefühlen und Bedürfnissen ebenso wie aggressive Auseinandersetzungen werden in der Elterngeneration kontinuierlich verdrängt, verleugnet bzw. vermieden. Diese Abwehr wird von den Eltern auf die später Depressiven weitergegeben (Davenport u. Adland 1988).

Über die Generationen finden sich hohe Erwartungen an Konformität und Leistung. Die Familien erscheinen in starkem Maße auf Prestige und soziale Anerkennung hin orientiert. Dabei kommt es zu einer Verschiebung des geringen Selbstwertgefühls beider Elternteile auf die Kinder, insbesondere den später Depressiven. Dessen zentraler Auftrag ist es, die von den Eltern nicht realisierten Erfolgswünsche zu verwirklichen, gleichzeitig soll er eng an die Familie gebunden bleiben (Cohen et al. 1954, Slipp 1984, Stierlin et al. 1986, Davenport u. Adland 1988, Massing et al. 1999). Autonomieschritte sind mit Trennungsschuld verbunden. Massing et al. (1994) beschreiben aus mehrgenerationaler Perspektive den zentralen familiendynamischen Konflikt als Traditionskonflikt. Wesentlich hierbei ist ein oft über mehrere Generationen tradiertes Verlusterleben: Die Familie insgesamt bzw. der mütterliche oder väterliche Zweig hat einen Verlust erlitten, der sich auf ihren Status bezieht. Ihr ist etwas vorenthalten oder genommen worden, was ihr im eigenen Erleben rechtmäßig zusteht – Besitz, Titel, materielle oder soziale Möglichkeiten. Hierdurch ist die intrafamiliäre Bilanz von Verdienst und Vermächtnis erheblich gestört. In der Elterngeneration des Depressiven ist daher das Bestreben stark, Ansehen und Prestige zu gewinnen. Dies ist im Erleben des betreffenden Elternteils ein „Wiedergewinnen", eine Restitution. In der Familie gibt es also bereits in der Vorgeneration eine Vorstellung von Größe, von Grandiosität und gleichzeitig ein Gefühl von Verlust und Niederlage.

Aufgrund der widerprüchlichen Delegationen und aus Furcht vor Neid oder Entwertungen vonseiten der Eltern oder Geschwister entwickeln Depressive eine Tendenz, sich selbst Niederlagen beizubringen (Slipp 1984, Davenport u. Adland 1988, Massing et al. 1994). Depressive entwickeln ein „falsches Selbst", eine Tendenz, sich den – vermeintlichen – Erwartungen der Umwelt anzupassen, eine „pathologische Normalität" (Tellenbach 1974, nach Massing u. Reich 1980).

Insgesamt kommt es zu einer Stagnation in der familiären Entwicklung mit starren Rollenzuweisungen, die Stierlin u. Mitarbeiter (1986) als „restriktive Komplementarität" beschreiben. Die Väter erscheinen oft als „weich", „schwach" und „erfolglos", die Mütter als „hart", „ehrgeizig" und „stark". Die Kinder sind in einen symmetrischen Kampf zwischen den Eltern eingespannt. Alle Familienmitglieder können wesentliche Persönlichkeitsanteile nur begrenzt entwickeln. Die Familien folgen starren Alles-oder-Nichts-Mustern. Dabei herrscht ein nicht aufhebbar erscheinender Widerspruch: „Allein ist man nicht lebensfähig – aber lebendig kann man nur allein sein" (Stierlin et al. 1986). Auf dem Hintergrund der Einschränkung affektiver Äußerungen lautet eine weitere Familienregel: „Die Kontrolle zu verlieren, erlaubt sich kein Gesunder – aber wer sie verloren hat, ist krank und kann sich alles erlauben" (Weber et al. 1987).

Oft erscheint in der Partnerwahl eher ein soziales Schema als die individuelle Persönlichkeit entscheidend. Sie erfolgt nach einer Dichotomie von Stärke und Schwäche. Die Paarbeziehung wird als von Neid und Entwertungstendenzen geprägt beschrieben (Massing et al. 1994). Sie stellt sich als eine orale Kollusion dar, wobei ein Partner in der Rolle des sich aufopfernden und dominierenden Elternteiles ist, vom anderen als Über-Ich-Figur erlebt und insgesamt überschätzt wird. Der Depressive verbleibt in der regressiven Position (Jacobson 1971, Slipp 1984).

Auslösende Situationen für die Erkrankung sind oft Trennungs- oder Verlusterfahrungen, die den brüchigen Zusammenhalt der Familie und damit die fragile Ich-Struktur des Patienten gefährden. Oft sind es aber auch Situationen, die Veränderungen in einem positiven Sinne möglich machen, Aufstieg, Beförderung, Abschluss der Ausbildung oder des Studiums, die die Trennungsangst manifester werden lassen und gleichzeitig die Last der Ansprüche, Schuldgefühle und die Angst vor Neid und Entwertung (Massing et al. 1994, Weber et al. 1987). In Paarbeziehungen entstehen krankheitsauslösende Krisen häufig dadurch, dass ein Partner die Rolle des aktiven, versorgenden und unterstützenden Elternteils nicht mehr ausüben will oder der Depressive zunehmende Autonomieimpulse spürt.

Bei den dargestellten psychodynamischen und systemischen Charakterisierungen muss allerdings berücksichtigt werden, dass die beschriebenen Muster auch Folge der Erkrankung sein können. Zwischen Depressiven und Angehörigen entwickelt sich oft ein Kreislauf negativer Interaktion. Angehörige sind evtl. enttäuscht darüber, dass ihre Bemühungen auf wenig Resonanz stoßen, reagieren verärgert oder mit Rückzug. Depressive fühlen sich nun in ihren negativen Erwartungen bestätigt, während die Angehörigen wollen, dass sie sich „endlich zusammenreißen"(Coyne 1976). Die Erkrankungsphasen verlangen von den Familienmitgliedern oft die Neuorganisation elterlicher Aufgaben, von Verantwortung und Hierarchie. Hierdurch können Kinder und Jugendliche parentifiziert werden. Depression kann zudem das affektive Leben aller Familienmitglieder lähmen. Sie kann scham-, schuld- und angstbesetzt sein, sodass Patient und Familienmitglieder die Auseinandersetzung hierum tabuisieren. Diese Einschränkungen können Wachstum und Entwicklung der Familien behindern. Zugleich können Kohäsion, starke Grenzen und Kontinuität betont werden. Durch diese Prozesse kann dann das Bild übermäßiger Konformität, Rigidität und Erstarrung entstehen, besonders wenn affektive Erkrankungen über mehrere Generationen bestehen (Moltz 1993).

Kinder können im Verlauf der Depression eines Elternteils unter dessen Unerreichbarkeit und der Inkonsistenz in der Zuwendung leiden und erhebliche Schuldgefühle entwickeln. Häufig sind ihre Phantasien über mögliche Gründe für die Depression oder gar die Hospitalisierung eines Elternteils schlimmer als die Wirklichkeit (Davenport u. Adland 1988).

Indikationen zur Paar- und Familientherapie

In der Regel sollten die Angehörigen so früh wie möglich in den diagnostischen und therapeutischen Prozess einbezogen werden. Zudem ist in der familiendynamischen Perspektive nicht nur der identifizierte Patient das „Problem". Themen wie Verlust, Trennung und Individuation sind für die gesamte Familie bedeutsam, häufig über mehrere Generationen. Allgemein gilt, dass eine Indikation zur Familien- und Paartherapie immer dann vorliegt, wenn Interaktionsmuster in der Familie oder der Paarbeziehung wesentlich zur Entstehung und Aufrechterhaltung der Symptomatik und der ihr zugundeliegenden Konflikte beitragen oder wenn Familienmitglieder in starkem Maße von der Erkrankung betroffen sind. Dabei sind für Indikation und Kontraindikation bei depressiven Störungen besondere Aspekte zu beachten. Indikationsstellung ist zudem bei schwereren Störungen ein dynamischer Prozess, bei dem im Sinne der „sequenziellen Indikation" an verschiedenen Abschnitten des Behandlungsprozesses neu zu entscheiden ist.

Familiengespräche in der Anfangsphase dienen zunächst der Diagnostik. Das Kennenlernen des transaktionalen Feldes, in dem sich die Patienten bewegen, gibt wichtige Hinweise für die weitere Therapieplanung, z.B. für eine intensivere Paar- und Familientherapie. Zudem benötigen die Angehörigen Information über die Erkrankung, über mögliche Verläufe und die Behandlung, z.B. die Medikation und deren Wirkungen. Sie können wertvolle Informationen über die Entwicklung der Depression geben. Häufig werden familiäre oder Paarkonflikte aufgrund der starken Normalitäts- und Anpassungstendenz depressiver Patienten erst im Verlaufe einer gründlichen familientherapeutischen Anamnese deutlich, z.B. durch die Erarbeitung des Genogramms.

Die Einbeziehung der Familie oder des Partners ist im Einzelnen notwendig und hilfreich, wenn:

- autonome Entwicklungsschritte durch familiäre Bindungen, Delegationen und Loyalitätsverpflichtungen behindert werden, z.B. wenn Patienten in ihrer Rolle mit positiven oder negativen Attribuierungen fixiert erscheinen;
- relevante Informationen zum Verständnis der familiären Entwicklung fehlen;
- Parentifizierungen auf durchlässige Generationsgrenzen hinweisen;
- Ausstoßungsprozesse deutlich werden, durch die Familien ein Mitglied für ihre negativen Projektionen („Feindbild") benötigen;
- in der Anamnese Therapieabbrüche genannt werden. Diese können eine Beunruhigung der Familie signalisieren;
- sich Familien durch Einzeltherapie bedroht fühlen und deutlich „gegensteuern";
- Patienten aus anderen Kulturkreisen stammen, z.B. auch Aussiedlerfamilien mit ihren originären Kulturbedingungen;
- eine stationäre Aufnahme oder eine Entlassung aus dieser bevorsteht;
- bei einer Krisenintervention, z.B. bei suizidalen Handlungen, Ressourcen zu eruieren sind.

Oft wird übersehen, wie sehr Kinder durch Depressionen von Elternteilen betroffen sind. Häufig scheint davon ausgegangen zu werden, dass Kinder hiermit, auch mit Hospitalisierungen, schon „irgendwie fertig werden". Auch wenn sie die Gründe für das erfahrene Leid noch nicht voll verstehen, können sie in der Familientherapie über ihr Erleben sprechen und Unterstützung bei der Verarbeitung erfahren. Tabuisierungen und Geheimnisse können Depressionen unverständlich und bedrohlich machen.

Zuletzt besteht eine wesentliche Indikation für die Einbeziehung von Partnern und der Familie darin, die Effekte der Medikation einzuschätzen. Familienmitglieder bzw. Partner können hierzu wesentlich beitragen. Die Patienten selbst bemerken manchmal Schwankungen in ihrer Stimmung nicht bzw. nehmen Wut oder mangelnde Zuwendung nur beim Partner wahr. Ebenso wenig bemerken sie evtl. Veränderungen in ihrer Ausstrahlung durch Medikamente. Deren Einnahme kann als kränkend erlebt werden oder zum Zankapfel in den Beziehungen werden. All dies sollte in gemeinsamen Gesprächen geklärt werden.

Die bedeutendste Erfahrung, die Patienten und Angehörige in gemeinsamen Gesprächen machen können, ist, dass sie nicht allein sind. Familientherapie muss dabei immer die Balance dazwischen halten, vergangene Viktimisierungen der Patienten fair anzuerkennen und deren eigene Tendenzen, auszubeuten und zu viktimisieren, zu thematisieren. Dabei wird Depressiven auch durch das Stellen angemessener Anforderungen in ihrem Beziehungssystem geholfen, wieder ein Gefühl von Bezogenheit und Selbstwert zu erlangen. Dies mindert die Gefahr suizidaler Krisen.

Kontraindikationen

Der Beginn einer Behandlung von Depressiven als Paar- oder Familientherapie erscheint dann als kontraindiziert, wenn der Depressive zunächst stabilisiert werden muss, um eine Begegnung mit den Angehörigen zu ertragen und zu verarbeiten, z.B. bei Suizidalität, natürlich auch in psychotischen Phasen. Wenn distanzierte, anschuldigende, beschämende oder entwertende Interaktionen zu erwarten sind, sind Einzelgespräche bzw. getrennte Gespräche vorzuziehen.

Treten diese Interaktionen in gemeinsamen Sitzungen auf, sollten sie bearbeitet werden, bevor inhaltlich weitergearbeitet wird. Dies muss u.U. in getrennten Gesprächen geschehen. Einzelgespräche sind auch dann vorzuziehen, wenn der Patient selbst Familien- oder Paargespräche lediglich als Anklagetribunal gegen die Angehörigen benutzen möchte oder passive Erwartungen überwiegen („Nur wenn meine Familie/mein Partner sich verändert, kann ich mich verändern."). Zudem kann Paar- und Familientherapie bei drohender Destabilisierung von Angehörigen ohne ausreichende Versorgungsmöglichkeit kontraindiziert sein.

Die familien- und paartherapeutische Behandlung

Aus der klinischen Praxis heraus erscheint es als sinnvoll, 3 Typen von Familien mit depressiven Index-Patienten zu unterscheiden, bei denen sich im Sinne der sequenziellen Indikation unterschiedliche Schrittfolgen in der Behandlung bewährt haben.

Depression bei engen Bindungen

Hier bestehen sowohl zwischen Depressiven und ihren Ursprungsfamilien als auch in der Kernfamilie enge Bindungen. Der Patient reguliert die Konflikte in seiner Ursprungsfamilie und versucht den hohen familiären Über-Ich-Forderungen nachzukommen, um akzeptiert und geliebt zu sein. Das vorherrschende Transaktionsmuster ist eine restriktive Komplementarität. Einander ausschließende Realitätskonstruktionen koexistieren nebeneinander. Sie lassen dem Einzelnen nur eingeschränkte Wahlmöglichkeiten nach dem Prinzip „Entweder-oder". Symptomverschiebungen auf andere Familienmitglieder sind nicht selten zu beobachten. Die Familien zeichnen sich durch starken Zusammenhalt aus. Es überwiegt eine „Familien-Wir-Struktur". Hinter „Ich-Aussagen" verbergen sich „Wir- und „Man-Aussagen". Partnerwahlen erfolgen nach „symbiotischen" Abhängigkeitsmustern.

Überwiegt das skizzierte Muster, sollte(n)

- die Therapie mit der gegenwärtigen Kernfamilie oder dem Partner beginnen;
- im zweiten Schritt die Herkunftsfamilie einbezogen werden;
- die Ergebnisse dieser Gespräche in der Gegenwartsfamilie durchgearbeitet oder zusammengefasst werden, sodass die mehrgenerationalen Übertragungen und Bindungen deutlich werden;
- anschließend eine Einzelbehandlung des Indexpatienten, evtl. auch von Angehörigen, angeschlossen oder fortgeführt werden.

Fallbeispiel

1. Phase: Die Gegenwartsfamilie

Die 36-jährige Frau K. leidet unter anhaltenden Depressionen mit Selbstwertzweifeln, verstärkten Schuldgefühlen ihrem Mann und den beiden Kindern gegenüber: „Ich kann keinem mehr Liebe geben". In der ersten familientherapeutischen Sitzung werden unlösbar erscheinende Konflikte deutlich: Die junge Familie postulierte ganz bewusst ein Gleichheitsprinzip von Mann und Frau. Hierfür waren „vernünftige" und „ausdiskutierte" Regeln etabliert mit Emanzipationsvorstellungen und eigenständigen Positionen. Die Patientin versuchte Statusprobleme mit ihrem Mann, ihre Mutter- und Ehefraurolle, Berufstätigkeit und Profilierungswünsche in Einklang zu bringen mit traditionellen Werten ihrer Mutter, die bei ihnen im Haus wohnte. Gleichermaßen hatte sich der Ehemann mit seinen guten Vorsätzen für eine gerechtere Elternrollen- und Arbeitsaufteilung übernommen: „Mit einer Küchenschürze in den Garten gehen, das schaffe ich noch nicht", meint Herr K. Die depressive Erkrankung von Frau K. erscheint auf den ersten Blick für alle eine „Lösungsmöglichkeit". Sie war nun wieder die Hilflose, Abhängige, wenn auch Kranke, der Ehemann der Starke, Besorgte. Auch der 11-jährige Sohn meinte: „Wenn Mama so Stress hat, helfe ich ihr, daflmit sie sich ausruhen kann." Von der Mutter der Patientin wird berichtet, sie sehe die Ursache der Depressionen der Tochter darin, dass diese sich nicht den „natürlichen" Aufgaben der Frau stelle: „Schuster, bleib bei deinen Leisten".

Im diagnostischen Erstgespräch mit der Familie fiel eine eingeschränkte Kommunikation nach folgendem Muster auf: „Wir können (dürfen) ohne den Anderen nicht leben". Dies widersprach grundlegend den Emanzipationsvorstellungen von beiden Partnern. Postulierte „Ich-Aussagen" verbargen den Charakter zugrundeliegender „Wir-" oder „Man-Aussagen". Die oben genannten Regeln waren zur gegenseitigen Kontrolle geronnen. Hinter einer Fassade von Normalität und Besorgnis verbargen sich tiefgründige gegenseitige Feindseligkeiten. Auf kleinste eigenständige Schritte erfolgte Gegenwehr. Die Partnerwahl basierte auf Versorgungswünschen und zeichnete sich jetzt durch einen untergründig symmetrischen Kampf der Partner aus.

Der Beginn der Gespräche mit der Gegenwartsfamilie ist hier insofern von zentraler Bedeutung, als auch die Kinder in ihrer parentifizierten Rolle mit in den Blick kommen. Sie sind in den Kampf mit eingespannt, um das Arrangement zu schützen. Frau K. versprach sich z.B. häufiger und verwechselte ihre Kinder mit ihren Eltern: „Ach, meinen Eltern, äh Kindern habe ich noch gar nicht gesagt, warum wir hier sind."

In den familientherapeutischen Sitzungen mit der Gegenwartsfamilie sollten diese Beobachtungen offen gelegt werden. Hierbei hat es sich als günstig erwiesen, zugleich eine psychogenetische Perspektive einzuführen, die nach den Entwicklungsbedingungen für jeden Einzelnen fragt. Hierdurch relativieren sich Schuld- und Versagensgefühle sowie masochistische Anklagen. Ansprüche – paradigmatisch in der Aussage eines Familienmitglieds formuliert: „Man muss sich nur zusammenreißen, jeder hat doch einen Willen" – können auf tatsächliche Ressourcen eines Jeden hin revidiert werden. In diesen familientherapeutischen Sitzungen kann es vorübergehend zu Symptomverschiebungen auf ein anderes Familienmitglied kommen – oftmals auf das nach außen am stärksten erscheinende. Das Eintreten einer Rollenumkehr zeigt an, dass die bisherigen Muster, auf denen das Familiengleichgewicht aufgebaut war, zugunsten eines flexibleren vorübergehend erschüttert werden.

2. Phase: Die Einbeziehung der Herkunftsfamilie
In den Mehrgenerationensitzungen geht es darum, zu unverarbeiteten Ereignissen in der Familiengeschichte Zugang zu bekommen, sodass sie gemeinsam bearbeitet werden können.
In der oben genannten Familie ging es bei beiden Partnern um mehrgenerational tradiertes Verlusterleben: um Zusammenbruch von Lebenshoffnungen durch Krieg mit gefallenen Großvätern und Brüdern, um Heimatverlust, um die Nachkriegszeit und Folgen von Kriegsversehrtheit, um Totgeburt und Suizid.
Exemplarisch sei die Seite von Frau K. beleuchtet. Individuelles Wachstum musste zugunsten von Bindung, Konformität und Leistung zurückgestellt werden. In einer Mehrgenerationensitzung entwickelte sich folgende Szene zwischen Patientin und Mutter: „Mutter, du hast gesagt, als ich 5 Jahre war, wenn ich unartig bin, musst du sterben." Die Mutter bestätigt, dass sie das wohl vor 30 Jahren gesagt habe. Nicht die Aussage an sich, sondern das anhaltend freudlose, depressive Klima inszeniert sich zwischen Mutter und Tochter. Die Patientin: „Wenn es meiner Mutter schlecht geht, geht es mir auch schlecht".
Über den Bruder, der sich suizidiert hatte, wurde geäußert: „Er wollte weggehen, wollte einen anderen Beruf lernen, durfte vielleicht nicht weggehen, darum hat er sich erschossen." In den Gesprächen lockerte sich die erstarrte und verdrängte Trauer. Die Schuld- und Schamgefühle und Selbstvorwürfe milderten sich allmählich. Ebenso verringerte sich die Angst der Mutter, dass die Tochter „so etwas" wie ihr Sohn auch tun könnte. Im Hinblick auf die Depressionen der Tochter wurden zwei Aspekte wesentlich: Sie musste einerseits Mutter für ihre Mutter sein, so wie auch schon ihre eigenen Söhne für sie Elternschaft übernehmen mussten. Auf ihr ruhten mehrgenerationale Vermächtnisse und Wiedergutmachungsansprüche. Zum anderen war in der Depression jedoch nicht nur Trauer und Überbürdung gebunden, sondern gleichermaßen unbewusste Racheimpulse und Wut, denn die eigene Mutter wurde hierdurch ständig mit Suiziddrohungen konfrontiert. Die ursprüngliche Äußerung der Mutter hatte sich quasi umgekehrt in: „Wenn die Mutter ‚unartig' ist, werde ich mich umbringen". Das emotionale Erkennen dieser Zusammenhänge veränderte grundlegend die Familienmitglieder.

3. Phase: Durcharbeiten in der Gegenwartsfamilie
Hier geht es um den Austausch von emotionalen Erkenntnissen. Ziel ist die Rücknahme der Projektionen auf den Partner. Wiedergutmachungsansprüche werden so bearbeitet, dass für die jeweils eigenen Entwicklungen Verantwortung übernommen werden kann. Das Verfolgen eigener Interessen ist jetzt nicht mehr gegen den Anderen gerichtet. Vor allem werden die Kinder für die Versorgungsansprüche der Eltern nicht weiter „ausgebeutet".

4. Phase: Einzeltherapie
In der geschilderten Familie entschloss sich die Patientin jetzt zu einer Einzeltherapie.
Diese ist in der Regel fruchtbar, um jetzt die behindernden internalisierten Konflikte und die hieraus resultierenden Widerstände gegen eine weitere Entwicklung zu bearbeiten, nachdem die von den intrafamiliären oder partnerschaftlichen Bindungen ausgehenden bearbeitet sind.

Depression bei Trennungsdynamik

In der Ursprungsfamilie des Depressiven finden sich starke Polarisierungen, insbesondere zwischen den Eltern. Die Rollenverteilung in diesen Familien ist ebenfalls restriktiv komplementär. Die sich ausschließenden Realitätskonstruktionen sind jedoch nicht mehr verhandelbar, sondern starr. Sie werden personifiziert. Es gibt nur die eine Seite gegen die andere. Die Ambivalenzspannung wird durch Trennungen oder Ausstoßungen „gelöst". Der spätere Patient scheitert mit seiner Aufgabe, die Familie zu „kitten". In den eigenen Beziehungen finden sich Partnerwechsel, die auf fehlende Auseinandersetzungs- und Trauerarbeit hinweisen. Kinder werden als Bindeglieder gebraucht oder gar aus Reparationsgründen gezeugt. Dieses Muster findet sich manchmal bei „Patchworkfamilien". Es ist dann nicht Folge eines gesellschaftlichen Transformationsprozesses mit Auflösung traditioneller Strukturen, sondern Ausdruck eines rigiden unbewussten mehrgenerationalen Beziehungsverhaltens.

Bei einem Überwiegen von Trennungs- oder Ausstoßungsdynamik sollte

- zunächst mit einer Einzeltherapie begonnen werden, bis ein verlässliches Arbeitsbündnis entstanden ist; hierbei ist die Psychogenese des Patienten zu erarbeiten;
- hiernach Familientherapie mit der Herkunftsfamilie durchgeführt werden, um die Delegationsaufgaben (Idealselbst oder Über-Ich) zu eruieren. Bei diesen Konstellationen geht der Wunsch nach Familientherapie oftmals von der Herkunftsfamilie aus, und zwar dann, wenn der Patient vorsichtige Ablösungsschritte wagt und nicht mehr als „Kitt" der brüchigen Beziehungen zur Verfügung steht;
- anschließend weiterhin Einzeltherapie durchgeführt werden, um die verinnerlichten Konfliktmuster, Projektionen und Bindungsängste zu bearbeiten. Hierin können Phasen von gemeinsamer Therapie mit gegenwärtigen Partnern oder Kindern enthalten sein.

Fallbeispiel

1. Phase: Einzeltherapie
Der 34-jährige Herr B. wurde nach einem Suizidversuch überwiesen: Er litt unter Gefühlen von Versagen, Schuldgefühlen, Wertlosigkeit. Seine bisherigen Beziehungen waren gescheitert: Seine Ehefrau, auch seine zwei weiteren Partnerinnen haben ihn verlassen. Aus den Partnerschaften gab es drei Kinder. Er wisse nicht, warum das so sei. Er habe sich immer Mühe gegeben, sei ein Familienmensch, könne sich anpassen, sei es in einer Ehe oder mit der letzten Partnerin in einer Wohngemeinschaft. Ja, Kinder gehörten dazu, sie gäben viel. Bei näherer Betrachtung fällt auf, daflss der Patient die Beziehungen nach „symbiotischen Überlebensmustern" (Slipp 1984) konstellierte. Depressive Verstimmungen begleiteten ihn seit Jahren. Eine Behandlung hielt er für unnötig, weil diese immer plötzlich verschwanden, wenn er sich „verliebte". Es stabilisierte ihn, wenn er den Frauen, die selber in Krisen waren, helfen konnte, sodass sie durch ihn „auflebten". Hieraus zog er ein Gefühl von „Berechtigung". Auf die raschen Schwangerschaften und Geburten der Kinder reagierte er mit depressiven Verstimmungen. Er klagte, dass sich die Partnerinnen zurückzogen, wenn es ihm schlecht ging. Sie seien vorwurfsvoll geworden und vernachlässigten ihn. Es kam zu raschen Trennungen; bei der letzten sah er nur noch Selbstmord als Lösung. Herr B. hinterließ einen Abschiedsbrief: „...weil ich euch nicht glücklich machen konnte, gebe ich euch den Weg frei ..." Er schwankte zwischen feindseligen Vorwürfen „gegen alle Frauen" und unterwürfigen Selbstanklagen. Entprechend spürte die Therapeutin in der Ge-

genübertragung die Forderung: „Entweder du liebst mich oder ich breche die Beziehung/mein Leben ab". Das starre Prinzip des „Entweder-oder/gut oder böse" schien nicht mehr verhandelbar. Es zog sich auch schon vor dem Suizidversuch durch sein Leben.

Alle Partnerschaften verliefen nach dem gleichem Muster : Trennung, „Verlieben" in eine Frau, die selber in einer Krise war, Schwangerschaft, Geburt, Enttäuschung seinerseits und Depressionen. Diese setzten die Trennungsdynamik und ein vorübergehendes Zurückkehren zu seiner Mutter in Gang. Von hier aus fand erneutes „Verlieben" statt. Die dem Wiederholungszwang folgende unbewusste Dynamik und zugrundeliegende psychogenetische Früherfahrungen wurden dem Patienten allmählich emotional erfahrbar. Sie zogen sich ebenfalls durch sein Berufsleben. Hier verbargen sie sich hinter Ideologisierungen. Z.B. rationalisierte er seinen graduellen Abstieg aus einer Arztfamilie zum Sozialarbeiter. Er betonte seine tiefe Berufung zum Engagement für Nichtsesshafte und Personen aus der Drogenszene, die er sogar mit nach Hause nahm. Auch diese „Ausgestoßenen" idealisierte er identifikatorisch. Hierdurch stieß er bei seinen Kollegen auf heftige Abwehr. Sie beklagten seine arrogante und missionarische Art und reagierten schadenfroh, wenn seine Klienten wegliefen oder ihn bestahlen. Der Patient war dann enttäuscht, verkehrte seine Wut in Güte und beklagte seine Inkompetenz. Oder er beschimpfte sie als „übles Pack" und ließ sie verächtlich fallen, um sich in erneuten selbstgerechten Anstrengungen „neue Partner auf der Straße zu suchen". Die Motive hierfür wurden in der Erarbeitung seiner Genese allmählich deutlicher. Er wurde von Geburt an mit Reparationsaufgaben für seine Eltern überfrachtet. Er versuchte unbewusst, die brüchige Ehe der Eltern zu kitten, anfangs durch Vermittlung, in der Adoleszenz durch Delinquenz, z.B. Diebstähle und nächtliches Beschädigen von Autos. Die Scheidung der Eltern in seinem 18. Lebensjahr erlebte er als massive narziflsstische Kränkung, als tiefen Einbruch in sein fragiles Selbst. Depressionen mit Anklagen gegen sein nicht erfolgreiches Selbst folgten hierauf. Das Verlieben – quasi als eine Verkehrung ins Gegenteil und eine hypomanische Verleugnung- muss als Reparationsversuch seiner zutiefst beschädigten Selbstachtung angesehen werden. Auf diesem Muster basierten seine Partnerschaften und seine Berufswahl.

Als der Patient erstmals in seinem Leben einen Urlaub mit einem neu gewonnenen Freund unternehmen wollte, erkrankte seine Mutter. Er brach nicht nur dieses Vorhaben ab, sondern wollte auch die Therapie aufgeben. Schuldgefühle und Ängste belebten seine kindlichen Verpflichtungs- und Lebensberechtigungsgefühle wieder. Es fiel auf, dass er sich weder erkundigte, woran die Mutter erkrankt war, noch sich mit seinen Geschwistern absprach. Seine frühkindliche Situation reinszenierte sich. Er erlebte aber auch erstmals heftigste Wut wegen der Ausbeutungen und zugleich Angst, sich mit den realen Eltern auseinander zu setzen.

2. Phase: Durcharbeiten in der Herkunftsfamilie

Eklatant deutlich wurde in der Vorbereitung der Gespräche mit der Ursprungsfamilie, wie diese die depressive Episode von Herrn B. nach innen und außen tabuisierte und ihren Zusammenhalt idealisierte, während sich das Familienklima durch offenkundige, z.T. zynische Abweisung auszeichnete. So äußflerte ein Bruder: „Das nächste Mal springst du aber aus größerer Höhe!" Deutlich wurde, dass sich auch die Familienmitglieder erschöpft fühlten, und es war zunächst nicht mehr klar auszumachen, inwieweit die Depression Folge von Beziehungsstörungen war und inwieweit die Beziehungsressourcen durch die Depressionen erschöpft waren.

Herr B. hatte sich einerseits mit einer Mutter auseinander zu setzen, die ihn durch Krankheiten zu binden versuchte. Er wurde zum „Sozial-Arbeiter" für sie und verzichtete auf eine Entwicklung seiner Begabungen. Zu unterscheiden war, wann die Mutter wirklich Hilfe brauchte, und wann sie ihre Krankheiten als Drohung einsetzte. Durch Letzteres war außer Acht geraten, dafl die Mutter z.T. wirklich hilfsbedürftig war. Die Fürsorge um sie war auf alle Geschwister zu verteilen. Das bedeutete nicht, die Mutter abwechselnd zu pflegen, sondern für sie eine verlässliche Pflege zu suchen.

Das Familiengespräch mit dem Vater verlief offen konflikthaft. Dieser verachtete alles „Schwache", wertete den Beruf des Patienten als „karitative Macke" ab und beschimpfte ihn zugleich als „Egoisten". Hiermit hatte er ihn schon als Kind in Schach gehalten. Jetzt aber fragte ihn der Sohn: „Hast du das ernst gemeint, wenn du auf Familienfesten zum Gelächter aller erzähltest, dassfl ich gezeugt wurde, weil dann euer Ehestreit gerechter auf uns vier Geschwister zu verteilen wäre?" Als der Vater dieses mit Gelächter quittierte, explodierte der Patient. Es kam zu einer heftigen Auseinandersetzung. Dabei brach es aus dem Patienten heraus, wie schlimm es für ihn immer gewesen sei, als „Waschlappen" durchs Leben zu gehen, worauf der Vater erwiderte: „Ja, meinst du denn, mir ist es anders ergangen?"

Wenn es in der Familientherapie zu heftigen Auseinandersetzungen kommt, gilt es, diese gemeinsam zu ertragen. Zu rasches Unterbinden oder Ablenken, z.B. auf die Geschichte des Vaters, würde wiederum erhärten, dass Auseinandersetzungen „böse" sind, und nicht, dass auch heftige Konflikte nicht dazu führen müssen, dass die Familie auseinander bricht. In unserem Falle war das Ergebnis dieser Stunde, dass sich Vater und Sohn erstmals als zwei erwachsene starke Männer gegenüberstanden. Es erfolgten weitere Gespräche.

Insgesamt erbrachten die Familiensitzungen nach den Einzelgesprächen Fortschritte, da die rückwärtigen Bindungsmuster mit den Personen der Genese betrachtet und z.T. relativiert werden konnten. Dies macht in der Arbeit mit dem Patienten einfacher, anhaltende Ressentiments oder Ideologisierungen aufzulösen.

3. Phase: Fortführung der Einzelbehandlung

Hier wurden nun die gegenwärtigen Beziehungen des Patienten zu seinen Kindern, seinen Arbeitskolleginnen und -kollegen sowie zu Freundinnen und Freunden thematisiert, insbesondere seine Tendenzen, sich schwach und hilfsbedürftig erscheinende Partnerinnen zu suchen, von denen er sich dann unversorgt fühlte und enttäuscht abwandte. Hierbei wurden auch Gespräche mit seinen ehemaligen Partnerinnen und Kindern durchgeführt, um den weiteren Umgang zu besprechen. Dies führte zu einer intensiven Auseinandersetzung mit seiner Vaterschaft.

Auch Arbeitsstörungen wurden sichtbar, insbesondere eine Tendenz, fast fertig gestellte Arbeiten nicht abzuschließen und sich hiermit Schwierigkeiten zu machen, weil unbewusster Neid von den Geschwistern gefürchtet wurde und er seinem verurteilenden (väterlichen) Über-Ich unbewusst Recht geben wollte. Diese und andere Züge von Selbst-Sabotage stellten immer wieder ein großes Hindernis für das Voranschreiten der analytischen Therapie dar.

Depression bei ethnisch-kulturellen Loyalitätskonflikten

Hierunter fallen Familien, deren Grundproblematik in einem Konflikt um die Integration in unseren Kulturkreis besteht, z.B. Aussiedlerfamilien, Familien ausländischer Arbeitnehmer und von anerkannten oder jahrelang auf ihr Verfahren wartenden Asylbewerbern. Diese Familien zeichnen sich durch kulturell persistiernde „Wir-Strukturen" aus. Die Gruppe, ihre Zugehörigkeit zu einer bestimmten Ethnie und Religion, ihre gemeinsamen Werte und Regeln bestimmen das Zusammenleben. Bindungen und Zusammenhalt sind entsprechend diesen Werten hoch. Die Depression eines Familienmitglieds zeigt, dass die zu leistende Integration in eine Kultur mit überwiegenden „Ich-Strukturen" nicht gelingt und tief greifende Loyalitätskonflikte, ein Gefühl, nirgends dazuzugehören, und eine tiefe Angst, aus ihrer ursprünglichen Kultur ausgestoßen zu werden, erlebt werden. Der Konflikt zwischen den kulturellen Zugehörigkeiten kann durch vordergründige Überanpassung an die neue Umgebung oder durch Abkapselung gelöst werden. Nicht selten findet sich in Teilbereichen (z.B. im Beruf) die eine, in anderen die andere Lösung, indem z.B. Familienmitglieder die Sprache des Einwanderungslandes nicht erlernen. Oft tritt die Symptomatik erst in der zweiten oder dritten Generation auf.

Bei Depressionen mit dem skizzierten Hintergrund sollten die Familien und Partner so früh wie möglich in die Behandlung einbezogen werden, um die kulturellen Besonderheiten, die Loyalitätsbindungen und die Umstände der Migration sowie hierbei wirksame Traumatisierungen einschätzen zu können.

Fallbeispiel

1. Phase: Stationäre Behandlung
Frau M., eine junge Afghanin, wurde wegen schwerer Depressionen stationär behandelt. Diese waren kurz nach ihrer Anerkennung als Asylbewerberin aufgetreten. Eine betreuende Sozialarbeiterin hatte sie zunächst beim sozialpsychiatrischen Dienst vorgestellt, der wegen der tiefen Bedrücktheit und Zurückgenommenheit von Frau M. auf stationäre Aufnahme drängte. Die ebenfalls in Deutschland in einer entfernten Stadt lebenden Brüder besuchten sie nur selten.

2. Phase: Die Einbeziehung der Familie
Das Familiengespräch mit den drei Brüdern zeichnete sich durch äußerste Feindseligkeit dem Therapeuten und vor allem Frau M. gegenüber aus. Nachdem die Hintergründe der Asylanträge thematisiert werden konnten, forderte der älteste Bruder als Familienoberhaupt, dass die Schwester wieder nach Afghanistan zurückkehren sollte. Es sei ihre Aufgabe, die Eltern zu versorgen und dort einen Mann zu heiraten, der den Familienbetrieb aufrechterhalten könne. Die Brüder sahen die Schwester nicht in dem Maße als lebensbedroht und verfolgt an, wie sie es als Männer seien. Es wurde deutlich, dass alle Geschwister unter heftigen Gewissensnöten litten, die Heimat, die Eltern und auch ihre Kameraden, die im Widerstand seien, „verraten" zu haben. Während die realen Verfolgungserlebnisse bei den Brüdern zwar für Über-Ich-Entlastungen zu sorgen schien, projizierten sie eigene Gefühle der Loyalitätsverletzung auf die Schwester. Sie sei nach Deutschland gekommen, weil sie hier bequemer leben könne, gar zur Universität wolle. Die Brüder hatten die Schwester quasi ausgestoßflen, indem sie sie nicht in ihrer Nähe wohnen lassen wollten und den Kontakt reduzierten.
Das Auftreten der Depression zum Zeitpunkt der Anerkennung als Asylbewerberin wies daraufhin, dass Frau M. einen unlösbaren Konflikt zwischen individuellen Wünschen und traditionellen Loyalitäts- und Delegationsverpflichtungen empfand.

3. Phase: Einbeziehung des weiteren sozialen Beziehungsnetzes
Schließlich konnten sich die Patientin und ihre Brüder gemeinsam mit den Therapeuten und der Sozialarbeiterin auf den Kompromiss einigen, dass die Patientin zu der Familie einer ebenfalls in Deutschland lebenden Schwester des Vaters zog. Diese war auch in die Suche nach einer Lösung einbezogen worden. Sie sollte diese Tante unterstützen, gleichzeitig einen Sprach- und einen Computerkurs besuchen. Danach sollte weiter geplant werden.

Synopsis

- Depressive Störungen sind eng mit konflikthaften Paar- und Familieninteraktionen verbunden. Sie können durch diese bedingt sein oder zu diesen beitragen.
- Eine Spezifität bestimmter familien- und paardynamischer Muster für depressive Störungen konnte nicht nachgewiesen werden.
- Von Klinikern werden oft über mehrere Generationen sich entwickelnde enge, „symbiotische“ Bindungen mit erheblichen Trennungsängsten („Wir-Struktur“), eine ausgeprägte Normorientierung, eine Verschiebung unerfüllter Erfolgswünsche von den Eltern auf die depressive Person, verdeckte Neidaffekte sowie eine Einengung des affektiven Erlebens in diesen Familien beschrieben. Erfolg und Autonomie sind schuldbesetzt, werden vermieden und können auslösend für die Erkrankung sein.
- In der Paarbeziehung befindet sich der nicht-depressive Partner oft in der mächtigen, gratifizierenden und versorgenden Rolle. Die depressive Person verbleibt in der regressiven Position. Krisen entstehen, wenn der Partner die versorgende Rolle verweigert und/oder der Depressive Verselbstständigungsimpulse entwikkelt.
- Die Einbeziehung von Partnern und Familien in die Behandlung Depressiver erscheint immer dann indiziert, wenn die Symptomatik durch familiäre Konflikte bedingt oder aufrechterhalten wird, die Angehörigen durch die Symptomatik stark betroffen sind oder sich durch eine Einzelbehandlung bedroht fühlen.
- Kontraindiziert sind Paar- und Familientherapie bei mangelnder Stabilisierung des Patienten.
- Familien- und Paartherapie bei Depressionen folgt den klinischen Unterschieden in der Familiendynamik. Dabei hat es sich bewährt, bei hauptsächlichem Vorliegen einer Bindungsdynamik, einer Trennungsdynamik und von ethnisch-kulturellen Loyalitätskonflikten unterschiedlich vorzugehen.

9. Therapeutische Hilfen bei der Sinnfindung

Birgit Hofmann, Nicolas Hoffmann

Zunächst wird auf das Erleben von Sinnlosigkeit im Rahmen einer Depression und einige prädisponierende Bedingungen eingegangen. Danach werden gestaffelte therapeutische Hilfestellungen zur Sinnfindung vorgestellt und anhand eines Beispiels illustriert.

Unordnung und das Erleben der Sinnlosigkeit

Die psychologische Forschung der letzten Jahre hat gezeigt, dass kritische Lebensereignisse sich besonders dann depressiogen auswirken, wenn sie in starkem Maße mit zentralen Aspekten des Weltbildes des Betroffenen inkonsistent sind (Filipp 1995). Durch die spezifische Persönlichkeitsorganisation werden Bereiche bestimmt, in denen die Verletzbarkeit des Individuums besonders groß sind; wird es an einer dieser Stellen empfindlich getroffen, so kann sein ganzes inneres Gebäude zusammenstürzen.

Die kurze Zeit zwischen Geburt und Tod vermag der Mensch nur dann einigermaßen anständig zu überbrücken, wenn er sich mit einem dichten Netzwerk von Hilfskonstruktionen absichert: Seine Vergangenheit war keine Aneinanderreihung von Zufällen, sondern eine zielgerichtete Entwicklung, *gerade jetzt* ist er an einer Stelle angelangt, an der die entscheidenden Weichen gestellt werden für die Zukunft, die dann endlich die Realisierung seiner wichtigsten Pläne bringen wird. So viel Bedeutsamkeit *verpflichtet* geradezu die Welt mitzuspielen, sich dem Sinn, den er den einzelnen Episoden seines Lebens verleiht, zu beugen. Tut sie es an einer kritischen Stelle nicht, so ist in der Regel ein starkes Gefühl des Schmerzes, der Enttäuschung oder der Trauer die Folge. Nun hat zweifellos das Leben den Menschen dazu erzogen, nicht übermäßig lang bei Verlusten oder Enttäuschungen zu verweilen. Die schmerzhaften Ereignisse lassen in dem Maße nach, wie er in der Lage ist, durch eigene Anstrengungen, mittels aktiven Eingreifens in seine Lebenssituation oder durch Umstellung seiner inneren Konzepte, eine für ihn tragfähige Ordnung wiederherzustellen. Bei diesem Verlauf, um mit Freud zu sprechen, ist seine Welt zeitweilig leer, aber der Schaden erwies sich als reparabel und sein inneres Gefüge blieb im Wesentlichen intakt.

Aber es gibt auch einen anderen Verlauf. Bei einem bestimmten Persönlichkeitstyp (Tellenbach spricht vom „Typus Melancholicus“ und Psychologen, wie Seligman und Beck, versuchen eine Charakterisierung mit Hilfe der modernen kognitiven Psychologie) kann eine innere Kettenreaktion stattfinden. Wenn ein Stressor, wie Liebes- oder Statusverlust, eine gewisse kritische Bedeutsamkeit erreicht, vor allem deshalb, weil das Individuum an der Stelle besonders empfindlich ist, dann gerät das gesamte Weltbild ins Wanken und innere Unordnung breitet sich aus.

Zu einem solchen Verlauf scheinen eine Reihe von frühen Lebensbedingungen zu prädisponieren. Bei depressiven Personen können wir feststellen, dass im Elternhaus während der frühen Kindheit wichtige Geborgenheitserfahrungen fehlten, wie Verlässlichkeit, eine allgemeine bejahende Haltung der Eltern zum Wert des Lebens und Gelassenheit im Umgang mit Problemen und Schwierigkeiten. Damit erhöht sich die Wahrscheinlichkeit, dass negative Ereignisse in den späteren Lebensjahren als außerordentlich belastend und lebensbedrohlich empfunden werden. Zum Zweiten wurden im Elternhaus die Wertschätzung der Patienten nicht selten von der Erfüllung fremder Standards und hoher Normen abhängig gemacht. Sie übernehmen auch im Erwachsenenalter oft ungeprüft fremde Ziele und verpflichten sich dafür auch um den Preis einer Frustration eigener Bedürfnisse. Sie machen letztlich ihren Selbstwert abhängig von der Anerkennung, die ihnen durch die Erfüllung fremder Ziele und Bedürfnisse zuteil wird. Dadurch wird verständlich, dass sie durch den Wegfall von fremder Anerkennung, etwa beim Verlust wichtiger Personen, depressionsgefährdeter sind, als wenn sie in ihrem Leben eigene Bedürfnisse nach Autonomie verfolgt und den damit verbundenen Selbstwert verwirklicht hätten. Autonome Menschen sind eher in der Lage zu verzichten und bei Verlusten, Kränkungen und Belastungen eigene Ziele und Motive wechseln. Abhängige können diese Leistung schwerer erbringen: Sie „kleben fest" an Personen und Situationen, an die ihre starren Motive nach Fremdanerkennung gekoppelt sind (s. auch Kap. 4).

Auf die Art wird durch Verlust und Enttäuschung nicht nur ein schmerzhaftes Gefühl des Mangels hervorgerufen – die Ordnung, in der man die Dinge so zusammengefügt hat, dass das Leben als ein kohärentes Ganzes anzusehen ist, löst sich auf.

Der Alltag besteht seit eh und je aus einem Konglomerat von Verrichtungen und Gesten, von denen die meisten, für sich allein gesehen, trivial, nichts sagend und dabei meist noch aufwändig sind. Wenn nun durch Lebensepisoden, wie dem Verlust eines geliebten Menschen, einem Fehlschlag bei beruflichen Ambitionen usw., die tragenden Pfeiler der Motivations- und Befriedigungssysteme wegfallen, so treten die Einzelelemente des normalen Tagesablaufs aus ihrer Ordnung und ihre Nichtigkeit schreit einem ins Gesicht. Zum Leid aufgrund der Verschlechterung der Lebensbedingungen kommt dann die Belastung durch die alltäglichen Plackereien und die Kräfte schwinden immer mehr.

Die betreffende Person fühlt sich nun leer in einer leeren Welt. Es gibt noch ganz wenig Anziehungspunkte, wenn überhaupt, aber viele ärgerliche, bedrohliche oder gar ekelige Abstoßungspunkte („Es ist alles zu viel", „Das bedeutet mir nichts mehr", „Es ist alles enttäuschend und sinnlos"). Der Zugang zu den eigenen Bedürfnissen und positiven Werten ist herabgesetzt. Handeln an sich wird dann zu einer sinnlosen Zumutung und darüber hinaus noch zu einer, die kaum zu bewältigen ist.

Sinn ist immer auf die Zukunft gerichtet, man strebt nach etwas und wird beherrscht von Zielen, Sehnsüchten und Wünschen. Der Sinn ist das, was es geben „sollte", er ist die Öffnung eines Horizontes. Wenn er abhanden gekommen ist, sitzt der Mensch in einer höchst unbefriedigenden und ängstigenden Gegenwart fest.

Therapeutische Hilfen bei der Sinnfindung

Bevor wir auf die eigentliche therapeutische Arbeit eingehen, sei auf zwei Voraussetzungen dafür kurz hingewiesen.

Erste Maßnahmen

Bei Depressiven ist der Zugang zur Welt der eigenen Werte und wichtiger Bedürfnisse weitgehend blockiert. Apathie und grüblerische Agitiertheit wechseln sich ab; die früher leicht, quasi-automatisiert bewältigbaren Alltagsaktivitäten haben geradezu einen bedrohlichen Charakter angenommen. Auf dieser Grundlage, sozusagen „aus dem Nichts", können keine funktionierenden Wertsysteme und Lebensperspektiven aufgebaut werden.

Voraussetzung für Sinngebung ist eine emotionale, zumindest *auch* positiv getönte Beziehung zur Welt, ein minimales Gefühl des Aufgehobenseins und ein gewisses Ausmaß an innerer Bewegungsfreiheit. Sie können gefördert werden durch erste therapeutische Maßnahmen zur Herunterregulierung von negativen Emotionen und grüblerischen Selbstanklagen, mit dem Ergebnis einer größeren Selbstkongruenz. Dann fehlt noch immer die strukturierte, sinngebende und damit „bewegende" Beziehung zur eigenen Welt, aber die Voraussetzungen dafür sind besser geworden.

Vermeidung einer Falle: Das Verlangen nach dem abstrakten und absoluten Sinn

Wer nach dem Sinn des Lebens fragt, sagt Freud, ist krank. Wer nicht danach fragt, meint Viktor Frankl, wird krank. Beide Standpunkte werden dann vereinbar, wenn wir uns vergegenwärtigen, *wie* Menschen die Frage nach dem Sinn stellen, und *welche* Art von Sinn sie anfordern als Voraussetzung für die Bereitschaft, in ihrer Welt weiter leben zu wollen.

Es sieht so aus, als würden Menschen im Anschluss an einen erlittenen Sinnverlust etwa im Rahmen einer Depression, ein weiteres Problem entwickeln, das ihnen selber nicht weniger Schwierigkeiten bereitet, aber auch anderen, die mit ihnen zu tun haben: geradezu ein Übermaß an Sinnanspruch. Damit ist das gemeint, was der Gießener Philosoph Odo Marquard (1986) als den „Unsinn der direkten Sinnintention" bezeichnet hat. Man denke dabei an die kleine Geschichte Hegels von jenem Mann, der Obst wollte und darum Äpfel, Birnen, Kirschen und Pflaumen verschmähte, denn er wollte nicht Äpfel, sondern Obst, nicht Birnen, sondern Obst. Menschen können auch in unserem Kontext derart töricht denken und handeln. Dann wollen sie nicht mit anderen zusammen sein, sondern den Sinn des Lebens vorher erfahren, nicht arbeiten, nicht entspannen oder genießen, sondern sie wollen Sinn, und zwar auf dem direkten Weg. Sie fordern zuerst eine abstrakte und allumfassende Formel, die ihnen erklärt, warum es sich lohnen würde mit anderen zusammenzusein, zu arbeiten, zu entspannen und zu genießen. Erst dann ließen sie mit sich reden und würden anfangen zu handeln. Doch das geht nicht. Menschen können Sinn nur auf indirektem Wege erfahren, durch Sinnerlebnisse beim Lernen („Jetzt weiß ich etwas, das ich gut gebrauchen kann"), beim Reden, bei der Arbeit und beim Ruhen. Dann mag sich das Ganze langsam zu einem individuellen Sinnsystem zusammenfinden, das die Zukunft sozusagen absichert (wie „ich möchte leben, weil ich mich selbst verwirklichen und etwas für andere leisten möchte"). Eine solche Formel allein vermag nicht zu tragen, wenn die entsprechenden konkreten Sinnerlebnisse nicht erfahren werden. Der Sinn des Lebens als abstrakte allumfassende Formel ist nicht lieferbar, auch nicht in einer Psychotherapie. Sinnfindung funktioniert nur auf indirektem Weg.

Man darf depressive Patienten nicht in ihrem Verlangen nach einer „sensationellen Sinnfindung" unterstützen und sich dabei auf fruchtlose Debatten einlassen. Dadurch werden sie nur noch mehr in sinnleere Verzweiflung und Nihilismus getrieben. Man muss sie vor dem Unsinn der Bindung der Lebensbejahung an den absoluten Sinnbeweis bewahren. Therapie hat schon die Aufgabe, ihnen auch an dieser kritischen Stelle weiterzuhelfen, aber auf anderen Wegen und mit anderen Mitteln. Es geht darum, sie von einer abgehobenen und unfruchtbaren Ebene auf den Boden der Tatsachen und der konkreten Lebenswirklichkeit herunterzuholen.

Therapeutischer Ansatz

Drei Schwerpunkte stehen im Vordergrund:

- Anleitung zu „vollständigen Aktionen",
- biographische Einordnung der Lebenskrise und Aufdecken bisher frustrierter Bedürfnisse,
- Abbau hinderlicher Wertvorstellungen, Aufbau einer „neuen" Identität und Lebensperspektive.

Die einzelnen Punkte sollen nun kurz erläutert werden.

Anleitung zu „vollständigen Aktionen"

Man kann große psychische Unterschiede im Bewusstsein derjenigen feststellen, die handeln. Verhalten depressiver Menschen bleibt fast immer in den untersten Stadien der Aktivierung stecken. Es treten vage Wünsche auf, ein Zögern und Zaudern, eine angebahnte Anstrengung, die oft mehr als halbherzig ist oder aber so ungerichtet, dass sie bald in diffuse Unruhe abgleitet. Umso wichtiger ist es, bei ihnen für ausgesuchte Taten ein Gefühl der Selbstverpflichtung und der Beteiligung der ganzen Person zu entwickeln. Bei der Ausführung müssen sie zu einem starken „Gefühl für die Wirklichkeit" gelangen. Bezüglich ihrer Aktionen beklagen sich Patienten im Nachhinein oft darüber, dass nichts abgeschlossen und wirklich erledigt ist, dass sie sich, bei dem was sie taten, nicht „richtig gespürt" hätten. Auf die Art geht nichts voran. Man versucht immer wieder von vorne anzufangen, kehrt wieder an den Ausgangspunkt zurück und sitzt schließlich fest (Hoffmann 1998).

Vollständige Aktionen hingegen sind solche, die von den inneren Gefühlen der Einheit der Person und der Freiheit bei Auswahl und Ausführung begleitet werden. Gelingt es, Patienten auf eine solche Art zu aktivieren (und dazu bedarf es oft einer längeren Vorbereitung), dann kommt es nicht so sehr auf die Quantität und den weit reichenden Charakter der Aktionen an. Es reicht dafür aus, dass jemand seinen Schreibtisch aufräumt, ein bestimmtes Telefongespräch führt oder einen Spaziergang unternimmt. Solche Aktionen fegen oft auf eine erstaunliche Weise die üblichen Grübeleien über den „Sinn als solchen" beiseite. Man hat dabei den Eindruck, dass Patienten dadurch geradezu auf ein höheres mentales Niveau gelangen, auf dem sie die Dinge und sich selbst in Beziehung zu ihnen besser einordnen können. Leider hält das oft am Anfang nur für kurze Zeit an. Häufen sich aber solche Erlebnisse, so fangen sie an, sich von der Stimmung her besser zu fühlen, gewinnen immer mehr Bezug zur Welt und fangen wieder an, in die Zukunft zu blicken.

Die Logotherapeutin Elisabeth Lukas (1995) schlägt eine Maßnahme vor, die sie „Sinn-Wahrnehmungstraining" nennt, mit dem Ziel, Patienten für den jeweiligen „Sinn des Augenblicks" zu sensibilisieren. Es geht darum, dass sie sich 4 Fragen stellen und beantworten:

- Was ist mein aktuelles Problem? (Unbedingt auf einen konkreten Sachverhalt eingeengt.)
- Wo ist mein Freiraum? (Die Aufmerksamkeit wird auf den persönlich verbleibenden freien Aktionsspielraum fokussiert.)
- Welche Wahlmöglichkeiten habe ich? (Ohne Wertung.)

- Welche davon ist die sinnvollste? (Eine ist mit Sicherheit die sinnvollste, sie muss nur herausgefunden werden. Ob sie zugleich lustvoll ist, wird dabei nicht berücksichtigt.)
- Will ich sie verwirklichen? (Soll zu einer intentionalen Bejahung des Herausgefundenen, zu einer Wahlentscheidung für den Sinn führen.)

Durch Anleitung zu vollständigen Aktionen und durch Anfordern von sinnvollen Entscheidungen soll eine Sensibilisierung für den kleinen alltäglichen Sinn erreicht werden im Rahmen einer Art „Abschied vom Prinzipiellen", wie Marquard sagen würde.

Die nächsten beiden Maßnahmen sollen an einem Patientenbeispiel erläutert werden. Sie sind, im Vergleich zu den bisherigen, mehr auf die individuellen Konflikte, die zum Sinnverfall geführt haben, zugeschnitten.

Eine 32-jährige Ingenieurin, allein stehend, erkrankte an einer Depression, die im Zusammenhang mit allgemeiner Arbeitsüberlastung und einer überraschenden Aussage einer Kollegin entstand. Sie klagte über Interessenverlust, Apathie, Niedergeschlagenheit, Schlafstörungen und Appetitlosigkeit und darüber, „dass alles so sinnlos ist". Zu der Vorgeschichte: Die Patientin übernahm im Laufe ihrer Berufsjahre freiwillig immer mehr die Organisation der Firma, sie war außerordentlich streng, perfektionistisch und stellte an sich und die anderen die höchsten Ansprüche. Bei Nichterfüllung wurden die gleichrangigen Kollegen energisch zur Rede gestellt. Andererseits half sie, wo sie nur konnte, und wer sie kannte, beschrieb sie als „starke" Frau. Nach einer äußerst anstrengenden und wenig zufrieden stellenden Woche („Es war wieder so wenig geschafft und die anderen zogen nicht richtig mit") sagte eine Kollegin erstaunt zu der Patientin, als diese sich müde für fünf Minuten hingesetzt hatte: „Du zeigst ja richtig menschliche Züge". Danach war die Patientin völlig entsetzt und verwirrt. Sie blieb starr sitzen und dachte: „Warum sagt die das? Bin ich denn kein Mensch? Wer bin ich? Wie sehen mich denn die anderen?". Sie fühlte eine heftige Enttäuschung, ohnmächtige Wut, dann ein lähmendes Gefühl der Trauer und „Alles brach innerlich zusammen."

Biographische Einordnung der Lebenskrise und Aufdecken bisher frustrierter Bedürfnisse:
Als Ausgangspunkt diente die ironische Bemerkung der Kollegin „Du zeigst ja richtig menschliche Züge" und die Reaktionen der Patientin darauf, wie Entsetzen, Enttäuschung, Wut und Trauer.
Um die Bedeutungen und Auswirkungen dieses auf den ersten Blick unscheinbaren Ereignisses einzukreisen, wurde sie gebeten, zwei typische Tage ihres Lebens so genau wie möglich zu schildern, einen vor dem kritischen Ereignis und dann einen danach. Die Schilderung sollte auf verschiedenen Ebenen erfolgen: auf der des Verhaltens (was hat sie jeweils getan?), auf der emotionalen Ebene (wie hat sie sich dabei gefühlt, welche Emotionen haben sie über den Tag begleitet?) und auf der Ebene der Selbst- und Fremdwahrnehmung (wie hat sie sich selbst dabei erlebt? Welche ihrer Persönlichkeitszüge kamen zum Tragen? Welche Bedürfnisse haben sie geleitet? Welche Ziele hat sie verfolgt? Wie hat sie die anderen erlebt? Was wollte sie bei ihnen bewirken?).
Der Vergleich ergab, dass ihr Verhalten am Anfang ihrer depressiven Reaktion weitgehend gleich blieb. Was sich am stärksten verändert hatte, waren ihre Selbstbeurteilungen und die ihrer Kollegen. Vor dem Ereignis fühlte sie sich stark, tüchtig, alles unter Kontrolle haltend, ein unerreichtes Vorbild für alle. Danach fühlte sie sich

schwach, überfordert und unsicher bei allem, was sie tat. Neue Gefühle kamen zum Vorschein, wie Angst, Verletztheit und Niedergeschlagenheit, aber vor allem ein inneres Gefühl der Leere und der Perspektivlosigkeit.
Was hatte sie vorher geleitet und wodurch bezog sie ihre „Stärke"? Die Antworten wurden gemeinsam mit der Patientin erarbeitet. Sie hatte vor allem im Dienste des Motivs „Selbstwert durch Macht, Kontrolle und über den Weg der Leistung" gestanden. Die Tatsache, dass die anderen sich ihrem Führungsanspruch nicht entziehen konnten, kam diesem Bedürfnis sehr entgegen. Die Rolle, die sie so spielte, brachte aber auch entscheidende Nachteile mit sich. Die Seite, auch einmal schwach sein zu dürfen, Hilfe und Zuwendung als Person zu erhalten, musste völlig ausgeklammert bleiben.
Die Patientin kannte dieses Muster sehr gut aus Kindheit und Jugend. Als Adoptivtochter hatte sie lange Jahre das Gefühl, nicht als Person gewollt, sondern eigentlich mehr aus Zufall in die Familie gekommen zu sein. Dann merkte sie, dass ihre Eltern stolz waren, als sie gute Schulnoten mit nach Hause brachte. Sie wurde in kurzer Zeit eine Musterschülerin. Sie vermied keine Anstrengung, um ihr Soll zu erfüllen, und belastete sich dabei, wie auch später, bis an den Rand ihrer Kräfte. Derart fremdgesteuert, traten eigene Bedürfnisse, die angeblich ablenkten und mit Höchstleistung inkompatibel waren, immer mehr in den Hintergrund. So verlor sie im Laufe der Zeit jeden inneren Spielraum. Anderen gegenüber wurde sie immer härter, gerechter, wie sie es nannte, und verließ sich darauf, dass sie trotzdem geschätzt und geliebt würde. Denn sie war es doch, die die Dinge voran trieb und das war im Interesse aller.
Der Zusammenbruch ihrer inneren Welt war an dem Punkt erfolgt, als sie plötzlich merkte, dass dem nicht so war: Man sah sie kaum als Frau von Fleisch und Blut, sondern eher als eine zwar tüchtige, aber unerbittliche Maschine.
Damit konnte sie sich nicht identifizieren, indem sie sich etwa trotzig-aggressiv zu ihrer Rolle bekannt hätte, weil auch andere Bedürfnisse, wie das nach menschlicher Nähe, nach mehr Zärtlichkeit und bedingungslosem Akzeptiertwerden vorhanden, wenn auch bisher eher verschüttet waren. Die Folge war der Zusammenbruch ihres gesamten Wertesystems samt Depression. Dieser Verlauf war vorbereitet durch lang andauernde Überforderung und durch ein Leben, das nur einseitige Befriedigung bot. Ihre innere Konstruktion, die im Wesentlichen ihren Umgang mit sich selber und den anderen Menschen geregelt hatte, hielt sie viele Jahre über Wasser. In der jetzigen Phase ihres Lebens (die Gründe dafür können noch weiter analysiert werden) war sie an ihre Grenzen gestoßen, mit dem Ergebnis, dass ihre Lage immer angespannter wurde. Schließlich genügte eine harmlose Bemerkung, um ihr Selbstbild zum Einsturz zu bringen. Da die anderen sie offensichtlich nicht so gesehen hatten, wie sie gern gehabt hätte, blickte sie in sich und sah nur Leere.

Abbau hinderlicher Wertvorstellungen, Aufbau einer „neuen" Identität und Lebensperspektive:
Die Patientin lernte, allmählich und nicht ohne Schmerzen, sich als jemanden zu begreifen, deren Selbstverständnis von einem grundlegenden Widerspruch geprägt war. Einerseits spielte sie nach außen hin die Autonome, Starke und Dominante und konnte diese Rolle auch in den Augen anderer sehr glaubwürdig verkörpern. Andererseits war ihr Selbstwertgefühl starr und unflexibel an eine permanente Anerkennung ihrer Leistung von außen gekoppelt. Sie hatte an ihrer Arbeitsstelle nie die Spur einer offenen Kritik erfahren; man kann aber vermuten, dass hinter ihrem Rücken öfter über ihre Art sich zu verhalten, geredet wurde. Im Umgang mit ihr aber war

man vor allem bemüht, sie zufrieden zu stellen, da alle sie brauchten. Anlässlich der kritischen Kollegenbemerkung fiel es ihr wie Schuppen von den Augen: In Wirklichkeit mag mich niemand. Alle haben bloß Angst vor mir. Dem hatte sie aus mangelnder innerer Autonomie nichts entgegen zu setzen.
„Ich habe mein Leben lang versucht, mir durch Leistung im Dienste aller Anerkennung und Zuwendung zu verschaffen. Andere Bedürfnisse habe ich weitgehend ignoriert. Aber es ist fehlgeschlagen. In meinen Augen und in denen der anderen war ich nur so viel wert, wie ich mir erschuftet habe", so lautete ihr Fazit.
Ihre bisherige „Identität" fasste sie folgendermaßen zusammen:

- Eine gut funktionierende Maschine, auf die sich die anderen verlassen haben.
- Nach außen hin stark, aber kalt. Meine Hauptgefühle waren Ehrgeiz, Selbstzufriedenheit und Ärger, wenn es nicht so klappte, wie ich es haben wollte.
- Eine überlegene Einzelgängerin, die viel aushalten musste. Das Hauptmuster meiner Beziehungen zu den anderen: Wir haben uns gegenseitig ausgebeutet.
- Ich dachte, ich sei stark und würde über mich selbst bestimmen. Dabei hing ich ständig am Tropf. Mein ganzes Gefühl der Stärke, ich bezog es nur von den anderen.

Der nächste Teil der Arbeit war darauf gerichtet, eine zunehmende Distanzierung zu ihrer allzu einseitigen Identifikation mit Leistung, Macht, Kontrolle und Anerkennung von außen zu erreichen. Stattdessen sollte eine flexiblere Identität entstehen, die verschiedene Rollen beinhaltet. Sie sollte nicht nur an die jeweilige Situation angepasst sein, sondern eine ganze Palette eigener Bedürfnisse und Motive zum Tragen bringen. Mit der Patientin wurden Imaginationsübungen und Rollenspiele (z.B. eine Dienstbesprechung) inszeniert, bei denen sie zuerst in ihrer bisherigen Art denken, fühlen und handeln sollte. Dann wurden zusätzliche Interessen und Motive eingeführt und die Szene wurde in weiteren Varianten durchgespielt, bis sie ein Bild von sich entwarf, mit dem sie sich maximal identifizieren konnte. So gewann sie allmählich eine offenere und flexiblere Haltung zu sich selbst und der Welt gegenüber.
Die veränderte Person, die nach und nach zum Vorschein kam, sollte auch eine andere Lebensperspektive entwickeln. Zum Schluss dieser Arbeit schrieb sie für sich selbst ein 6-seitiges Skript. Wir nannten es „Eine typische Woche im Leben der Maria im Juni 1998" (sechs Monate nach Beendigung der Therapie). Darin wurde manchmal geweint, aber auch sehr viel gelacht.

Synopsis

Die einzelnen Komponenten des Sinnlosigkeitserlebens werden vorgestellt und beschrieben.
Erste therapeutische Maßnahmen sind darauf gerichtet, ein minimales Gefühl des Aufgehobenseins in der Welt wiederherzustellen.
Im therapeutischen Ansatz stehen drei Schwerpunkte im Vordergrund:

- Anleitung zu „vollständigen Aktionen",
- biographische Einordnung der Lebenskrise, Aufdecken bisher frustrierter Bedürfnisse,
- Abbau hinderlicher Wertvorstellungen, Aufbau einer „neuen" Identität und Lebensperspektive.

10. Stationäre Psychotherapie

Manfred Wolfersdorf, Ulrike Rupprecht, Helga Heß, Gabriele Weishaupt-Langer, Johannes Kornacher, Brigitte Schuh

Es werden die vielfältigen Möglichkeiten und Ansatzpunkte der stationären psychotherapeutischen Behandlung Depressiver dargestellt, wie sie im Rahmen der Entwicklung von „Depressionsstationen" konzeptualisiert wurden.

Primär depressive Patienten stellen seit Jahren ca. 20–25% aller Aufnahmen in psychiatrische Fachkrankenhäuser. Dabei handelt es sich um eine schwerst depressiv kranke Patientengruppe:

- Ca. 20% sog. chronisch bzw. therapieresistente Depressive;
- ca. 30–60% Depressive mit Suizidalität (ca. 20% Aufnahmen nach Suizidversuch, ca. 30% Patientenaufnahmen mit Suizidversuchen in der Vorgeschichte);
- ca. 15% wahnhaft Depressive (depressive Episode mit psychotischer Symptomatik);
- ca.10–20% alte depressiv Kranke;
- ca. 40% Depressive mit körperlicher Erkrankung (Übersicht s. Wolfersdorf 1997).

Stationäre Konzepte in psychiatrischen Kliniken

Innere Differenzierung

In den letzten 15 Jahren waren „Enthospitalisierung" und „Dezentralisierung" Schlagworte der deutschen klinischen Psychiatrie und Psychotherapie; heute sind es die Begriffe „innere Differenzierung/Spezialisierung" stationärer Behandlungsangebote sowie „Gemeindepsychiatrie" (s. Positionspapier der DGPPN 1997 bzw. des Arbeitskreises der Krankenhausleitungen Psychiatrischer Kliniken Deutschlands (AKP) 1999, Wolfersdorf 1997, 1999). „Innere Differenzierung" benennt die interne Entwicklung psychiatrischer Krankenhäuser hin zu Akutkliniken für Psychiatrie und Psychotherapie mit hochspezialisierten Angeboten für unterschiedliche Patienten. Einer der ersten störungsbezogenen Ansätze in Deutschland neben den Suchtstationen war die Entwicklung von „Depressionsstationen" seit Mitte der 70er Jahre.

Depressiv Kranke können sowohl auf gemischten psychiatrisch-psychotherapeutischen Abteilungen wie auch auf sog. Depressionsstationen, die sich auf die Therapie schwer Depressiver spezialisiert haben, behandelt werden. Es gibt keinen eindeutigen wissenschaftlichen Beleg, dass die Behandlung auf Depressionsstationen der auf gemischten Stationen überlegen ist (einen derartigen Beleg gibt es im Übrigen auch nicht für Suchtabteilungen oder für gerontopsychiatrische Patienten). Allerdings sprechen einige Befunde und zahlreiche Beobachtungen einschließlich Stellungnahmen von Patienten für eine Überlegenheit derartiger Ansätze homogener Patientengruppen, ganz abgesehen davon, dass hier hohe psychotherapeutische, biologisch-psychopharmakologische und psychosoziale Kompetenz in der Depressionsbehandlung erworben wird.

Stationäre Depressionsbehandlung

Stationäre Depressionsbehandlung bedingt die Gestaltung des Behandlungsmilieus (milieutherapeutischer Aspekt) sowie konstante interaktionelle Beziehungsmuster zwischen therapeutisch-pflegerischem Personal und Patienten („psychotherapeutisches Basisverhalten"). Die Aufgaben stationärer Depressionsbehandlung umfassen die stationäre Krisenintervention bei depressiven Patienten mit suizidalem Verhalten, (üblicherweise ca. 10–15% der stationären Aufnahmen), die psychopharmakologisch-psychotherapeutische sowie psychosozial orientierte Behandlung Depressiver im spezifischen Rahmen (Hauptgruppe der primär depressiven Patienten in der Klinik) sowie längerfristige psychotherapeutisch fundierte Behandlungen mit/ohne psychopharmakologische und psychosoziale Begleittherapie (ebenfalls ca. 20–25% der stationären Klientel). Die Ziele sind:

- Symptombesserung bzw. -freiheit,
- Wiedererlangung der Arbeitsfähigkeit in der vorherigen beruflichen Situation bzw. im Haushalt oder an Schule, Universität, in der Ausbildung etc.,
- Wiedererlangung der Beziehungsfähigkeit in Partnerschaften, in der Familie, im Umfeld.

Zwei weitere Ziele sind schon relativ hoch gesteckt, das Erkennen von und ein besseres Umgehen mit depressiogenen Lebensereignissen und chronischen objektiven Belastungen. Als weiterer Punkt sei die Rezidivprophylaxe angeführt. Als Standards stationärer Depressionsbehandlung gelten „psychotherapeutisches Basisverhalten" sowie „Aktivierung" (Aktivitäten, Sozialtraining) in einem strukturierten und förderlich-fürsorglichen Milieu, wobei in diese Basis methodische Einzel- und Gruppenpsychotherapie, Angehörigenarbeit und Einbeziehung von Familien, Bewegungstherapie, Sport und Gymnastik, körperbezogene Arbeit, Musiktherapie und kreative Therapien, Ergotherapie, aber auch Psychopharmakotherapie und nicht-pharmakologische biologische Therapiemaßnahmen, wie Lichttherapie oder Schlafentzug, eingebettet sind (Überblick s. Wolfersdorf 1997, Schauenburg et al. 1999).

Psychotherapeutisches Basisverhalten: Aktivierung

(milieutherapeutischer Ansatz)

Wesentlicher Bestandteil des Umgangs mit schwer Depressiven ist das tägliche Gespräch im Stationsalltag und in der therapeutisch-pflegerischen Beziehung. Hierbei ist der Patient auf eine gute und befriedigende zwischenmenschliche Beziehung angewiesen. Der Umgang soll von Anfang an durch eine wohlwollende, emotional warme und möglichst intensive Beziehung gekennzeichnet sein. Hierbei darf der Patient depressiv sein, er darf klagen, weinen, verzweifelt und hoffnungslos sein; er muss sich nicht zusammenreißen. Dabei sollte der Gesprächspartner jedoch nicht „mitjammern", sondern aktiv zu- und anhören, im Sinne der stellvertretenden Hoffnung Veränderungschancen und Lebenskontinuität, als Schutz vor Suizidalität betonen sowie ein Störungskonzept mit Besserungschancen in gemeinsamer Arbeit, die von Seiten des Patienten Zeit und Geduld, von Seiten des therapeutisch-pflegerischen Personals ebenfalls Zeit, Geduld und Kompetenz erfordert, vermitteln. Zentrale Aspekte sind:

- Es gibt Gründe für Depressionen, die der Patient vielleicht selber gar nicht weiß, die jedoch besprochen und verändert werden können.
- Es gibt Erklärungsmodelle und daraus abgeleitete Möglichkeiten zur Verbesserung der Symptomatik sowie zur Wiederherstellung der Arbeits- und Beziehungsfähigkeit.
- Der Verlauf einer depressiven Erkrankung ist bekannt, einschließlich der üblichen Dauer einer Depression sowie der Faktoren, die das Risiko einer Wiedererkrankung erhöhen bzw. abschwächen.
- Therapeutisch-pflegerische Möglichkeiten sind heute gegeben und können in Anspruch genommen werden.

Durch eine solche Gesprächsführung/-begleitung wird dem Patienten Hoffnung auf Besserung vermittelt, ihm in seiner Hilflosigkeit beigestanden und werden gleichzeitig Veränderungs- und Besserungschancen nahe gebracht. Von therapeutisch-pflegerischer Seite sind Wertschätzung, Vermittlung von Nähe und emotionaler Wärme sowie Akzeptanz des depressiven Erlebens und Klagens des Patienten erforderlich. Hierbei kommt es weniger auf „kluge Worte" an, sondern dem Betroffenen Interesse für seine Person und sein Erleben, Fürsorglichkeit hinsichtlich seines Leidens sowie Kompetenz hinsichtlich therapeutisch-pflegerischer Methodik in der Depressionsbehandlung zu vermitteln. So sind die psychotherapeutisch orientierte Interaktion zwischen Patient und Behandlungsteam mit einerseits empathisch-fürsorglichen und andererseits Autonomie fördernden Elementen sowie die Vorgabe einer „ordnenden Struktur" für das Milieu auf Depressionsstationen typisch.

Individuumbezogene Therapiemaßnahmen

Die individuelle Behandlung des Patienten umfasst, auf der Basis dieser milieutherapeutisch hilfreichen Atmosphäre im stationären Rahmen, grundsätzlich neben biologisch-psychopharmakologischen Behandlungsansätzen (Antidepressiva, Schlafentzug, Lichttherapie) Einzel- und Gruppenpsychotherapien, weiterhin körperbezogene Verfahren (u.a. Sport und Bewegungstherapie, Entspannungsverfahren, Schwimmen, Physiotherapie), sodann Ergotherapie (im Wesentlichen Beschäftigungstherapie) sowie weitere Kreativgruppen (z.B. Musik-, Maltherapie und Ähnliches). Dabei werden heute in die stationäre Depressionsbehandlung grundsätzlich die Angehörigen einbezogen. Zum einen im Rahmen psychoedukativ ausgerichteter Angehörigengruppen, zum anderen im Rahmen konfliktzentrierter Paar- und Familiengespräche. Zudem ist eine enge Zusammenarbeit mit nachsorgenden psychosozialen Einrichtungen der Gemeinden erforderlich. Hier sind ambulante psychiatrische Pflege, z.B. bei alten depressiv kranken Menschen, Einbeziehung Sozialpsychiatrischer Dienste, z.B. für chronisch depressiv kranke Menschen, für depressiv Kranke in schwieriger sozialer Situation, andere Einrichtungen des psychosozialen Versorgungsfeldes, z.B. bei Patienten mit Arbeitsplatzproblematik, usw. zu bedenken. Bei nachstationärer tagesklinischer Behandlung wäre auch dort eine Zusammenfassung der depressiven Patienten erforderlich. Dort, wo Selbsthilfegruppen für primär Depressive existieren, können auch diese einbezogen werden, sofern gute Erfahrungen in der Zusammenarbeit mit der stationären Versorgung und dem ambulanten nervenärztlich-psychiatrischen Bereich vorliegen (Rahn 1996, Mahnkopf u. Rahn 1997, Schuler u. Grünewald 1997, Wolfersdorf 1997, Rupprecht et al. 1998, Schauenburg et al. 1999).

Gruppenpsychotherapie

Gruppenarbeit hat einen hohen Stellenwert in der stationären Depressionsbehandlung (Wolfersdorf 1992,1997, Schauenburg et al. 1999). Dabei ist stationäre Gruppentherapie auch bei schweren Depressionen grundsätzlich möglich, erfordert jedoch Modifizierungen der Technik. In der Mehrpersonenbeziehung können direkte Rückmeldungen der Gruppenmitglieder Neustrukturierung, Identitätsfindung, Vermittlung von Hoffnung sowie Erfahrung des Verlaufs der Erkrankung beim Anderen vermitteln. Die psychotherapeutische Gruppenarbeit ist im Allgemeinen klientenzentriert-interaktionell ausgerichtet, wobei je nach Psychotherapieausbildung der Gruppenleiter kognitiv-verhaltenstherapeutische, interpersonelle oder auch interaktionell-tiefenpsychologische Theoriefundierung zugrunde gelegt wird.

Es handelt sich um offene Gruppen, die über einen kürzeren Behandlungszeitraum von im Mittel 8–10 Wochen mit zweimal 1,5 Stunden pro Woche angelegt sind. Die Ziele der Gruppenarbeit sind in Anlehnung an Yalom (1989) dabei:

- Einbindung des Patienten in einen therapeutischen Prozess, den er als konstruktiv und unterstützend wahrnimmt;
- Führen hilfreicher Gespräche, wobei hier die therapeutischen Faktoren wie Universalität des Leidens und Kohäsion (mit seinem Leid nicht allein sein, Gefühle der Zusammengehörigkeit in der Gruppe) wirksam werden;
- das Einkreisen von Problemen im Sinne eines Auffindens von Inhalten für den einzelnen Patienten, die in der Einzeltherapie dann weiter bearbeitet werden können, wobei hier Beziehungs- und Interaktionsprobleme im Vordergrund stehen;
- die Reduktion von Isolation mit dem Ziel einer Verbesserung von Kommunikationsfertigkeiten, um den Patienten aus sozialer Isolation herauszuhelfen;
- Unterstützung der Gruppenmitglieder untereinander, wobei der therapeutische Faktor Altruismus bedeutsam wird, der zu einer deutlichen Verbesserung des Selbstwertgefühles des Patienten beiträgt. Weitere therapeutische Faktoren sind „Vermittlung von Hoffnung" am Anderen, wie dieser sich „in seinem Leid bessert", Identifizierung als Möglichkeit, neue Erfahrungen am Modell des Anderen zu machen, und interpersonelles Lernen in der Gruppe, dabei auch Katharsis als Erleben und Äußern von Gefühlen in der Gruppe und Erleben von Einsicht in intrapsychische und interpersonelle sowie psychosomatische Zusammenhänge.

Dabei können inhaltlich wichtige Grundthemen im therapeutischen Gruppenprozess, losgelöst vom Individuum, gemeinsam hinsichtlich ihrer krankheitsauslösenden und verursachenden Bedeutung reflektiert werden: Verlust und Trennung, Enttäuschung, Kränkung und Existenzbedrohung, Konflikte und Belastungen interpersoneller Art; aktuelle Lebensereignisse, wie z.B. Heirat oder beruflicher Aufstieg, oder auch Vereinsamung und Zusammenbruch von Lebenskonzepten. Themen wie Abhängigkeit und Autonomie, orale und narzisstische Wünsche, Sich-nicht-wehren-dürfen, Leistung und Selbstwert, Versagen und Schuldgefühl, Hilflosigkeit und Hoffnungslosigkeit, aktuelle und chronische Verlustthematik, lebensgeschichtlich „zur kurz gekommen zu sein", Bedürfnis nach Anerkennung, depressiver Kommunikationsstil, dysfunktionales depressives Denken, gestörte psychophysische Befindlichkeit werden aufgegriffen.

Die Arbeit in der therapeutischen Gruppe findet im Hier und Jetzt statt. Als Interventionsstrategien des Therapeuten bewähren sich Bestätigen, leitende Fragen Stellen, Sokratischer Dialog, Beschreiben, Fokussieren, Akzentuieren und Konkretisieren, Klarifizieren, Herstellen von Zusammenhängen, Interpretieren und Deuten, Rekonstruieren, Übernahme von Hilfs-Ich-Funktion, Stellen von Aufgaben, Identifizieren, Amplifizieren und Modifizieren von Affekten mit dem Ziel, letztendlich Selbstwertgefühle zu stabilisieren, Autonomie zu fördern und das strenge Über-Ich zu entlasten sowie über das Erleben und Verstehen interaktioneller Abläufe, Veränderungen und Verbesserungen im Umgang mit sich selbst und anderen zu erreichen.

Beispiel für das konkrete Vorgehen: Die psychotherapeutische Gruppe dauert 60 Minuten und wird von einem Therapeuten, einem Co-Therapeuten sowie einem Mitarbeiter aus dem Pflegeteam durchgeführt. Sie findet zweimal pro Woche statt, die Gruppengröße beträgt 8–10 Patienten. Zum formalen Gruppenablauf: Die Gruppe beginnt mit einer kurzen Einführung durch den Therapeuten zu den allgemeinen Gruppenregeln und dem Zweck der Gruppe. Es folgt ein „Blitzlicht", in welchem alle Patienten kurz über ihr aktuelles Befinden berichten sowie Veränderungen, Entwicklungen oder auch Anliegen vorbringen. Im Anschluss daran werden depressionsspezifische Themen aufgegriffen, die sich entweder in der einleitenden Blitzlicht-Runde gestellt haben oder die im Anschluss an das Blitzlicht durch die Gruppe als aktuelles Thema benannt wurden. Zum Abschluss erfolgt eine kurze Zusammenfassung des von der Gruppe Erarbeiteten mit einem Rückblick und evtl. einer Aufgabenstellung. Hier kann auch das Befinden der Gruppenmitglieder noch einmal erfragt werden. Hier hat auch die Verabschiedung ausscheidender Gruppenmitglieder durch die gesamte Gruppe ihren Platz. In einer derart strukturierten Gruppe können auch schwerst depressive Patienten einschließlich solcher mit psychotischem depressivem Erleben nahezu von Anfang an integriert werden; es wird ihnen dann ausdrücklich durch den Therapeuten Zurückhaltung in der Gruppe nach dem Blitzlicht zugestanden, jedoch die Zugehörigkeit zur Gruppe und damit die Integration in das Gesamtgeschehen betont. Sinnvoll ist es auch, derartige Patienten neben ein therapeutisches Mitglied der Gruppe zu setzen und ihnen auch ein Verlassen der Gruppe, z.B. bei zunehmender Unruhe, gemeinsam mit dem pflegerischen Gruppenmitglied zu genehmigen. Die aktive Strukturierung der Gruppe führt zu einer inneren Strukturierung des Patienten, zur Angstreduktion und auch zu einer Aktivitätsförderung. Gleichzeitig werden die Patienten unterstützt, von sich aus, selbstständig und aktiv Einfluss auf Gestalt und Inhalt der Gruppe zu nehmen, indem sie ihre Anliegen und persönlich relevante Inhalte einbringen.

Weitere Gruppenaktivitäten

Neben der Gruppenpsychotherapie wird auf Depressionsstationen eine breite Palette unterschiedlicher Gruppenaktivitäten vorgehalten. Zu der psychotherapeutisch orientierten/fundierten Gruppenarbeit zählen Entspannungsgruppen, Selbstsicherheitstrainingsgruppen, Gruppen zur Verbesserung der sozialen Fertigkeiten, psychoedukative Gruppen für Patienten, Angehörigengruppen, körper- und bewegungstherapeutische Gruppen u.a. Diese Gruppenarbeit wird in kleineren Einheiten – ca. 3–10 Patienten je nach Indikation – zum Teil von spezifisch ausgebildeten Therapeuten, zum Teil von Mitarbeitern des Pflegeteams mit spezifischer Kompetenz in diesem Bereich durchgeführt. Die Dauer der einzelnen Gruppenaktivität beträgt abhängig von der Belastbarkeit der Patienten und vom Inhalt ½–3 Stunden. Diese Gruppenarbeit findet regelmäßig statt, die theoretische Fundierung ist in den jeweiligen psychotherapeutischen bzw. psychosozialen Grundkonzepten für die Behandlung psychisch kranker Menschen, hier fokussiert auf depressiv Kranke, zu finden.

Diese Gruppenaktivitäten haben einen tagesstrukturierenden und aktivierenden Effekt, wobei sie ressourcenorientiert eingesetzt werden, d.h. sich an Interessen, früheren Fähigkeiten oder auch an speziellen Defiziten eines Patienten orientieren. Schwerer depressive Patienten, z.B. schwer gehemmte Depressive, akut Suizidgefährdete oder psychotisch-depressive Patienten, werden zunächst in Gruppenaktivitäten auf der Station oder in der jeweiligen Behandlungseinheit selbst eingebunden und zwar am ehesten in Aktivitäten, die von bekannten Mitarbeitern des therapeutisch-pflegerischen Teams der Depressionsstation bzw. Depressionseinheit selbst durchgeführt werden. Dies senkt die Hürde für schwer depressive Patienten zur Teilnahme auf der Station, was noch durch niedrige Anforderungen, z.B. grob motorische Tätigkeiten mit bunten groß gemusterten Stoffen, oder auch durch Entbindung von sämtlichen Anforderungen innerhalb dieser Gruppe unterstützt wird. Nach erfolgter Integration in Gruppenaktivitäten auf Station wird, parallel zur Verbesserung der depressiven Symptomatik, der Einsatz von Gruppen, die auch in den Außenraum gehen, angestrebt.

So entsteht für jeden Patienten ein individuelles Wochenprogramm, wobei der Vorteil von Depressionsstationen im gemeinsamen Schon-, aber auch Übungsfeld besteht, dem im Erleben des Patienten Unterstützung, Verständnis, Nähe durch Mitpatienten und therapeutisch-pflegerisches Personal zugewiesen wird.

Psychoedukative Gruppe

Depressive Patienten haben häufig einen langen Leidens- und Behandlungsweg hinter sich, bis eine Depression diagnostiziert wird. Zu erkennen, dass sowohl die körperlichen Symptome als auch gerade Hoffnungslosigkeit, Insuffizienzerleben oder das nicht zuzuordnende Gefühl der Gefühllosigkeit Symptome der Depression sind, wirkt entlastend. Konzentrations- und Merkfähigkeitsstörungen sowie Entscheidungsunfähigkeit können dann z.B. einer depressiven Störung zugeordnet werden und werden nicht länger als „Beweis für eine beginnende Alzheimersche Erkrankung" gewertet. Ziele der psychoedukativen Gruppe sind:

- Entwicklung von Krankheitsverständnis und -akzeptanz,
- Förderung der Entwicklung eines individuellen Krankheitsmodells (in der Einzeltherapie dann wieder aufgegriffen), um Behandlungseinsicht und aktive Motivation für die Therapiephase zu erreichen (z.B. Förderung der Medikamentencompliance, Bereitschaft zur psychotherapeutischen Konfliktbearbeitung in der Einzeltherapie, Bereitschaft zur Teilnahme an anderen Aktivitäten).

Die spezifischen Inhalte psychoedukativer Gruppen für Depressive zielen auf:

- Krankheitsbild,
- Darstellung von Symptomatik und Verlauf,
- Darstellung möglicher Ursachen und Auslöser der depressiven Erkrankung,
- Therapie der depressiven Störung,
- medikamentöse Ansätze, weitere biologische Behandlungsmöglichkeiten,
- psychotherapeutische Ansätze (z.B. Bearbeitung von belastenden Lebensveränderungen privater und sozialer Konstellationen, Beziehungskonflikte, Trauer und Abschied),
- soziotherapeutische Ansätze (z.B. Erläuterung der Ziele, Tagesstrukturierung, Aktivitätsaufbau, Ressourcenorientierung, Integration nach erlebter Isolation).

Der formale Rahmen umfasst 2–3 Sitzungen in ca. 6–8 Wochen, die Gruppe ist klar strukturiert, dauert 1 Stunde pro Sitzung und fokussiert auf wesentliche Informationen. Verwendet werden Zusammenfassungen und Visualisierungsmedien (Merkblatt zum Nachlesen, Folien etc.); die Leitung erfolgt durch Vertreter unterschiedlicher Berufsgruppen (Ärzte, Psychologen, Sozialpädagogen, Pflegeteam).

Angehörigengruppe

Angehörigengruppen auch für depressiv Kranke werden erst seit Mitte der 80er Jahre für notwendig erachtet. Schon lange ist bekannt, dass das Erkennen der Krankheitswertigkeit eines Symptoms evtl. den Angehörigen ermöglicht, vorher vorhandene fordernd-vorwurfsvolle Haltungen gegenüber einem depressiven Patienten aufzugeben. So wird z.B. „Antriebslosigkeit" dann als Symptom und nicht länger als „Schwäche" oder „Unwilligkeit" des Patienten gewertet. Auch wird das eigene Gekränktsein über das Nichtannehmenkönnen gut gemeinter Ratschläge der Angehörigen reflektierbar und das Teilen von aggressiven oder hilflosen Gefühlen, z.B. bei Suizidalität, mit anderen Angehörigen entlastet emotional. Im Umgang mit „Hoffnungslosigkeit" und „Verzweiflung" kann den Angehörigen der Unterschied zwischen „gut zureden" (was der Patient oftmals als Nichtverstandenwerden erlebt) und „Hoffnung vermitteln" nahe gebracht werden. Ziele der Gruppen mit Angehörigen Depressiver sind:

- Information und Aufklärung (Psychoedukation) mit dem Ziel der Entwicklung von Krankheitsverständnis und -akzeptanz,
- Erfahrungsaustausch mit dem Ziel der emotionalen Entlastung und Stützung.

Durchgeführt werden 3 Sitzungen von ca. 90 Minuten in einem 6-Wochenblock (jede 2. Woche eine Sitzung), die Leitung geschieht durch Vertreter der verschiedenen Berufsgruppen. Patienten werden nicht integriert (Raum für die Angehörigen selbst!), die Einladung der Angehörigen geschieht grundsätzlich nur mit Einverständnis des Patienten.

Selbstsicherheitstraining

Ziele des Selbstsicherheitstrainings sind es,

- eigene Rechte und Bedürfnisse wahrzunehmen (Einstellungsebene: Gewissensentlastung),
- berechtigte Bedürfnisse und Erwartungen zu äußern und dafür auch einzutreten,
- Kontakte aufzunehmen, zu gestalten und aufrecht zu erhalten.

Zentrale Inhalte sind dabei:

- Neinsagen oder Forderungen stellen zu lernen (Aggressionshemmung, Selbstverantwortung),
- Kritik äußern, prüfen und annehmen bzw. zurückweisen zu können (narzisstische Kränkbarkeit),
- Konflikte klären bzw. aushalten zu lernen (Korrektur unrealistischer Harmonieansprüche),
- die Ansprüche anderer wahrnehmen zu lernen (Relativierung der oralen Forderungshaltung).

Als Strategien werden verwendet:

- Bearbeitung von depressiogenen Wahrnehmungs-, Bewertungs- und Attributionsmustern, z.B. Modifikation von dichotomem Denken, von emotionaler Beweisführung oder von internalen, stabilen und globalen Kausalattributionen,
- Kommunikationsanalyse auf verbaler und nonverbaler Ebene anhand von Rollenspielen (Modifikation von depressivem Kommunikationsverhalten, von Kommunikationsdefiziten und Berücksichtigung der vorhandenen sozialen Ressourcen).

Die Teilnahme eines depressiven Patienten am Selbstsicherheitstraining ist erst nach einer deutlichen Symptombesserung möglich, da sonst die Gefahr der Überforderung und der depressiven Fehlverarbeitung besteht. Eine weitere Voraussetzung ist die Fähigkeit, den Zusammenhang zwischen sozialer Kompetenz und Erkrankung bei der eigenen Person realisieren zu können.

Die Gruppe findet zweimal pro Woche mit einer Dauer von 75 Minuten statt, es handelt sich um eine halboffene Gruppe mit ca. 8 Patienten. Sie wird geleitet durch Therapeut und Co-Therapeut sowie Mitarbeiter des Pflegeteams. Die Übungssituationen werden von den Patienten eingebracht und orientieren sich möglichst nah am aktuellen Erleben, z.B.: „Wie sage ich meinen Eltern, dass ich ihre täglichen Besuche auf Station nicht möchte?" „Wie vermittle ich meinem Partner, dass mir seine Teilnahme an der Angehörigengruppe wichtig ist?" „Wie reagiere ich, wenn ich am Wochenende das erste Mal zu Hause bin und von der Nachbarin gefragt werde, ob ich tatsächlich Depressionen habe?"

Dabei muss von therapeutisch-pflegerischer Seite eine möglichst angstfreie und ermunternde Atmosphäre geschaffen und es müssen bei den Rückmeldungen gezielt Kausalattributionen des Patienten, Insuffizienzerleben sowie Versagensängste berücksichtigt werden (z.B. bei suizidalen Krisen nach Kränkungen durch Angehörige) sowie die gezielte Verstärkung des neuen Patientenverhaltens in der Interaktion mit den therapeutisch-pflegerischen Mitarbeitern.

Körperorienierte Verfahren

Unter körperorientierten Verfahren sollen hier systematische Entspannungstherapien, Sport- und Bewegungstherapie sowie Körpertherapie subsummiert werden. Diese dienen, neben den nachfolgend zu beschreibenden spezifischen Zielen, auch der Tagesstrukturierung, der Aktivierung sowie der Ressourcenförderung.

Entspannungstherapie

Nach klinischen Beobachtungen in der Entspannungstherapie mit Depressiven hat sich die Progressive Muskelrelaxation eher als das Autogene Training bewährt. Die unmittelbare Führung des Patienten anhand der konkreten Instruktionen kann der Grübelneigung und dem Abschweifen der Gedanken gezielt Rechnung tragen. Das Lenken der Aufmerksamkeit auf Körperwahrnehmungen, ohne dass eine spezifische körperliche Reaktion als Zielvorgabe formuliert wird, kann nach eigenen Erfahrungen der Neigung zum Insuffizienzerleben bei depressiven Patienten besser entgegensteuern.

Hinsichtlich des formalen Ablaufs haben sich Treffen der Entspannungsgruppe zweimal pro Woche in Form einer offenen Gruppe mit bis zu 12 Teilnehmern bewährt, wobei bei wahnhaft Depressiven oder agitiert Depressiven zuerst eine deutliche Symptombesserung abgewartet werden muss (Übersicht Maurer-Groeli 1983, Fuchs 1997, Krampen 1997, Müller-Braunschweig 1997, Rupprecht et al. 1998).

Sport- und Bewegungstherapie

Auf der Basis lerntheoretischer und kognitiv orientierter Depressionsmodelle lässt sich die therapeutische Wirksamkeit sporttherapeutischer Interventionen dadurch erklären, dass Mechanismen der erlernten Hilflosigkeit, des Verstärkerverlustes sowie Kognitions- und Attributionsstile positiv beeinflusst werden. Ferner spielen Aspekte der Förderung von Ressourcen und der Stärkung gesunder Anteile eine Rolle. Dabei müssen depressive Störungen, wie z.B. Antriebsdefizite, motivationale Probleme oder Versagensängste, im Sinne einer Entpflichtung des Patienten gezielt berücksichtigt werden; d.h. es muss der schnellen Ermüdbarkeit, dem Antriebsdefizit und den rasch auftretenden Insuffizienzgefühlen des Patienten dadurch Rechnung getragen werden, dass er nicht nur zur Leistung verpflichtet wird, sondern ihm das Angebot, sich auszuruhen und entsprechend seinen Möglichkeiten teilzunehmen, eröffnet wird.

Konkret handelt es sich bei Sport- und Bewegungstherapie um die tägliche Morgengymnastik, wobei hier auch schwer Depressive integriert werden können. Ein vom Belastungsgrad abgestuftes differenziertes Programmangebot ist möglich, z.B. eine für alle Patienten offene Bewegungsgruppe mit geringen Anforderungen an körperliche Belastbarkeit und soziale Kompetenz oder eine Sportgruppe außerhalb der Station mit höheren Anforderungen sowie eine Schwimmgruppe im städtischen Bad. Diese Gruppen werden zweimal pro Woche zusätzlich in der Therapiephase angeboten.

Körperpsychotherapie

Die Methoden der körperorientierten Psychotherapie haben besondere Bedeutung bei Patienten, deren Körpererleben gestört ist, die in ihrer Emotionalität eingeschränkt oder in einer verbalen Psychotherapie schwer zu erreichen sind. Ermöglicht werden soll ein emotional-kognitives Wahrnehmen und Lernen. Gemeint ist damit eine körperliche Entsprechung/Analogie innerhalb der Körpertherapie, die die körperliche Verfassung verändert und zu mehr Ganzheitlichkeit und Realitätsempfinden führt sowie gleichzeitig zentrale innere Konflikte bearbeitet. Der Depressive leidet oft unter einem Gefühl der Gefühllosigkeit und der inneren Leere. Er kann nicht trauern und sich nicht eingestehen, dass er Überansprüche an sich oder andere hat, dass er Macht- oder Anklammerungsbedürfnisse aufgeben muss, um das Alleinsein, das Selbstsein ertragen zu können. Das Jasagen zu Trauer, Verzicht und Entbehrung wird in „analoger Leibarbeit" aufgegriffen (Fuchs 1997). Zudem werden unmittelbar interaktionelle Aspekte mit in die Therapie aufgenommen. Die therapeutische Beziehung zwischen Patient und Therapeut sowie die Beziehungen innerhalb von Gruppen, besonders in der „Konzentrativen Bewegungstherapie", bieten die Möglichkeit, pathogene Grundüberzeugungen und Interaktionen zu revidieren. Themen in diesem Zusammenhang sind z.B. „Geben und Nehmen", „Nähe und Distanz", „Autonomie und Abhängigkeit" oder „Loslassen und Halten".

Körperpsychotherapie findet ein- bis zweimal pro Woche statt, im Wesentlichen in der Therapie- und Entlassungsphase, d.h. nach deutlich gebesserter depressiver Allgemeinsymptomatik, wobei ein enger inhaltlicher Austausch innerhalb des Behandlungsteams mit den Einzeltherapeuten der Körperpsychotherapie erforderlich ist.

Einzelpsychotherapie bei schwer depressiven Patienten

Für stationär behandelte Patienten hat auch der Einzelkontakt zum behandelnden Arzt oder Therapeuten eine große Bedeutung. Auf die entsprechenden Kapitel zu den möglichen Herangehensweisen der Einzeltherapie sei hier verwiesen.

Die eigenen Erfahrungen in der Einzelpsychotherapie mit schwer depressiven Patienten im stationären Rahmen haben zu einem Zweiphasenmodell der Depressionsbehandlung geführt, wobei in einer ersten Phase die Herstellung einer Beziehung, die Sicherung der vitalen Bedürfnisse und Schutz vor Suizidalität, eine ausführliche Beschreibung der Symptomatik und Psychodynamik des aktuellen depressiven Erlebens und Verhaltens sowie Motivation zur stationären Behandlung im Vordergrund stehen. Diese Phase geht über in eine 2. Phase, in welcher dann vor dem Hintergrund der jeweiligen therapeutischen Orientierung des Therapeuten entweder tiefenpsychologisch fundierte, kognitiv-verhaltenstherapeutisch fundierte oder auch interpersonelle Psychotherapie nach den jeweiligen Grundregeln verwendet wird. Dabei muss man sich als Psychotherapeut im Klaren sein darüber, dass es sich im Wesentlichen um eine auf einen Fokus zentrierte Psychotherapie handeln wird, denn rechnet man die Therapiezeiten zusammen, kommt man bei einer durchschnittlich 8–10-wöchigen stationären Depressionsbehandlung auf 16–20 Einzelpsychotherapiesitzungen (dazu noch einmal 16–20 Gruppenpsychotherapiesitzungen), was im Wesentlichen einer Kurzpsychotherapie entspricht. Dass daran anschließend neben einer adäquaten psychopharmakotherapeutischen eine längerfristige teilstationäre oder ambulante Psychotherapie folgen muss, auch mit dem Ziel der psychotherapeutischen Rezidivprophylaxe, ist offensichtlich.

Abschlussbemerkung

Die stationäre Behandlung schwer depressiver Patienten unter psychotherapeutischen Aspekten darzustellen, bedarf mehr als der hier vorgelegten Ausführungen. Offensichtlich wird jedoch, dass es sich zum einen um eine schwerst depressive Klientel handelt, dass zum Zweiten strukturierende Ordnungshilfen vor dem Hintergrund eines milieutherapeutischen Ansatzes für diese Patientengruppe besonders wichtig sind. Alle Psychotherapieverfahren sind sich einig, dass depressiv Kranke einer hohen Beziehungsdichte bedürfen und dass dieser Notwendigkeit in einem stationären Setting mit schwer depressiven Patienten nachgekommen werden muss. Dabei sind psychotherapeutische Aktivitäten wie Gruppenpsychotherapie im engeren Sinne bzw. Gruppenarbeit mit depressiven Patienten ein dominierender Bestandteil stationärer Therapie.

Synopsis

Die stationäre psychotherapeutische Behandlung depressiver Patienten umfasst folgende Aspekte:

Therapieformen:

- Einzelpsychotherapie: tiefenpsychologisch fundiert, verhaltenstherapeutisch, interpersonelle Psychotherapie, kognitive Verhaltenstherapie.
- Gruppenpsychotherapie: interaktionell-themenzentrierte Gesprächsgruppen; spezifische Gruppen: Selbstsicherheitstraining, Seniorengruppe, Genussgruppe.

- Angehörigenarbeit: Angehörigengruppe, informative Einbeziehung, Paar- und Familiengespräche.
- Soziotherapie: Arbeits-, Wohn-, lebenssituativ-bezogen: Sozialtraining, Organisation von poststationärer Einbindung/Versorgung: Heim, SPDi, ambulante Pflege u.a.
- Psychopharmaka: Antidepressiva als Standard, seltener Hypnotika, Tranquilizer, Neuroleptika (z.B. bei Wahn).
- Schlafentzug, Lichttherapie.
- Kreativtherapien: Beschäftigungs-, Mal-, Musiktherapie.
- Bewegungstherapie: Sport und Gymnastik, Sauna, Jogging.
- Entspannungstraining.

Möglichkeiten der Gruppenarbeit:

- Entspannungsgruppe,
- Selbstsicherheitsgruppe,
- Gruppe zur Verbesserung sozialer Fertigkeiten,
- Körper- und bewegungstherapeutische Gruppe,
- Psychoedukative Gruppe für Patienten,
- Angehörigengruppe,
- Genussgruppe (Seinsqualitäten, Schminken u.a.),
- Seniorengruppe für ältere Depressive,
- Körperorientierte Verfahren,
- Tanz-, Rhythmus-, Musikgruppe,
- „Frischluft"-Gruppe (z.B. Morgenspaziergänge),
- Kochgruppe (Frühstück, Abendessen),
- Fahrradgruppe,
- Gruppe mit Klinikseelsorger,
- Maltherapiegruppe
- u.a.

11. Zur Kombination und Interaktion von Psycho- und Pharmakotherapie

Hans-Peter Kapfhammer

Pharmakologische und psychotherapeutische Ansätze sind in der Behandlung eines depressiven Patienten sehr wohl zu integrieren. Dies trifft auch für die psychodynamische Psychotherapie zu. Bewusste und unbewusste Bedeutungsverschiebungen, die sich mit der Einführung von Medikamenten ergeben, müssen in typischen Übertragungs- und Gegenübertragungsmustern systematisch reflektiert werden. Depressive Typologie und depressiver Verarbeitungsmodus eines Patienten geben wichtige Hinweise, wie ein individueller Patient emotional auf den Parameter „Medikation" reagieren kann. Spezielle Fragen ergeben sich, wenn die Kombinationsbehandlung in einem „therapeutischen Dreieck" durch einen Psychotherapeuten und einen Pharmakotherapeuten getrennt erfolgt.

Psychosoziale und biologische Ansätze nahmen im 20. Jahrhundert einen sehr wechselhaften Stellenwert in der Therapie psychischer Störungen ein. Änderungen in Behandlungsphilosophien wurden meist durch neue diagnostische Erkenntnisse oder empirisch entdeckte Therapiemethoden initiiert. Biologische und psychosoziale, speziell psychodynamische Perspektiven wurden hierbei lange Zeit einander polarisierend gegenübergestellt.

Erst in jüngeren Jahren wächst eine stärker *integrative Sichtweise*, die sich um das multikonditionale Zusammenspiel von psychosozialen und psychobiologischen Einflussfaktoren in der Ätiologie und Pathogenese aller psychischen Störungen, also auch bei den traditionell als Neurosen und Persönlichkeitsstörungen konzipierten Störungen, bemüht. Das Bekenntnis zu einer solchen multifaktoriellen Ätiopathogenese psychischer Störungen gestattet für eine individuelle Therapieplanung prinzipiell ein breites Spektrum psychotherapeutisch-psychosozialer Verfahren einerseits, pharmakologisch-biologischer Strategien andererseits. Ihr differenzieller Einsatz allein oder in Kombination ist aber neben theoretischen und empirischen Vorüberlegungen stets auch auf die Rahmenbedingungen des aktuellen Gesundheitsversorgungssystems zu beziehen. Angesichts einer Kostenexplosion und Ressourcenknappheit werden Entscheidungen hier zunehmend stärker auch von ökonomischen Argumenten beeinflusst.

Dieses veränderte Praxisfeld verlangt von allen Psychotherapien, die jeweilige Position gegenüber einem Einsatz von Medikamenten selbstkritisch und konstruktiv zu reflektieren, dabei aber in der Erprobung neuer Praxismodelle eine sichere therapeutische Identität zu bewahren. Die Grundhaltungen einzelner Psychotherapien hierzu unterscheiden sich bedeutsam.

- Eine *kognitiv-behaviorale Grundhaltung* lässt sich im Prinzip ohne große Probleme mit einem medizinischen Krankheitsmodell vereinen. Für die traditionellen Neurosen und Persönlichkeitsstörungen betont sie oft einen „Wettbewerbscharakter" zwischen beiden Ansätzen und reserviert einen medikamentösen Einsatz vor allem in Fällen einer mangelnden Psychotherapie-Response oder zur Überwindung von therapeutischen Engpässen (Hautzinger 1995). Zunehmend stärker wird aber auch ein Bedingungszusammenhang zwischen dem Schweregrad einer psychischen Störung und der im psychotherapeutischen Behandlungsmodell fokussierten dysfunktionalen Denkstile, der als typisch erachteten kognitiven Schemata und der hiermit korrelierten Verhaltensweisen thematisiert. Medikamente werden bei Zuständen einer schweren psychopathologischen Dekompensation geradezu als Voraussetzung für ein effektives psychotherapeutisches Handeln erachtet. Bei einer Kombination mit Psychopharmaka wird meist ein pragmatisches Erklärungsrationale vermittelt, um das Informationsbedürfnis des Patienten zu befriedigen und seine Compliance zu fördern. Für den Fall beunruhigender Nebenwirkungen werden gesonderte Telefonkontakte auch außerhalb der Therapiesitzungen angeboten. Für beide therapeutischen Strategien werden komplementäre Effekte postuliert, auf die psychopathologische Symptomebene einerseits, auf bestehende psychosoziale Probleme andererseits. Auf einen häufig unterschiedlichen Zeitverlauf für den Wirkeintritt unter beiden Behandlungsformen wird hingewiesen.

- Eine *psychodynamisch-psychoanalytische Grundhaltung* verweist im Vergleich hierzu auf ein sehr viel heterogeneres Meinungsbild. Nur wenige psychoanalytische Autoren setzten sich zunächst überhaupt mit den therapeutischen Möglichkeiten der in den 60er Jahren aufkommenden modernen Psychopharmakologie auseinander. Ausnahmen bildeten etwa Sarwer-Foner (1960) und Ostow (1962). Die Mehrheit der psychoanalytischen Kommunität zeigte sich aber gegenüber Medikamenten in Psychoanalysen lange Zeit sehr reserviert. Die Skepsis gründete in einer Reihe von ungeprüften Vorannahmen. So wurde ein *„negativer Plabeco-Effekt"* unterstellt, dem zufolge Medikamente einen schädigenden Einfluss auf den psychotherapeutischen Prozess auch unabhängig von der pharmakologischen Wirkkomponente zeigen würden. Eine „antitherapeutische Haltung" wurde unterstellt, Medikamente respektierten einen Patienten nicht in seiner „Subjektivität", sondern machten ihn zu einem „Objekt". Eine *Medikamenten-induzierte Symptomremission reduziere die Motivation zur Psychotherapie.* Ein „optimaler Leidensdruck" sei für eine effektive Psychotherapie nötig, eine zu rasche Symptomreduktion unterminiere aber die Konfliktlösungsbereitschaft und die Einsichtssuche eines Patienten. Unter Medikamenten stellten sich *verhängnisvolle Effekte auf die Erwartungen an eine Psychotherapie* ein. Sie signalisierten einem Patienten nämlich, ohne „medikamentöse Krücke" sei bei ihm keine Problemlösung möglich, er werde hierdurch entwertet, in Abhängigkeit gehalten, statt in seinen eigenen Stärken und Ressourcen aktiviert. Oder eine *Medikation unterlaufe die Abwehr des Patienten.* Es komme zu einer Symptomverschiebung, zu einer späteren Wiederkehr der konflikthaften Problematik oder zu einer psychosozialen Verschlechterung des Patienten, da die intrapsychische und/oder interpersonelle Bedeutung seiner Symptome verkannt werde. Diese Vorurteile von Psychoanalytikern wurden wiederum durch eine Reihe ebenfalls einseitiger Vorbehalte biologistisch orientierter Autoren gegenüber der Psychotherapie konterkariert und weiter polarisiert. So argwöhnten letztere etwa, Psychotherapie sei in den meisten Fällen schwerer wiegender psychopathologischer Zustände nicht nur ineffektiv, auch der Wert der Pharmakotherapie werde reduziert, da es *durch aufwühlende Konfrontationsarbeit zu einer Symptomverschlechterung* kommen könne. Stelle sich bei einer Kombinationsbehandlung ein Therapieeffekt ein, so sei dieser allein auf die medikamentöse Korrektur eines neurochemischen Defizits zurückzuführen. *Medikamente korrigierten den ätiologischen Prozess, andere Therapiemodalitäten seien bestenfalls neutral ineffizient, wenn sie nicht gar schädigten.* In der Perspektive der empirischen Überprüfung konnte jedoch keine dieser als feste Überzeugungen vorgetragenen Hypothesen aufrecht gehalten werden, wie sorgfältig konzipierte Studien belegten (Rounsaville et al. 1981). Vertreter der amerikanischen Psychoanalyse waren in den letzten Jahren imstande, diese Forschungsergebnisse anzuerkennen und hierüber, möglicherweise verstärkt durch die Auflagen einer „managed care", zu einer fruchtbaren Revision der eigenen offiziellen Position gegenüber Medikamenten in psychoanalytischen Therapien zu gelangen. Dies findet sowohl in der psychoanalytischen Ausbildungsszene als auch in der konkreten Versorgungspraxis unmittelbaren Niederschlag, wenn beispielsweise am Columbia Center for Psychoanalytic Training and Research ca. 25% der Ausbildungsanalysen unter psychopharmakologischer Medikation durchgeführt werden, und 90% aller an der American Academy of Psychoanalysis registrierten Mitglieder Medikamente bei ihrer psychotherapeutischen Arbeit einsetzen (Roose u. Gabbard 1997). Über neue Ausbildungsordnungen sowohl in der Psychiatrie als auch in der psychotherapeutischen Medizin dürfen hinsichtlich einer integrativen Perspektive künftig grundlegende Rückwirkungen auch auf originär psychoanalytische Positionen im deutschsprachigen Raum erwartet werden.

Klinisch-konzeptuelle Voraussetzungen für eine Psychotherapie und/oder eine Pharmakotherapie bei depressiven Störungen

Depressive Störungen zählen mit zu den häufigsten psychischen Erkrankungen. Sie gehen mit einer erschreckend hohen Mortalitätsrate von ca. 15% durch *Suizid* und einer ausgeprägten *psychiatrischen Komorbidität* wie z.B. Angststörungen, Alkohol- und Medikamentenmissbrauch, einher. Depressive Störungen zeichnen sich durch eine starke *Rezidivneigung* aus, bei ca. einem Fünftel der Patienten muss mit einem *chronischen Verlauf* gerechnet werden. Ausgelöst werden sie häufig in einem *Kontext wichtiger psychosozialer und persönlicher Stressoren*, unter denen die Aspekte von Trennung, Verlust und Trauer, von partnerschaftlicher und familiärer Disharmonie, von ungünstiger psychosozialer Unterstützung herausragen. Depressionen erweisen sich hierbei als das wohl klarste Beispiel für eine biopsychosoziale Krankheit, in der sich genetische Vulnerabilität und negative Lebenserfahrungen eindrucksvoll miteinander verschränken. Subjektives Leiden, partnerschaftliche und familiäre Belastungen, psychosoziale Behinderungen sowie sozioökonomische Kosten in Milliardenhöhe sind bedenkenswerte *Folgen* depressiver Erkrankungen. Diese Komplexität muss in einer ausgewogenen *Kosten-Nutzen-Kalkulation* hinsichtlich verfügbarer und indizierter Therapien beachtet werden (Gabbard 1998).

Ein Großteil der Patienten mit depressiven Störungen werden von Allgemeinärzten, Internisten und Psychiatern vorrangig *psychopharmakologisch* behandelt. Die *klinische Realität einer Psychopharmakotherapie* lässt sich verkürzt wie folgt zusammenfassen: Auch jenseits einer diagnostisch-ätiologischen Differenzierung lassen sich depressive Syndrome unterschiedlicher Schweregrade in ca. 60–70% zufrieden stellend mit Antidepressiva behandeln. Hierbei darf aber eine in empirischen Studien dokumentierte Rate der „Therapie-Response" nicht automatisch mit einer „Remissionsquote", also einem Wiedererreichen des prämorbiden Status gleichgesetzt werden. Nicht selten können subjektiv störende depressive Restsymptome oder mit der Erkrankung verknüpfte psychologische oder psychosoziale Probleme fortbestehen. Selbst mit ausgefeilten psychopharmakologischen Strategien besteht in ca. 20% eine Therapie-Resistenz gegenüber Antidepressiva, imponiert also klinisch eine „chronische Depression". Nach Absetzen der Medikamente muss mit einem bedeutsamen Rückfallrisiko von 20–50% innerhalb der nächsten Monate gerechnet werden. Selbst wenn Antidepressiva recht erfolgreich auch als Langzeittherapie eingesetzt werden, vermitteln Medikamente allein keine ausreichende Suizidprophylaxe. Trotz einer breiten Palette mittlerweile verfügbarer Substanzklassen mit unterschiedlichen Nebenwirkungsprofilen stellen gerade die Nebenwirkungen für zahlreiche Patienten im ambulanten Behandlungssetting eine schwer zu tolerierende Beeinträchtigung dar und gehen mit einer erheblichen Non-Compliance und hieraus resultierender Rückfallgefährdung einher. Irrationale bzw. unreflektierte Ängste und Meinungen über die Wirkungen von Antidepressiva, wie z.B. das Gefühl, hierdurch die persönliche Autonomie zu verlieren, in seinem Selbstwertgefühl getroffen zu werden, seine Selbstheilungskräfte zu unterminieren usw. sind wichtige psychodynamische Motive, die neben pharmakologischen Gründen eine Non-Compliance bedingen können. In einer Beurteilung der vorliegenden Studienergebnisse zur Wirksamkeit von Antidepressiva darf schließlich nicht übersehen werden, dass auch ca. 30–40% der randomisiert einer Placebo-Kontrollgruppe zugeteilten Patienten sich in ihrer depressiven Symptomatik gut bessern (Kapfhammer 1997).

Klinisch-therapeutische Voraussetzungen für eine Psychotherapie und/oder eine Pharmakotherapie bei depressiven Störungen

Empirische Studien zur Wirksamkeit von psychotherapeutischen Verfahren belegten für die kognitive Verhaltenstherapie, die Interpersonelle Psychotherapie und in geringerem Umfang auch für die psychodynamische Psychotherapie gegenüber medikamentösen Ansätzen eine Gleichwertigkeit in der Behandlung depressiver Störungen einer leichten bis mittleren Intensität. Kombinationsbehandlungen unter dieser Indikation zeigten oft keine zusätzlichen therapeutischen Gewinne (Kapfhammer 1998a). Zu Recht betonten aber Thase et al. (1997), dass Ergebnisse von randomisiert-kontrollierten Studien oft eine nur ungenügende externe Validität aufweisen und nur schwerlich auf konkrete Bedingungen einer durchschnittlichen Versorgungspraxis generalisiert werden können. In einer metaanalytischen Auswertung fanden die Autoren hinsichtlich *„Remission"* und *„Geschwindigkeit der Remission"* eine klare statistische Überlegenheit der Kombinationsbehandlung bei *höherem Schweregrad rezidivierender Depressionen*, sowie generell auch bei *älteren* und bei *weiblichen Patienten*. Es ist aber auch der klinischen Erfahrung zuzustimmen, die eine differenzielle Bewertung der Beziehung von Schwere einer Depression und Kombinationsbehandlung aufzeigt. Demnach ist für sehr schwere depressive Zustände eine antidepressive medikamentöse Therapie unter stationären Bedingungen die initiale Behandlung der Wahl. Erst nach einer gewissen symptomatischen Erholung kann eine Kombinationsbehandlung erwogen werden.

Zweifelsohne ist die routinemäßige Kombination von Psychotherapie und Pharmakotherapie für eine große Anzahl von depressiven Patienten nicht angezeigt. In der Tat ist eine *Psychotherapie alleine* am wirksamsten bei Patienten mit leichten bis milden Depressionen, wenn sie über eine noch ausreichend gute soziale Adaptation verfügen und sie für eine Psychotherapie motiviert sind. Andererseits kann auch eine *Pharmakotherapie alleine* sehr erfolgreich bei Patienten sein, die eine solche Therapieform wünschen, an einer zumindest mäßig ausgeprägten bis schweren depressiven Episode leiden sowie prämorbid und im Intervall eine gute psychosoziale Adaptation zeigen. Das Vorliegen einer Persönlichkeitsstörung, eine zusätzliche psychiatrische Komorbidität, ein ausgeprägter Schweregrad, eine Chronizität der Depression oder Hinweise auf Bipolarität signalisieren mögliche Grenzen eines psychotherapeutischen Ansatzes allein. Umgekehrt muss an eine zusätzliche Psychotherapie bei einer initialen medikamentösen Monotherapie gedacht werden, wenn ein hohes Rezidivrisiko nach Absetzen der Antidepressiva oder gravierende Compliance-Probleme bestehen oder aber trotz adäquat durchgeführter Medikation eine bedeutsame depressive Residualsymptomatik fortbesteht, maladaptive Persönlichkeitszüge, geringe Problemlösungsstrategien, widrige Lebensumstände oder mangelhafte Unterstützungsressourcen imponieren (Thase 1997).

Unter den Bedingungen einer konkreten psychotherapeutischen Praxis ist es vorab einer Entscheidung zu einem kombinierten Vorgehen vorteilhaft, sich nochmals jene wichtigen Indikationen vor Augen zu führen, die für ein gutes Ansprechen auf Antidepressiva als relativ gesichert gelten können (Karasu 1993):

- Chronische Depression,
- melancholisches Symptompattern,
- fehlende Persönlichkeitsstörung,
- synthyme Wahninhalte,
- hoher Schweregrad der depressiven Episode,
- depressiver Stupor,
- „atypische“ Zeichen mit Hyperphagie, Hypersomnie, bleierner Müdigkeit, interpersonaler Kränkungsempfindlichkeit,
- ausgeprägte Angst- oder Zwangssymptome,
- frühere günstige Medikamenten-Response,
- positive Familienanamnese hinsichtlich affektiver Störungen oder Alkoholerkrankungen,
- eine akute, episodische und unkontrollierte Suizidalität im Kontext einer depressiven Verstimmung,
- eine Komorbidität mit anderen psychiatrischen Erkrankungen.

Ein differenzierteres psychopharmakologisches Behandlungswissen ist zu fordern bei depressiven Störungen, die ein typisches „endogenes“ Symptompattern aufweisen, speziell bei „psychotischen“, d.h. synthym wahnhaften Depressionen (dann in einer Kombinationspharmakotherapie von trizyklischen Antidepressiva und Neuroleptika). Ferner bei ausgeprägten „atypischen“ Depressionen (MAO-Hemmer, selektive Serotonin-Wiederaufnahmehemmer) sowie bei Depressionen mit starken Angst- bzw. Paniksymptomen (vor allem Imipramin, selektive Serotonin-Wiederaufnahmehemmer) oder mit Zwangssymptomen (vor allem Clomipramin, selektive Serotonin-Wiederaufnahmehemmer). Diese Kenntnisse können der korrekten Aufklärung eines depressiven Patienten vor Aufnahme einer Psychotherapie dienen, aber auch den eigenen Qualitätsstandard sichern helfen.

Im Rahmen einer Psychotherapie auftretende Zustände einer akut bedrohlichen oder persistierend quälend erlebten Verstimmung sind stets als Indikationsfälle einer Kombinationsbehandlung zu diskutieren. Dies empfiehlt sich in besonderer Weise bei depressiven Patienten mit reduzierter Impulskontrolle und akuter Suizidalität, mit massiver Zwangssymptomatik und eingeschränktem Realitätsurteil. Eine zusätzliche Pharmakotherapie sollte immer auch dann ernsthaft erwogen werden, wenn bei bereits längerfristig laufenden Psychotherapien allenfalls eine Teilbesserung eingetreten ist oder, was nicht übersehen werden darf, die depressiven Beschwerden, vor allem die somatischen Symptome sich sogar sukzessiv verschlimmert haben. Diese Überlegungen können auch Gültigkeit für psychoanalytische Langzeittherapien beanspruchen.

Allgemeine psychodynamische Implikationen der Einführung von Medikamenten in die Psychotherapie von Patienten mit depressiven Störungen

Auch jenseits wichtiger Unterschiede zwischen den einzelnen psychotherapeutischen Ansätzen muss generell festgehalten werden, dass Psychopharmaka im Rahmen einer formalen Psychotherapie stets bedeutsame Einflüsse auf das *Arbeitsbündnis*, auf die *aktuellen Übertragungs-/Gegenübertragungsmuster* und die hiermit korrelierten *Abwehr- und Widerstandsprozesse* haben (Rüger 1979). Zunächst ist entscheidend zu klären, welche Funktion den Psychopharmaka in der realen Gestaltung des Therapieprozesses bewusst zugesprochen wird.

- Sollen sie dazu dienen, eine psychotherapeutische Behandlung beispielsweise bei einem depressiv verstimmten Patienten mit stark irritierender ärgerlicher Feindseligkeit oder Suizidalität überhaupt erst zu ermöglichen?
- Sollen sie helfen, im Laufe eines Therapieprozesses auftretende emotionale Krisen mit heftigen Affektstürmen, suizidalen Reaktionen oder psychotischen Dekompensationen zu überwinden?
- Oder ist an eine langfristig konzipierte Begleitmedikation gedacht, die auf eine aus biographischer Entwicklung und bisherigem Krankheitsverlauf erschließbare biologische Vulnerabilität in der Affekt- und Stimmungsregulierung abzielt?

Als Grundregel darf wohl gelten, dass die behutsame Ansprache einer eventuellen Kombination mit Psychopharmaka bereits mit Aufnahme der Psychotherapie das therapeutische Arbeitsbündnis eher günstig bestärkt, als es belastet. Förderlich ist, wenn Patient und Therapeut hierbei ein gemeinsames Grundverständnis teilen können, dass psychotherapeutische Maßnahmen oft nur dann greifen, wenn sowohl in psychologisch-interpersonaler als auch in biologischer Hinsicht ein „holding environment" garantiert ist. Vorteilhaft ist die Sichtweise auf eine Kombinationstherapie als ein interpersonales Unternehmen (Beitman 1996), in dem ärztlicherseits ein autoritativer Verordnungsstandpunkt vermieden, vielmehr aber eine „teilnehmende Verschreibung" angestrebt wird mit einer verständnisvollen Offenheit für das recht unterschiedliche Bedeutungserleben des Patienten. Wird die Diskussion über Medikamente aber erst im Verlauf einer Therapie initiiert, dann stammt sie oft aus einem konflikthaften psychotherapeutischen Engpass und muss immer auf heftige Übertragungs- und Gegenübertragungsgefühle bezogen werden, auch wenn objektivierbare Indikationsgründe vorzuliegen scheinen (Roose 1990).

Auf der *Ebene der realen Interaktion von Therapeut und Patient* wird über Medikamente ganz zweifelsfrei ein *„ärztliches Moment"* eingeführt, das den idealerweise offen zu gestaltenden psychotherapeutischen Behandlungsraum vorstrukturiert und mit einem Stück externer Realität befrachtet, auf die beide Therapiepartner reagieren müssen. Eben diese äußere Realität gilt es in ihren Bedeutungsschattierungen sorgfältig zu klären, noch bevor ihre Auswirkungen auf engere Übertragungs- und Gegenübertragungsprozesse näher verfolgt werden können. Der therapeutische Rat zu einer Medikation bei einem Problem, das ein Patient zunächst vor allem psychologisch versteht und weswegen er ja eine Psychotherapie aufgesucht hat, konfrontiert mit der Dimension einer auch biologisch-medizinisch konzipierten, einer psychiatrischen Krankheit. Ein Bedeutungshof von *„schicksalhaft"*, *„schwer zu verändern"*, *„verrückt"*, *„unkontrollierbar"* usw. wird hiermit angestoßen. Unwillkürlich geraten eigene Erfahrungen und solche von Familienmitgliedern oder Partnern mit körperlichem Kranksein und ärztlicher Behandlung in den Brennpunkt der Erinnerung, werden durch persönliche Einstellungen, familiäre Haltungen und öffentlich kommunizierte Meinungen und Urteile eingefärbt. Diese unterliegen jeweils einer aktuellen subjektiven Bewertung und Verarbeitung. Auf einer weniger bewusstseinsnahen Erinnerungsebene werden Bilder früher affektiv-körperlicher Interaktionen zwischen Mutter und Kind aktualisiert und auf Themen von Fürsorge, Tröstung, Beruhigung, Linderung, Entlastung gegenüber körperlicher Bedrohung und Beschädigung, Schmerzen, Angst, Unwohlsein usw. hin spezifiziert.

Mit Gutheil (1977) gilt es daran zu erinnern, dass die *„Verordnung von Medikamenten"* zunächst allgemeinere Phantasien über ein Geben und Nehmen, ein Nicht-Geben und Nicht-Bekommen, eine Konkretisierung dieses Gebens und eine Individualisierung der Gabe anstößt. Sie begünstigt auch Phantasien über eine vermeintliche Präzision medizinisch-naturwissenschaftlich kalkulierbarer Effekte und kommt somit dem Wunsch nach Sicherheit und Vorhersagbarkeit nach. Andererseits kann sie den Patienten auch polar entgegengesetzt einem Chaos unerwarteter Nebenwirkungen aussetzen. Mit dem *„Medikament als Ding"* wird der „Heiler" symbolisch und gleichzeitig konkretistisch „gegessen" und erlangt vor allem in Zuständen einer erlebten inneren Leere eine besondere motivationale Kraft. In den unterschiedlichen Applikationsformen (oral, i.m., i.v., rectal) bewirken Medikamente *eine Invasion des körperlichen Innenraums* und verschieben durch ihre Realpräsenz hier imaginäre Grenzen zwischen Subjekt und Objekt. Im Beziehungsdreieck Patient-Medikament-Therapeut kann das Medikament die *Position eines „Dritten"*, eines Eindringlings und Konkurrenten einnehmen, dem wiederum eine Fülle von Projektionen beider Therapiepartner gelten können.

Es überrascht nicht, wenn sowohl der Beginn als auch die Fortführung und schließlich die Beendigung einer Pharmakotherapie im Kontext einer psychotherapeutischen Behandlung von vielschichtigen psychodynamischen Motiven beeinflusst wird. Was sich beispielsweise in einer ärztlichen Beurteilung als vermeintlich uniforme Non-Compliance des Patienten darstellt, mag in einem Fall von *projektiven Mechanismen* bestimmt sein. Das Medikament wird als invasive, von innen kontrollierende, potenziell verletzende oder zerstörende fremde Substanz erlebt. Eine hierdurch ausgelöste Labilisierung in der Subjekt-Objekt-Differenzierung kann paranoide Ängste bewirken, die durch ein Absetzen der Medikamente wegen unerträglicher Nebenwirkungen erledigt werden sollen. Oder aber im nicht-komplianten Gebrauch der Medikamente drückt sich eine *Verleugnung* der schmerzlich kränkenden Bedeutung aus, an einer chronischen psychischen Krankheit zu leiden. Mit dem Absetzen der Medikamente wird intendiert, diese nun endgültig überwunden zu haben. *Identifikatorische Prozesse* können dann eine wichtige Rolle spielen, wenn etwa Familienmitglieder ebenfalls längerfristig mit unterschiedlichen Erfahrungen psychopharmakologisch behandelt wurden, zu diesen Angehörigen konflikthafte Beziehungen unterhalten werden. Und nicht zuletzt zeichnen sich *Verschiebungen* ab, wenn ein Klagen über Nebenwirkungen der Medikamente eigentlich ein Klagen über eine enttäuschende Beziehung zum Therapeuten meint.

Psychodynamische Aspekte einer Kombinationsbehandlung im therapeutischen Dreieck

Die Entscheidung für eine zusätzliche antidepressive Medikation bei einem Patienten zu Beginn oder während einer Psychotherapie führt sehr häufig zu einer Überweisung an einen Psychiater mit speziellen psychopharmakologischen Kompetenzen. Dies mag notwendig sein, wenn der psychologische Psychotherapeut selbst keine Medikamente verordnen darf, der ärztliche Psychotherapeut aus Gründen einer besseren therapeutischen Kontrolle der durch den Parameter „Medikament" ausgelösten Übertragungs- und Gegenübertragungsprozesse sich zu einem solchen Schritt entschließt oder einfach auch keine ausreichenden pharmakologischen Kenntnisse und Erfahrungen besitzt. Die Auftrennung einer Kombinationsbehandlung auf einen Psychotherapeuten und einen Pharmakotherapeuten stellt in den USA eine sehr häufige Praxis dar und dürfte auch für deutsche Versorgungssysteme künftig eine zunehmend bedeutsamere Rolle spielen. In einer psychodynamischen Perspektive hat aber eine Überweisung, die wohl häufiger von einem Psychotherapeuten an einen Psychopharmakologen als umgekehrt erfolgt, erhebliche Konsequenzen, die es im Einzelfall sehr sorgfältig zu reflektieren gilt. Auch wenn eine im psychotherapeutischen Gespräch behutsam vorbereitete und verständnisvoll erklärte Überweisung an einen pharmakologisch orientierten Arzt durchaus auf einer positiven Übertragung beruhen kann, z.B. auf eine *„fürsorgliche, sicherheitsstiftende und verantwortungsvolle Mutter"* zielt, löst ein solcher Einschnitt doch sehr häufig beim Patienten auch Ängste und Unsicherheiten aus: *„Der Therapeut gibt mich auf, ich bin hoffnungslos krank, ich verdiene noch nicht die gute Therapie, der Therapeut ist hilflos, nicht ausreichend kompetent"* usw. Besonders schwierig mag es sein, wenn die Psychotherapie schon längere Zeit lief, die Überweisung dann recht häufig aus einem therapeutischen Engpass heraus erfolgt und eine Gegenübertragungsinszenierung darstellt. In jedem Fall aber kommt es mit der Einbindung eines anderen Therapeuten in die Behandlung zu einer *Übertragungsspaltung* (Busch u. Gould 1993). Nicht selten wird der Pharmakologe anfänglich zu einem idealisierten, nur guten Objekt. Diese Idealisierung verstärkt sich, wenn es nach Einsatz der Medikamente zu dramatischen Symptombesserungen kommt, der Arzt in seiner therapeutischen Haltung auch wesentlich aktiver, direktiver und supportiver ist. Rückwirkend mag es beim Patienten zu einer Entwertung der Arbeit mit dem Psychotherapeuten kommen, Wut auf diesen auslösen wegen eines vermeintlich oder auch tatsächlich zu langen Leidens unter seiner Depression. Möglicherweise bricht er die Psychotherapie ganz ab oder möchte aber, dass der Pharmakologe auch gleich die psychotherapeutische Begleitung übernimmt. Widerstände können sich bilden, weiterhin schmerzliche Gefühle in der Psychotherapie auf ihre Bedeutungen hin zu explorieren, wo doch jetzt die Erfahrung einer raschen Linderungsmöglichkeit gemacht wird. Der Psychotherapeut kann auf eine Überweisung und eine Mitbehandlung durch einen medizinischen ärztlichen Kollegen ebenfalls bedeutsam emotional reagieren. Er mag sich unbehaglich fühlen, wenn er um „Hilfe" für „seinen" Patienten nachsuchen, er offen legen muss, dass er bestimmte Probleme nicht lösen konnte, sich dadurch einer möglichen Kritik durch einen Dritten aussetzt. Aber auch der Pharmakologe wird im weiteren Verlauf des Kontakts zum Patienten unwillkürlich in diesen triadischen Prozess einbezogen. Er muss der Versuchung widerstehen, mit der negativen therapeutischen Übertragungsreaktion des Patienten zu kolludieren, diesen in seiner Kritik am Psychotherapeuten zu bestärken, mit dem Psychotherapeuten wiederum in einen Wettstreit um den Patienten zu treten, gar die vermeintliche eigene Überlegenheit herauszustellen. Auch ihm werden in abwechselnder Folge Gefühle der Enttäuschung und Entwertung gelten, wenn der anfänglichen Idealisierung andere Übertragungsmuster des Patienten folgen. Ein offener, auf wechselseitigem Respekt und Vertrauen beruhender Austausch zwischen Psychotherapeuten und Pharmakologen über den Patienten sowie eine fortlaufende kollegiale Abstimmung und Sicherstellung der vereinbarten Rollenteilung sind die unabdingbaren Voraussetzungen für einen erfolgsversprechenden therapeutischen Prozess (*„Vater und Mutter sind als abgrenzbare Eltern wahrnehmbar und können sich über den Patienten konstruktiv verständigen“*).

Typische Übertragungs- und Gegenübertragungsmuster während einer Kombinationsbehandlung bei depressiven Patienten

Spezielle Bedeutungen, die Medikamente bei einem depressiven Patienten zu Beginn oder während einer psychodynamischen Therapie auslösen können, sind nur idealtypisch zu beschreiben. Sie sind nicht schon gesichert aus empirischen Therapiestudien abzuleiten, sondern erschließen sich nur einer behutsamen individuellen Analyse. Um aber doch eine orientierende Bedeutungsmatrix zu erstellen, ist es klinisch lohnenswert, sich einerseits die jeweils unterschiedliche depressive Phänomenologie eines Patienten mit meist zentralen psychodynamischen Emotionen zu vergegenwärtigen (Will 1994), andererseits zu beachten, dass depressive Patienten jeweils mit typischen Verarbeitungsmodi ihre depressiven Grundkonflikte präsentieren (Rudolf 1996). Depressive Typologie und Verarbeitungsform eines individuellen Patienten gestatten wichtige Hinweise darauf, welche möglichen Bedeutungen durch die Gabe von Medikamenten bei ihm ausgelöst werden können. Aber auch wichtige emotionale Gegenreaktionen des Therapeuten lassen sich hierauf beziehen. Hierbei ist freilich zu beachten, dass die nachfolgend aus Übersichtsgründen je für sich dargestellten depressiven Typologien und Verarbeitungsformen keineswegs auf exklusive kategoriale Patientengruppierungen verweisen müssen. Vielmehr stellen sie typische Merkmale von depressiven Patienten überhaupt dar, liegen in variierender dimensionaler Ausprägung bei ihnen vor und sind in aufeinander folgenden Therapieabschnitten unterschiedlich akzentuiert (Kapfhammer 1998b).

Schulddepression

Patienten mit prävalenter *Schulddepression* leiden unter heftigen Gewissensbissen, klagen sich an und erniedrigen sich. Ihre Über-Ich-gesteuerten Selbstvorwürfe tragen oft zerstörenden und verfolgenden Charakter. Das „entlastend“, „begütigend“, „gut gemeinte“ Angebot des Therapeuten, doch Medikamente zu nehmen, darf in dieser positiven Konnotation noch nicht wahrgenommen werden. Das Medikament ist vielmehr für den Patienten die interaktionelle Bestätigung seiner persönlichen „Schlechtigkeit und Aggressivität“, gilt ihm als ein Zeichen der Bestrafung. Eine intrapsychische Entspannung, die er nach Einnahme eines Antidepressivums vielleicht doch verspüren kann, ist initial eher an das Erdulden der Nebenwirkungen geknüpft, das ein unbewusstes Strafbedürfnis befriedigt. Einen echten thymoleptischen Effekt kann er aber nicht schon ohne weiteres akzeptieren, da sein strenges Über-Ich hierdurch nur oberflächlich beschwichtigt würde. Eine zu rasche symptomatische Besserung würde vielmehr seine unbewusste Schuld noch weiter verstärken, da sie psychodynamisch ja aus der Enttäuschungswut auf ein ambivalent geliebtes, verlorenes, aber nicht wirklich zu betrauerndes Objekt resultiert. Ein möglicherweise begleitendes Klagen über die Nebenwirkungen verrät in der Therapeut-Patient-Beziehung diese objektgerichtete Unzufriedenheit in ihrer ganzen Ambivalenz. Der Therapeut gerät bei einem solchen Patienten leicht in die Übertragungsposition eines bestrafenden, unverständigen Elternteils, der in Reaktionsbildung eine „gute Linderung verspricht", aber doch nur „abspeist" und mit Nebenwirkungen quält. Unwillkürlich wäre er hier mit den sadistischen Über-Ich-Introjekten des Patienten identifiziert. Nicht selten befindet er sich aber auch am reziproken Interaktionspol, wenn er den Umgang mit dem Patienten als außerordentlich belastend und quälend erlebt, seine vorwürflichen Klagen über die Nebenwirkungen des Medikaments nur schwerlich ertragen kann. Er wäre hier mit den depressiv-schuldbeladenen Selbstanteilen des Patienten konkordant identifiziert. Ein schneller Wechsel auf ein anderes Antidepressivum mag weniger durch eine pharmakologische Rationale bestimmt sein, als vielmehr auf die gegenaggressive Zurückweisung der unbewusst zugedachten Rolle zielen, somit der eigenen Entlastung dienen.

Abhängigkeitsdepression

Patienten mit prävalenter *Abhängigkeitsdepression* vermitteln eine ängstliche Sehnsucht, eine fordernde Enttäuschung, eine Wut und Gier. Sie klammern sich an und beklagen ihre Verlassenheit. Es ist gerade dieses interaktionell induzierte drängende Verlangen des Patienten, das den Therapeuten initial verführen kann, zu rasch ein Medikament zu verabreichen, ohne einerseits genauer zu überprüfen, was dessen echte Bedürfnisse sind, andererseits aber sehr schnell realisieren zu müssen, dass die „gute Gabe" nicht tröstet, sich als unwirksam erweist, nicht wertgeschätzt, vielmehr enttäuscht zurückgewiesen wird. Solche Patienten erscheinen dem Therapeuten trotz seines großen emotionalen Einsatzes als unersättlich, ihn schließlich überfordernd. Er erlebt sie schnell auch als undankbar, lästig, ungeduldig, oder aber Schuld auslösend. Nicht selten treten Therapeut und Patient in einen unheilvollen Zirkel mit schneller Abfolge unterschiedlichster Medikamente ein, in dem das nächst potentere Antidepressivum endlich doch noch den „riesigen Hunger" des Patienten stillen, dem Therapeuten aber die ersehnte Ruhe und Befreiung von diesem gierigen Patienten verschaffen soll. Gleichzeitig werden aber durch dieses Übertragungs-Gegenübertragungsagieren die zentralen Trennungs- und Verlassenheitsängste des Patienten noch verschlimmert.

Hilflosigkeitsdepression

Patienten mit prävalenter *Hilflosigkeitsdepression* fühlen sich hilflos, erschöpft, entleert, sind verzweifelt und hoffnungslos, haben sich aufgegeben. Diese Patienten bewirken in der Tat auch beim Therapeuten sehr leicht ein analoges Gefühl von Perspektiv-, Mut- und Hoffnungslosigkeit. Sie können ihn in seinen therapeutischen Überlegungen lähmen, phantasie- und ratlos machen. Der Einfall eines Antidepressivums schließlich kann einen Ausweg signalisieren, die initial verspürte Handlungsunfähigkeit zu überwinden, dann in einen pharmakologischen Aktionismus überzuwechseln. Nicht selten muss sich aber der Therapeut selbstkritisch damit konfrontieren, dass ihm bei einem solchen Patienten die Überlegung einer antidepressiven Medikation lange Zeit überhaupt nicht kommen wollte, vielleicht als skeptischer Gedanke kurz auftauchte, um alsbald als wenig aussichtsreich verworfen zu werden, ohne dass eine reale Überprüfung dieser therapeutischen Möglichkeit erfolgte. Der Patient mag wiederum die Tatsache, dass ihm schließlich ein Medikament gegeben wurde, als Zeichen der verspürten „Macht- und Hilflosigkeit" entgegennehmen. Da eine Erschöpfungsdepression aus vielfältigen pathogenetischen Pfaden resultieren kann, werden ihre psychodynamischen Anteile oft erst in den weiteren Bearbeitungsphasen klarer, wenn die persönlichkeitsverankerte Verarbeitungsform stärker zu Tage tritt.

Narzisstische Depression

Bei Patienten mit prävalenter *narzisstischer Depression* imponieren als zentrale Emotionen Scham und Erniedrigung, die von Selbstverachtung und Selbsterniedrigung begleitet sind und im Kontakt eine Leere und Beziehungslosigkeit signalisieren. Medikamente mögen bei ihnen die Gefühle von „Minderwertigkeit und Defizienz" noch verstärken, während der Therapeut das gesamte Repertoire seiner pharmakologischen Potenz entfalten möchte, hierin vom Patienten vielleicht anfangs sogar idealisiert worden ist.

Die kurz skizzierten depressiven Typologien beschreiben quasi die psychodynamischen „Eintrittskarten" von Patienten, mit denen sie eine *Psychotherapie aufnehmen*. Sie stellen die psychodynamische und interaktionelle Matrix dar, in der auch das Angebot des Therapeuten, der Vorschlag, die Verordnung von zusätzlichen Medikamenten unbewusst konzeptualisiert wird. Im Laufe der biographischen Entwicklung erworbene Copingstile und Abwehrformen einer Person prägen die Auseinandersetzung mit depressiven Grundkonflikten in typischer Weise. Sie bestimmen ebenfalls mit, welchen psychodynamischen Stellenwert antidepressiv wirksame Medikamente bei einem bestimmten Patienten in der *weiteren Bearbeitungsphase einer psychodynamischen Psychotherapie* einnehmen können. Sie können z.B. dazu beitragen, dass sich an der Medikamentenverordnung bzw. dem Medikationsverhalten typische Behandlungswiderstände bilden, die wiederum auf grundlegende Übertragungs-/Gegenübertragungsmuster hinweisen.

Altruistische Verarbeitung des depressiven Grundkonflikts

Patienten versuchen oft, einen depressiven Grundkonflikt lebensgeschichtlich vorrangig durch eine frühe Übernahme von Verpflichtung und Verantwortung, durch Überfürsorglichkeit gegenüber anderen, durch Selbstverleugnung, Überangepasstheit, Unterordnung und Aggressionshemmung zu kompensieren. Eine solche *altruistische Verarbeitungsform* führt innerhalb der Psychotherapie regelhaft zu einer starken Abwehr der eigenen Hilfsbedürftigkeit. Melden sich Bedürfnisse, so stoßen sie leicht Schuldgefühle an, da sie als „egoistisch" gelten. Antidepressiva können u.U. diese Abwehr kräftig unterlaufen. Da ein einsetzender thymoleptischer Effekt auch die orale Bedürftigkeit verstärkt, gleichzeitig die aggressive Komponente des Enttäuschtseins mobilisiert, gerät der Patient rasch in das Dilemma, als jemand erkennbar zu werden, der seine Affekt- und Triebbedürfnisse nicht mehr unter Kontrolle hat, als Unzufriedener und Fordernder seiner Umwelt gegenüber erscheint. Individuationsbedürfnisse muss er als objektgerichtete aggressive Handlungen werten, die emotional enge Objektbeziehungen bedrohen können. Auch stellen diese gefährlichen Wünsche seine langjährig etablierte, einseitige Form der Selbstidentitäts- und Selbstwertsicherung eben durch Selbstverleugnung völlig in Frage. Starke Widerstände gegen sich bietende Chancen zu einer neuen Individuation rühren sich und bewirken hartnäckige Barrieren im therapeutischen Voranschreiten. Nicht selten nehmen aber diese Patienten zunächst ihre Antidepressiva getreu ihrer hypernomischen Struktur so korrekt ein, wie sie ihnen verordnet werden. Ohne Murren tolerieren sie empfindliche Nebenwirkungen. Sie fühlen sich auch verantwortlich für ein Gelingen der zusätzlich angesetzten Pharmakotherapie und bezichtigen sich als Therapieversager, wenn die Medikamente nicht den gewünschten Effekt erzielen. Bei diesen Patienten kann es im psychotherapeutischen Prozess manchmal schon als ein wichtiges Zeichen einer zaghaft einsetzenden Individuierung verstanden werden, wenn sie anfangen, über Nebenwirkungen überhaupt einmal zu klagen. Diese auf die Medikamente bezogenen Äußerungen können therapeutisch fruchtbar auf die psychodynamische Grundproblematik des Patienten bezogen werden.

Narzisstische Verarbeitung des depressiven Grundkonflikts

Patienten mit einer *narzisstischen Verarbeitungsform* neigen zur Leugnung ihres depressiven Grundkonflikts. Sie dürfen sich ihre orale Bedürftigkeit nicht eingestehen. Andererseits wird ihre behauptete Nichtangewiesenheit auf andere Objekte von starken Selbstzweifeln und hoher Kränkbarkeit begleitet. Ihre typischen Bewältigungsmuster beinhalten eine Überbetonung von Ansehen, Geltung und Leistung, von körperlicher Erscheinung und Attraktivität. Sie legen großen Wert auf Wissen, Macht und Kontrolle und umgeben sich mit einer Aura von Grandiosität und Exklusivität. Sie erwarten von anderen eine unbedingte und uneingeschränkte Bewunderung ihrer Person. Gleichzeitig schaffen sie durch habituelles Entwerten und Kritisieren eine Distanz zu ihren Mitmenschen. Ihre klinisch-phänomenologische Depressivität ist durch eine nach außen gerichtete, dysphorische oder wütende Schuldzuweisung einerseits, durch starke Selbstzweifel und hypochondrische Skrupel andererseits gekennzeichnet. Ein tragfähiges Arbeitsbündnis mit ihnen gelingt nur mühsam, da sie den Therapeuten entwerten und kontrollieren müssen. Medikamente können diese Ausgangssituation noch erheblich komplizieren, da sie eine solche Gabe als „Zumutung", „Demütigung", „Unterwerfung" oder „Manipulationsversuch" kränken und irritieren kann. Nebenwirkungen von Antidepressiva stellen für sie nicht einfach lästige, meist unvermeidbare Begleiterscheinungen dar. Vielmehr labilisieren sie ihr ohnehin prekäres Körperselbst weiter, lösen Bedrohungsgefühle aus, die in eine hypochondrisch-paranoide Verarbeitung einmünden können. Ihr Anspruch auf die Kontrolle des Therapeuten und die therapeutische Situation mag auch mit einem „auferlegten" Medikamentenregime kritisch kollidieren, zu einem nichtkomplianten Einnahmeverhalten führen. Nicht selten induzieren diese Patienten beim Therapeuten das Gefühl, dass Medikamente trotz wichtiger objektivierbarer Indikationen gar nicht nötig seien. Sie schaffen es, dass auch der Therapeut die schmerzlich kränkende Realität einer psychischen Krankheit leugnet. Werden Medikamente verordnet, so sind sie nicht selten „sanft", „beruhigend", „harmonisierend", viel eher Benzodiazepine als Antidepressiva, obwohl nur letztere angezeigt wären. Oder aber Antidepressiva müssen die letzte Errungenschaft des pharmakologischen Fortschritts verkörpern, mit mühelos eintretendem durchschlagenden Erfolg, ohne beeinträchtigende Nebenwirkungen, um aber alsbald im Therapieprozess entwertet zu werden. Klinisch muss bei diesen Patienten besonders beachtet werden, dass die Einnahme von Medikamenten u.U. in einen fortgesetzten Prozess der Selbstzerstörung miteinbezogen werden, narzisstische Krisen leicht in (para-)suizidale Handlungen mit Medikamenten einmünden können.

Oral-regressive Verarbeitung des depressiven Grundkonflikts

Bei wiederum einer anderen Gruppe von depressiven Patienten liegt der depressive Grundkonflikt mehr oder weniger unverstellt vor. Ein durchdringendes dysphorisch vorwürfliches Gefühl, ungeliebt, unversorgt, verlassen, unerwünscht zu sein, imponiert bei ihnen. Aktive Bewältigungsmuster haben sie sekundär kaum entwickeln können.

Vielmehr zeigen sie ein primitives Verlangen nach Fütterung, Tröstung und Beruhigung in symbiotischen Überlebensbeziehungen. Regelhaft sind sie unreif, infantil abhängig, zeigen einen nur geringen Befriedigungsaufschub ihrer Bedürfnisse und eine erheblich reduzierte Affektkontrolle. Patienten mit einer solchen *oral-regressiven Verarbeitung* des depressiven Grundkonflikts weisen psychodynamisch häufig die Merkmale einer Borderline-Persönlichkeitsorganisation auf. Werden Medikamente bei ihnen eingesetzt, so müssen spezielle Probleme bedacht werden (Kapfhammer 1997):

- Eine typische „*orale Ambivalenz*" mit aktivierten Verschmelzungs- und Inkorporationstendenzen, in denen Medikamenten eine konkrete körperliche Symbolgestalt zukommt, Tabletten zur „guten", aber auch zur „schlechten Nahrung" werden; der klinische Zusammenhang zu einer Selbstdestruktivität muss besonders gesehen werden.
- Über die allgemeinen Konnotationen einer suggestiven und manipulativen Beeinflussung häufig negative Interferenzen der Medikamente mit einem prekären *Autonomiegefühl* und einer starken Irritation des *Distanz-Nähe-Verhältnisses* in der therapeutischen Beziehung; auf einer Verhaltensebene gehen hiermit die vielfältigen Formen einer medikamentösen Non-Compliance einher.
- Die Bedeutung von Medikamenten als „*Übergangsobjekt*" zur Kontrolle von großen Verlassenheitsängsten; diese unbewusste Funktionalisierung von Medikamenten bedingt häufig ein völlig idiosynkratisches Einnahmeverhalten.
- Häufige *Spaltungsabwehrprozesse*, die durch die andersartigen konzeptuellen Kontexte eines pharmakologischen und eines psychotherapeutischen Ansatzes notgedrungen aktiviert werden.
- Infolge einer großen *Instabilität der Objektbezogenheit* rascher, oft unvorhersehbarer Wechsel in den unbewussten Bedeutungen der Medikamente; oft imponiert ein impulsiver und selbstdestruktiver Missbrauch der Medikamente.

Vorgehen im Verlauf der Therapie und bei Beendigung

Ebenso wie wichtige psychodynamische Motive die Entscheidung mitbeeinflussen können, antidepressive Medikamente innerhalb einer Psychotherapie bei einem depressiven Patienten anzusetzen, mag auch die Entscheidung, eine solche medikamentöse Behandlung im Fortgang der Psychotherapie wieder abzusetzen, durch eine Reihe von unbewussten intrapsychischen und interaktionellen Aspekten mitbestimmt werden bzw. neue psychodynamische Prozesse anstoßen. Selbstverständlich ist auf der Ebene eines konstruktiven Arbeitsbündnisses ein solcher Schritt zunächst rational zu begründen. Diese realitätsorientierte Überprüfung der weiteren Notwendigkeit einer zusätzlichen Medikation sollte ohnehin Bestandteil einer bereits zu Beginn der Kombinationsbehandlung getroffenen Vereinbarung sein. Das praktische Prozedere eines Umsetzens, einer Reduktion oder eines allmählichen völligen Absetzens muss sich hierbei an den Qualitätsstandards einer differenzierten Pharmakotherapie orientieren. Implizite unbewusste Motive bei diesem Vorgehen sind außerordentlich vielfältig und lassen sich nur in einer sorgfältigen Bedeutungsanalyse erschließen. Themen der Trennung und Individuation sind häufig, aber auch von Schutz und Abhängigkeit, der narzisstischen Verleugnung noch existierender Gefährdungen, der projektiven Entlastung von Enttäuschungs- und Ärgergefühlen über einen bisher nicht zufrieden stellenden symptomatischen Teilerfolg in der Gesamttherapie, des Ausschlusses eines für das therapeutische Selbstverständnis irritierenden, neidisch oder eifersüchtig erlebten „Dritten“ in der Gestalt des Medikaments, der omnipotenten Zurückgabe der durch die Nebenwirkungen eines Antidepressivums stark beeinträchtigten sexuellen Erlebnisfähigkeit, der Abwehr einer thymoleptisch aktivierten Grundaggressivität in den depressiven Konflikten usw.

In der *Phase der Beendigung einer Psychotherapie* dominieren allgemein die Themen von Verlust, Trennung, Abschied und Trauer. Diese letzten Stunden fordern eine intensive Auseinandersetzung mit dem therapeutisch Erzielten, noch nicht Erreichten, vielleicht auch realistisch nicht Erreichbaren. Kritische Fragen des Therapeuten beziehen sich darauf. *„Wird diese Realität auch vom Patienten wahrgenommen?“ „Kann sie wahrgenommen werden?“* In dieser schwierigen Übergangsphase der Ablösung vom Therapeuten muss auch der Stellenwert der antidepressiven Medikation nochmals ganz besonders gründlich beleuchtet werden.

- Stellen Medikamente das Eingeständnis einer psychotherapeutisch nicht heilbaren, vorrangig biologisch determinierten psychischen Krankheit dar?
- Sind sie Zeichen dieser fortbestehenden kränkenden Realität, die der Patient aus der Therapie resigniert und desillusioniert mitnehmen muss?
- Oder aber sind sie eine wichtige psychologische Brücke zum Therapeuten, mit dem eine realitätsorientierte Anerkennung eines notwendigen Aspektes des „psychobiologischen Holdings“ gelungen ist? Medikamente nehmen hier zunächst die Funktion eines Übergangobjekts ein, das eine anhaltende Beziehung zu einer schützenden Person symbolisiert, von der sich der Patient aber trennen muss. In einer eigenverantwortlichen Medikation wäre schließlich ein neues „steuerndes inneres Objekt“ geworden.

Werden in dieser Abschlussphase aber plötzlich ganz neue antidepressive Medikamente erwogen und eingesetzt oder mit Anxiolytika kombiniert, oder aber abrupt abgesetzt, dann sollten primär nicht ernsthafte Indikationen angenommen, sondern vor allem ungelöste Trennungskonflikte in der therapeutischen Dyade vermutet werden, die einer dringenden therapeutischen Bearbeitung bedürfen.

12. Besonderheiten der Therapeut-Patient-Beziehung

Ulrich Rüger, Christian Reimer

Die Arzt-Patient-Beziehung spielt bei der Behandlung jeder Erkrankung eine wichtige Rolle. Bei den depressiven Erkrankungen kommt aber eine Besonderheit hinzu. Hier sind Beziehungsstörungen ein zentraler Aspekt der Erkrankung selbst. Damit ist die jeweils aktuelle Therapeut-Patient-Beziehung bei der Behandlung depressiver Erkrankungen sowohl von krankheitsbedingten Beziehungsstörungen als auch durch die mit der Grundpersönlichkeit des betreffenden Patienten sich konstellierenden Beziehungsmuster in gleicher Weise geprägt. Allerdings haben diese beiden Aspekte im zeitlichen Längsschnitt und in Abhängigkeit vom Krankheitsverlauf ein jeweils unterschiedliches Gewicht. Dies wird an einigen ausgewählten Fallbeispielen verdeutlicht.

Die jeweils aktuelle Symptomkonfiguration des depressiven Zustandsbildes wirkt je spezifisch auf die Arzt-Patient-Beziehung. Ein ausgesprochener Negativismus z.B. oder eine ängstlich-dependente Verhaltensweise rufen jeweils sehr unterschiedliche Antworten hervor. Deshalb würde die Annahme einer einheitlichen Form der Arzt-Patient-Beziehung bei allen depressiven Erkrankungen irreführend und wenig hilfreich sein. Vielmehr werden die jeweiligen Beziehungsmuster sehr durch die Art und das Ausmaß der aktuellen Symptomatologie geprägt. Darüber hinaus ist sie aber auch abhängig von der prämorbiden Persönlichkeitsstruktur des jeweiligen Patienten. Schließlich ändert sie sich zwangsläufig in Abhängigkeit vom jeweiligen Krankheitsverlauf.

Wir wollen dies im Folgenden eingehender erörtern und mit Hilfe von Fallbeispielen vertiefen.

Einfluss der aktuellen Symptomatik auf die Therapeut-Patient-Beziehung

Die aktuelle Symptomatik kann im Einzelfall sehr gegensätzliche Auswirkungen auf die Arzt-Patient-Beziehung haben: Steht eine ängstlich-traurige Stimmungslage, verbunden mit einer gewissen Ratlosigkeit im Vordergrund, so dürfte diese meist eine dazu passende hilfsbereite Gegenreaktion des Therapeuten hervorrufen. Mit einer negativistisch-pessimistischen Grundhaltung dagegen korrespondiert häufig beim Therapeuten eine gewisse Ratlosigkeit. Eine damit verbundene mangelhafte Beziehungsbereitschaft des Patienten kann beim nicht geschulten Arzt eine starke Distanz hervorrufen oder im Extremfall Impulse, den Patienten aufzugeben.

Schließlich müssen gerade psychodynamisch orientierte Psychotherapeuten eine weitere Besonderheit beachten: Zumindest bei schwereren Depressionen führt das Modell der Übertragungs-Gegenübertragungs-Diagnostik in die Irre: Die Reaktion des Therapeuten auf den Patienten bezieht sich hier nicht mehr auf eine aktuelle Konfliktpathologie oder persönlichkeitsstrukturelle Aspekte, sondern auf von einem bestimmten Punkt an biologisch mitbestimmte Verhaltensmuster. Hier ist eine basale „hilfreiche" therapeutische Beziehung mit gleich bleibender aufmerksamer Präsenz erforderlich. Wie bei jedem guten Arzt gilt dabei die Aufmerksamkeit sowohl den Krankheitsphänomenen und ihrer jeweiligen Bedeutung als auch dem Erhalt der Beziehung zum Patienten. Zu einer so verstandenen hilfreichen Beziehung gehört auch die Bereitschaft, passager dem Patienten nicht zur Verfügung stehende Ich-Funktionen zu übernehmen. Das bedeutet z.B. für hochambitendente Patienten, die vorläufige Entscheidung für die weitere Behandlungsplanung mit zu treffen oder im Einzelfall auch einmal bei krankheitsrelevanten wichtigen „Alltagsentscheidungen" zu helfen.

Eine 51-jährige Französisch-Lehrerin mit einer schweren depressiven Episode (alle Kriterien entsprechend ICD-10 F 32.2 waren erfüllt) zeigte gerade erste Remissionstendenzen, als sie sich mit folgendem aktuellen Problem konfrontiert sah: Ihre Mutter, von der sie die Disposition zur phasischen Depression „geerbt" hatte und zu der sie als „schwarzes Schaf" in der Familie eine äußerst zwiespältige Beziehung unterhielt, stand, körperlich schwer erkrankt, vor dem Sterben. Die Patientin – in gesunden Tagen eine sehr kräftige und dynamische Frau – verschlimmerte sich in ihrem Zustandsbild, insbesondere mit einer deutlichen Antriebsstörung, Verzweiflungsgefühlen und einer Entscheidungsunfähigkeit, die Mutter noch einmal zu besuchen. Ihre Selbstvorwürfe steigerten sich, ebenso wie ihre Schuldgefühle gegenüber der Mutter, die sie in gesunden Tagen immer nur als „Aas" bezeichnet hatte. Die Patientin befand sich in einer ausweglos erscheinenden Situation und brachte auch den Therapeuten in ein Dilemma: Jede mögliche Entscheidung – Besuch oder nicht Besuch – schien fatale Folgen für die weitere Remission haben zu müssen.
Schließlich ließ sich aber – bei gleichzeitiger Erhöhung der antidepressiven Medikation – doch Folgendes gemeinsam zwischen Patientin und Therapeuten erarbeiten: Weil sie den Abschied von der noch lebenden Mutter vermeiden würde, würde sie sich, so wie der Therapeut sie kenne, wahrscheinlich dann langfristig Vorwürfe machen müssen. Es könne durchaus auch gut sein, die jetzige Belastung eines Besuches auf sich zu nehmen, um zukünftige innere Belastungen zu vermeiden. Vielleicht würde sie ja auch stolz auf sich sein, diesen Schritt dann doch bewältigt zu haben.
In diesem Fall hatte der Therapeut es vermieden, den Hintergrund der sehr ambivalenten Beziehung zwischen Mutter und Tochter anzusprechen und ggf. sogar zu deuten. Vielmehr hatte er mit der entscheidungsunfähigen Patientin die weitere Entwicklung antizipiert und unter Berücksichtigung der inneren Ressourcen der Patientin („so wie ich sie kenne") eine bestimmte Entscheidung nahe gelegt. Er hatte damit fehlende Ich-Funktionen übernommen, diese gleichzeitig aber auch in ihrer Restituierung gefördert. Die Patientin entschied sich dann zum Besuch der Mutter, der zwar belastend war, sich danach aber auf die Remission der Erkrankung günstig auswirkte („Im nachhinein bin ich stolz, dass ich das geschafft habe, auch wenn mir in der Erinnerung daran immer noch ein Schauer über den Rücken läuft!").

Die Therapeut-Patient-Beziehung in der noch labilen beginnenden Remissionsphase

In der Remissionsphase wird mit dem Rückgang der schweren Krankheitssymptome die prämorbide Persönlichkeit allmählich wieder erkennbar. Die ursprünglichen, in der Krankheit entgleisten Verarbeitungsmodi des depressiven Grundkonfliktes werden wieder sichtbar.

Das Konstrukt des depressiven Grundkonfliktes (Rudolf 1996) geht von einer besondere Bedürftigkeit nach Beziehungs-Sicherheit aus, die in der frühen Entwicklung – meist zwangsläufig – enttäuscht wurde. Daraus resultieren sekundäre Verarbeitungsmodi, die die Ausbildung der Persönlichkeitsstruktur wesentlich mitbestimmen. Damit hängen „prämorbide" Persönlichkeitsmuster des später Depressiven wesentlich davon ab, welche Verarbeitungsmodi in der Entwicklung besonders gefördert worden sind (vgl. Kap. 4). Eine einheitliche prämorbide Persönlichkeitsstruktur und damit einheitliche Beziehungsmuster können wir bei der großen Gruppe depressiver Erkrankungen nicht feststellen. Dies ist bei der Gestaltung der Therapeut-Patient-Beziehung in der beginnenden Remissionsphase zu beachten.

Die „prämorbide Persönlichkeit" bestimmt jetzt zunehmend die Arzt-Patient-Beziehung. Diese wird dann auch wieder allmählich mit Hilfe des Übertragungs-/Gegenübertragungsmodells verstehbar. Die Gefahr liegt aber in einem frühen „neurosenpsychologischen" Verständnis des Patienten, der zu diesem Zeitpunkt in der Regel noch außerordentlich vulnerabel und rückfallgefährdet ist. Deutungen sind hier ausdrücklich kontraindiziert! Das gilt insbesondere gerade dann, wenn sie eigentlich auf der Hand liegen und vom Patienten fast angeboten werden. Die ungünstigen Folgen einer solchen Intervention werden am folgenden Beispiel deutlich.

Es handelt sich um die bereits oben geschilderte Patientin – 2 Jahre vor der oben beschriebenen Episode. Die damals 49-jährige Frau war nach der zweiten Phase einer schweren depressiven Episode (endogene Depression) schon weitgehend remittiert. Die Medikation war auf eine niedrige Erhaltungsdosis reduziert worden, und die mit der Patientin bereits vor dieser Krankheitsphase begonnene psychotherapeutische Behandlung im engeren Sinne konnte wieder fortgesetzt werden. Nach einiger Zeit berichtete sie hier von aktuellen Erbschaftsauseinandersetzungen in der Familie, in der sie sich von ihrer Mutter hintergangen und verlassen fühlen musste – wie seinerzeit in vielen anderen Situationen seit ihrer Kindheit. Durch eine in diesem Fall ungeschickte Intervention des Therapeuten kam es in dieser Stunde bei der Patientin zu einem deutlichen Hassausbruch auf ihre Mutter, der sich auch durch abmildernde Bemerkungen des Therapeuten nicht mehr entschärfen ließ. Am nächsten Tag bat die Patientin um einen Notfalltermin; sie wirkte völlig verändert und schilderte mit leiser, monotoner Stimme und sehr viel stockender als es wiederzugeben ist, wie es ihr nach der letzten Stunde gegangen war: „Als Sie das in der letzten Stunde ansprachen (in Wirklichkeit hatte die Patientin es angesprochen und der Therapeut nicht hinreichend gegengesteuert!), war es, als bekäme ich einen Schlag in die Knie, ich verlor den Boden unter den Füßen, ... ich war starr – und das Schlimmste war: Ich konnte Ihnen nichts davon sagen, es hatte mir die Sprache verschlagen! Ich hatte das Gefühl, ich komme da nie wieder heraus – hatte jede Hoffnung verloren! Ich habe meine Mutter einfach schlecht gemacht! Sie ist einfach nicht so, wie ich sie Ihnen geschildert habe! Ich weiß nicht, wie ich meine Äußerungen rückgängig machen soll!"
Die Patientin war von den Hassgefühlen völlig überschwemmt worden; diese hatten sich in sehr starke Schuldgefühle verwandelt, die die Grenze zu einem wahnhaften Erleben bereits zu überschreiten drohten. Unter der Regie des Therapeuten folgte die notwendige stationäre Aufnahme und eine erneute hoch dosierte antidepressive Medikation. Aus einer deutend-konstatierenden Haltung des Therapeuten war wieder eine vornehmlich hilfreich-aktive ärztliche Beziehung geworden.

An dem Beispiel wird ein wichtiger Beziehungs-Aspekt bei der Behandlung depressiver Patienten deutlich: Eine zwangsläufig auch die Patienten und seine inneren Konflikte mit umfassende Langzeitbehandlung kann nur von einem Therapeuten durchgeführt werden, der in seiner Haltung nicht nur rezeptiv abwartend ist, sondern auch in akuten Krisensituationen aktiv handeln kann. Diese Bereitschaft muss für den Patienten während der gesamten Behandlung spürbar sein.

Auf der einen Seite ermöglicht das allmähliche Auftauchen der prämorbiden Persönlichkeit in der beginnenden Remissionsphase eine zunehmend reifere Therapeut-Patient-Beziehung, bringt aber auch eine Reihe Risiken mit sich. Bei Patienten, bei denen in der Depression ein ursprünglich aktiver Verarbeitungsmodus (z.B. die altruistisch-aktive Bereitschaft, Verantwortung zu übernehmen) zusammengebrochen ist, beginnt sich diese Haltung wieder zunehmend zu restituieren. Dies kann bei dem dadurch entlasteten Therapeuten zu früh eine beginnende Stabilisierung des Patienten annehmen lassen. Besonders ungünstig wirkt sich dies aus, wenn der Patient in einem solchen Fall sich seiner Struktur entsprechend bemüht, den therapeutischen Erwartungen nachzukommen und auf sein eigenes Unvermögen mit Schuldgefühlen reagiert. Ein „Circulus vitiosus" droht! Dieser ist in der Beziehung zwischen Therapeut und Patient im Wesentlichen geprägt durch eine vom Patienten beim Therapeuten induzierte Ungeduld – Gift für die therapeutische Beziehung zum Depressiven!

Damit ist gerade die Phase der beginnenden, noch labilen Remission in der Therapeut-Patient-Beziehung die schwierigste: Muss doch der Therapeut seinem Patienten hier mit zwei unterschiedlichen Beziehungsangeboten zur Verfügung stehen: Der basalen hilfreichen Beziehung, mit der er ihm zur Zeit der schweren Depression zur Verfügung stand und gleichzeitig mit einem spezifischen psychotherapeutischen Beziehungsmuster, das sich auch an der eigenen Gefühlsreaktion auf den Patienten (Gegenübertragung) ausrichtet.

Die Therapeut-Patient-Beziehung in der stabilen Remissionsphase

Dagegen steht dann in der Remissionsphase die Konfrontation mit ggf. für die Krankheit mitverantwortlichen ungünstigen Verhaltens- und Beziehungsmodi im Vordergrund. Hier befindet sich der Therapeut dann wieder auf einem sicheren psychotherapeutischen Terrain. Aber auch hier gibt es – zumindest bei Patienten mit schwereren, phasisch verlaufenden Depressionen – Besonderheiten in der Therapeut-Patient-Beziehung. Hier muss der Therapeut seinem Patienten auch weiterhin mit zwei Beziehungs-Modi zur Verfügung stehen: Einmal mit verfahrensspezifischen Interventionen, im Falle einer psychodynamisch orientierten Behandlung vornehmlich mit Klärung, Deutung und Konfrontation; zum anderen muss der Patient die weiter bestehende Bereitschaft des Therapeuten zu einer aktiv-hilfreichen Beziehung spüren und aus der Erfahrung in der vorangegangenen Behandlungsphase einer solchen Beziehung sicher sein.

> Wir kommen noch einmal zu der eben genannten Patientin zurück. Als der oben geschilderte depressive Einbruch hinreichend remittiert war, war eine intensivere Auseinandersetzung mit der Gestalt ihrer Mutter möglich, von der ausgerechnet sie – immer von der Mutter abgelehnt, obwohl/weil so ähnlich – die Disposition zur phasischen Erkrankung „geerbt" hatte. Jahrzehntelang hatte sie dieses Erbe nicht wahrhaben wollen und auch noch mehrere Jahre während der psychotherapeutischen Behandlung eine Lithium-Prophylaxe vehement abgelehnt („Der endgültige Beweis,

dass es mir vererbt worden ist!“). Schließlich wurde es möglich, dass ihr Therapeut und Arzt ihr dieses Erbe nahe brachte – weil er sie „nicht verstoßen hatte“, wie einst die Mutter – und weil er „in guten und in schlechten Tagen“ zu ihr gehalten hatte. Der Therapeut hatte auch bei den schweren depressiven Phasen der Patientin seine Beziehung nicht unterbrochen, sondern nur die Art der Beziehung geändert. Bis dahin war die Patientin etwa 5 Jahre in der Behandlung des Therapeuten. Nachdem die Patientin schließlich ihre Disposition zu schweren depressiven Episoden innerlich annehmen konnte, war es dann möglich, sie auf eine Lithium-Prophylaxe einzustellen. Nach einem weiteren Jahr äußerte die Patientin schließlich ihrem Therapeuten gegenüber den Wunsch, die 50-minütigen Gespräche nicht mehr weiterzuführen, sondern nurmehr in größeren Abständen, etwa 14-tägig, für kürzere Termine kommen zu dürfen. Sie habe jetzt das Gefühl, ihr bisheriges Leben verarbeitet zu haben, sie befürchte auch nicht mehr, ihr „schlechtes Erbe“ an ihre Kinder weiterzugeben. Sie habe nun das Gefühl, eine neue Dynastie gegründet zu haben, ihr Leben davor mit all seinen Schrecklichkeiten habe seinen Abschluss gefunden und müsse jetzt ruhen. Sie würde aber weiter gerne zur „Sicherheit“ kommen und – abgesehen von der Kontrolle über die notwendige Medikation – mehr über Gegenwart und Zukunft sprechen. Es wurde deutlich, dass der Therapeut hier die Rolle eines Containers für die Schrecklichkeiten der Vergangenheit und zugleich auch die Funktion einer Brücke zwischen Vergangenheit und Zukunft übernehmen sollte. Eine entsprechende Deutung wurde von der Patientin zustimmend aufgenommen. Die weitere Behandlung hatte dann den äußeren Rahmen einer psychiatrischen Betreuung mit 14-tägigen 20-Minuten-Gesprächen. Die Art der Beziehung ging aber aufgrund der gemeinsamen Vorerfahrungen weit darüber hinaus.

Langzeitpsychotherapien schwererer, phasisch verlaufender Depressionen erfordern jeweils an das klinische Zustandsbild angepasste psychotherapeutische Haltungen. Für die Therapeut-Patient-Beziehung ist es aber nicht unerheblich, ob der Therapeut den Patienten, ggf. mit der Frage einer weiterführenden Psychotherapie, nur im Remissionszustand kennen gelernt hat oder ob diese Beziehung sich auch auf gemeinsame Erfahrungen im Zustand einer floriden Depression des Patienten mit einer deutlichen regressiven Desintegration wichtiger Ich-Funktionen stützen kann.

Manche Patienten allerdings suchen erstmals einen Psychotherapeuten auf, nachdem eine floride Depression bereits abgeklungen ist. Oft handelt es sich dabei um Menschen mit einem narzisstischen Verarbeitungsmodus ihrer depressiven Grundstörung. Bei diesen kommt es häufig dann zu einer mehr oder weniger starken Depression, wenn das narzisstische Regulativ bei Misserfolgen grandioser Ziele zusammenbricht.

Ein 50-jähriger, bis dahin sehr kreativer Wissenschaftler, konsultierte den Therapeuten erst 4–6 Wochen nach dem Höhepunkt einer depressiven Krise, die sich zum Zeitpunkt der Konsultation schon bereits im Abklingen befand. Er suche den Therapeuten auf, weil dieser ihm bereits vor 10 Jahren einmal mit nur 2 Sitzungen in einer Krise sehr geholfen habe. Er habe das nie vergessen und sei sicher, dass der Therapeut wieder in gleicher Weise erfolgreich sein werde! Relativ rasch stellte sich beim Therapeuten eine entsprechende Gegenübertragung her: Er fühlte sich geschmeichelt und sah bei dem immer noch depressiven Patienten vornehmlich dessen kreative und dynamische Seiten. Noch wenig misstrauisch wurde der Therapeut, als der Patient eine ähnlich rasche Hilfe bei der Klärung einer wichtigen beruflichen Entscheidung erwartete. Vielmehr entstand bei ihm das beschwingende Gefühl einer Herausforderung – bis der Patient spontan eine Begebenheit aus dem Beginn seiner wissenschaftlichen Tätigkeit bei der Aufnahme in sein Institut mitteilte: Der damalige Chef habe sich dahingehend geäußert, Mitarbeiter an diesem Institut bekämen entweder den Nobelpreis – wenn nicht, würden sie sich rechtzeitig verändern oder umbringen! Der Therapeut erinnerte sich aus dem früheren therapeutischen Kontakt: Der Patient war Sohn eines sehr erfolgreichen Wissenschaftlers! Er erkundigte sich nach familiären Veränderungen seit der früheren Konsultation von vor 10 Jahren. Der Patient berichtete, der jüngere Bruder habe sich inzwischen suizidiert und der ältere Bruder sei wegen seiner phasischen Depressionen auf Lithium eingestellt. Der Therapeut war alarmiert, änderte seine Haltung in dieser Erstinterview-Situation von einer überwiegend rezeptiven, am szenischen Verstehen ausgerichteten hin zu einer aktiv-explorativen Handlungsbereitschaft im Hintergrund. Es folgte eine eingehende psychopathologische Befunderhebung mit einer nachfolgenden Erörterung einer notwendigen antidepressiven Medikation. Erst in einer späteren Sitzung konnte dann in einer für den Patienten geeigneten Weise die initiale narzisstische Kollusion in der Therapeut-Patient-Beziehung angesprochen werden. Zu einer „Wunderheilung" sollte es in diesem Fall nicht noch einmal kommen. Der Patient hatte in einem Zustand höchster Ausweglosigkeit aus seinem Therapeuten ein hochidealisiertes rettendes Objekt gemacht. Ein Zwischenziel in der Therapie würde es sein müssen, den Therapeuten als hilfreich, aber eben nur durchschnittlich gut annehmen zu können.

Die Therapeut-Patient-Beziehung in einer drohenden depressiven Krise

Der 56-jährige Verwaltungsbeamte kam auf Antrag seines Arbeitgebers zur Begutachtung im Hinblick auf eine vorzeitige Pensionierung wegen seines psychischen Zustandes. Allerdings war nach den üblichen psychopathologischen Kriterien bei ihm allenfalls eine leichte depressive Episode (ICD-10 F 32.0) festzustellen. Herr A. schilderte dann aber seine Situation:

Vor 2 Jahren war sein 20-jähriger Sohn bei einem Unfall zu Tode gekommen. Ein Jahr später begann bei seiner Ehefrau eine progrediente neurologische Erkrankung mit schweren motorischen Ausfällen. Herr A. versorgte sie inzwischen rund um die Uhr. Dies war nur dadurch möglich, dass er von seinem behandelnden Hausarzt krankgeschrieben worden war. Nun stand eine Begutachtung seines Gesundheitszustandes im Hinblick auf eine vorzeitige Pensionierung an.

Bei Herrn A. bestand eine schwere narzisstische Krise. Interessanterweise spiegelte sich diese in den gegensinnigen Beziehungsangeboten der beiden beteiligten Gutachter wieder: Auf der einen Seite zeigte sich eine starke Anteilnahme und ein großes Mitleid mit dem schlimmen Schicksal des Patienten. Auf der anderen Seite spürten die Betreffenden offensichtlich, zunächst ohne dies zu reflektieren, eine starke Gegenreaktion im Sinne von: Der Mann ist doch nicht schwer krank, er kann doch durchaus sein Arbeitsleben noch erfüllt abrunden – und dann generalisierend: Wo kommen wir hin, wenn in einer solchen Situation ein gesunder Angehöriger eines Pflegebedürftigen immer sofort vorzeitig berentet/pensioniert werden sollte! Erst eine Konfrontation des Patienten mit dem Dilemma, in das er seine behandelnden

Ärzte und auch die Gutachter*) brachte und seine dann offenbar werdende Verzweiflung, setzte danach die notwendige weitere Klärung in Gang. Dabei stellte sich Folgendes heraus:
Der Patient machte sich starke Vorwürfe bezüglich des Unfalls seines Sohnes, da er ihn von der betreffenden risikoreichen Unternehmung hätte abhalten sollen! Seine diesbezüglichen Schuldgefühle verarbeitete er offensichtlich in der aufopferungsvollen Pflege der Ehefrau.
Dazu kam etwas anderes: Gleichzeitig, aber unabhängig von seinen Schicksalsschlägen, hatten Veränderungen am Arbeitsplatz bei ihm zu einer starken Verbitterung geführt mit dem Gefühl, Unrecht erlitten zu haben und „keinen Dank" von seiner Behörde für langjährige Arbeit zu bekommen etc. Der Patient hatte von sich das Bild eines treuen und aufopferungsbereiten Staatsdieners, dem aber in der Not und bei Schicksalsschlägen vom „Vater Staat" nicht geholfen wird.
Seine narzisstische Krise spitzte sich zu, als er spürte, dass seine vorgesetzte Behörde ihn durchaus pensionieren wollte. Dabei spielten aber nicht Fürsorge und Mitleid die maßgebliche Rolle, sondern die Tatsache, dass Herr A. – gänzlich unabhängig von seinen Schicksalsschlägen – „nicht mehr in die Zeit passte".
Dabei schien zunächst seine verzweifelte Situation mit dem äußeren Dilemma zusammenzuhängen: Berufstätigkeit und Pflege der Frau schlossen sich gegenseitig aus. Erst bei der Registrierung der entsprechenden Gegenübertragungsreaktion bei den beteiligten beiden Gutachtern wurde das innere Dilemma des Patienten deutlich: Der Verlust des Sohnes mit den nachfolgenden Schuldgefühlen und die Unmöglichkeit, sein Arbeitsleben seinem Ich-Ideal entsprechend abzuschließen, führten nur darum nicht zum völligen Verlust des narzisstischen Regulativs, weil der Patient „aufopfernd" die Pflege der restlichen „Vita minima" seiner Ehefrau übernahm.

Drohende depressive Krisen bei noch nicht manifester schwerer Depression zeichnen sich häufig durch ausweglos erscheinende innere Konflikte aus. Dadurch geraten die betreffenden Therapeuten häufig in ein ähnliches Dilemma. Das geschieht insbesondere immer dann, wenn sie sich, ohne es zunächst zu bemerken, von Patienten dazu bringen lassen, sich mit deren strengen und strafenden Über-Ich-Instanzen zu identifizieren. Dies wird spürbar an generalisierenden inneren Antworten des Therapeuten („Wo kommen wir dahin, wenn jeder das fordern würde!"). Genauso misslich ist allerdings eine ausschließlich mitleidig-anteilnehmende Haltung – im Fall des oben genannten Patienten dann möglicherweise noch mit Unterstützung einer durch die Befunde selbst nicht zu begründenden vorzeitigen Pensionierung. Der „Gut"-Achter als guter Mensch, der Schicksalsschläge ausgleicht!

Beide Haltungen allein helfen jeweils nicht hinreichend weiter: Erst eine durchaus konfrontierend-insistierende Exploration bei einem ja noch nicht dekompensierten Patienten nimmt diesen ernst und kann die Hintergründe einer entsprechenden Entwicklung aufdecken. Dies widerspricht nicht einem empathischen Mitgefühl, sondern ist dessen Voraussetzung: Die ausschließliche Mitleidsreaktion verstärkt eher Schuldgefühle und Insuffizienzgefühle, wenn der Patient in seiner depressiven Eingeengtheit seine „schlechten" und insuffizienten Seiten besonders deutlich im Vergleich zu der „guten" und fürsorglichen Haltung des Therapeuten erleben muss.

* Frau Dr. Burgemeister, Göttingen, sei für ihre maßgebliche Hilfe bei der Hintergrundklärung dieses Falls herzlich gedankt.

Die Beziehung des Therapeuten zu seinem Patienten sollte deshalb in der drohenden depressiven Krise durch ein ausgewogenes Verhältnis zwischen explorativ-klärend-konfrontierenden Elementen und einer hilfreich-stützenden Haltung bestimmt sein.

Affekte und Gegenübertragungsreaktionen von Therapeuten beim Umgang mit depressiven Patienten

Auf die mögliche Ungeduld von Therapeuten bei der Behandlung depressiver Patienten haben wir oben schon einmal kurz hingewiesen. Darüber hinaus scheint es so zu sein, dass Depressive von vielen Therapeuten als besonders „schwierige" Patienten erlebt werden.

Eine kleine Umfrage unter Assistenzärzten psychiatrischer und psychotherapeutisch-psychosomatischer Institutionen (Reimer 1991) hat gezeigt, dass depressive Patienten am unbeliebtesten sind. In einem Fragebogen war u.a. gefragt worden, mit welchen Patienten die befragten Kollegen am liebsten nichts zu tun haben wollten. Hier standen depressive und süchtige Patienten auf Platz eins. Die Befragten notierten hierzu häufig besondere Eigenschaften depressiver Patienten, die offensichtlich schwer erträglich sind, z.B. Depressive mit Somatisierungen, mit Anklammerungs- oder oral-kaptativen Tendenzen. Einer schrieb, er könne nicht mit älteren, klagsamen und entwertenden depressiven Frauen umgehen.

Mit einer weiteren Frage sollte eruiert werden, welche diagnostischen Gruppen von Patienten bei den Befragten am häufigsten Aggressionen auslösten. Auch hier rangierten die Depressiven auf Platz eins. An ihnen störte die Befragten am meisten ihre Anklammerungstendenz, die Aggressionsvermeidung sowie eine Verweigerungshaltung. Hiermit war vermutlich der zähe Widerstand gemeint, mit dem sich Depressive einer Besserung entgegenstellen können. Diese Merkmale führten bei den Helfern häufig zu Gefühlen von Ärger, Ohnmacht und Hilflosigkeit. Einer schrieb: „Ich kann tun, was ich will, es reicht sowieso nicht aus, um den Patienten zu bessern oder zufrieden zu stellen!" Ein anderer schrieb über seine Schwierigkeiten mit Depressiven, diese Patienten würden den „Schnabel aufreißen und andere strampeln lassen!" Aus diesen Gegenübertragungsgefühlen heraus kommt es dann gelegentlich zu grotesken Interaktionen:

> Ein leitender Psychiater, der bei der Vormittagsvisite nicht ertragen konnte, dass eine depressive Patientin nicht aus dem Bett kam, obwohl er sie mehrfach dazu aufgefordert hatte, schlug schließlich die Bettdecke zurück und zog die Patientin gegen ihren Widerstand mit der Bemerkung aus dem Bett: „Ich muss morgens früh aufstehen, dann können Sie das auch!"

Häufiger ist wohl eine latente Aggressivität, die sich einstellt, wenn der Depressive in dem Zirkel seiner negativen Kognitionen und Selbstentwertungen stecken zu bleiben scheint. Hier lässt sich häufig eine Art Machtkampf zwischen Arzt und Patient erleben, der dazu führt, dass der Arzt sich immer wieder darauf versteift, dem Depressiven zu erklären, dass die Phase sicher vorübergehen werde und dass das nächste Medikament ganz sicher besser helfen werde als das jetzige, während der Depressive sich nicht darauf einlassen kann. In solchen Interaktionen lässt sich allein am Szenischen viel von der Aggressionsproblematik des Depressiven in der Gegenübertragung des Arztes bemerken (Reimer 1995).

Bei der Supervision der Teams von Depressionsstationen haben wir häufig zwei emotionale Haltungen gefunden: Entweder eine mehr oder weniger latente Feindseligkeit gegenüber Depressiven in dem Sinne, wie wir es eben beschrieben haben, oder aber (häufiger) eine bemerkenswerte Freundlichkeit, eine Art innere Verpflichtung, zum Depressiven permanent gut und lieb sein zu müssen.

Überbetont wird im Handeln des betreuenden Personals häufig das Bedürfnis des Patienten nach Anlehnung, nach fürsorglicher Geborgenheit, oft verbunden mit massiver Passivität. Der sich anlehnende depressive Patient ist dann ein guter Patient, der die Zuwendung des Personals gratifiziert, der angeblich auch so sehr viel Zuwendung braucht, der aber sukzessive und oft unmerklich damit auch erdrückt wird, unselbstständig gehalten wird, wieder festgebunden und verpflichtet wird an die Mutter, die nun Station oder Team heißen mag und die allzeit bereit ist, den lebensuntüchtig erscheinenden Pflegling wieder aufzunehmen und in ihre Arme zu schließen, in der unbewussten und irrigen Annahme, dass dies der beste und heilsamste Platz für ihn sei. So wird manche Station zu einer dauerhaften Hängematte für den Depressiven.

Nicht selten haben wir in Supervisionen auch gehört, dass man dem depressiven Patienten Wiederaufnahmebereitschaft signalisierte, bevor der sich überhaupt zutrauen konnte, sich in der Welt draußen vielleicht doch wohler fühlen zu dürfen. Hier wird deutlich, in welch bisweilen perfidem Ausmaß die Abhängigkeitsproblematik des Depressiven zementiert wird, anstatt sie mit dem Ziel von Loslösung und einem Mehr an Autonomie zu bearbeiten.

Andererseits finden sich in Teams von Depressionsstationen möglicherweise zumindest einige Mitglieder, die eine Art dauernder Opferbereitschaft haben, die nur ruhig sein wollen, nur zuhören, nur geben, nur immer bereit für den depressiven Anderen sein wollen. Eine solche Station wirkt als haftende Plazenta. Man muss sich fragen, was diese gigantische Verdrängungsleistung, z.B. von aggressiven Impulsen, dann auch mit dem Personal macht.

Unseres Erachtens ist jegliche Psychotherapie mit depressiven Patienten letztlich nur dann fruchtbar, wenn eine sukzessive Ablösung auch aus einer stationären Behandlung ohne Schuldgefühle ermöglicht wird. Jede Versuchung zur Verschmelzung mit dem armen Depressiven behindert dessen Autonomieschritte. Die so vergewaltigende Freundlichkeit des Personals kann den Depressiven nur zur Dankbarkeit, zur Anpassung und zum Stillhalten verpflichten. Offensichtlich fühlt sich mancher Therapeut unter einem enormen inneren Druck gegenüber dem Depressiven, sich unendlich kümmern zu müssen, ständig etwas für ihn tun zu müssen und so zur scheinbar optimal versorgenden Mutter-Imago für den Patienten zu werden. Dieses fordert, wenn einem so viel Gutes widerfährt, natürlich Dankbarkeit. Und auch hier wiederholt sich etwas, was viele dieser Patienten aus ihrer Kindheit bestens kennen, es wiederholt sich nämlich letztlich die ursprünglich traumatische Abhängigkeitsproblematik ausgerechnet auf einer Station, die den Anspruch hat, besser mit Depressiven umgehen zu können als nicht entsprechend spezialisierte Stationen. Ein Kollege sagte uns hierzu einmal: Man hat den armen Depressiven in einem eisernen Griff! Vielleicht ist das so.

Vielleicht ist auch das Erleben von lang anhaltender Depressivität bei Patienten für manche Therapeuten eine Bedrohung, indem eigene depressive Seiten angerührt werden, die der „starke“, emotional ausgewogene Helfer bekanntlich nicht besonders gern sieht.

Zuletzt

Depressive Erkrankungen konfrontieren Therapeuten immer auch mit einer existenziellen Seite unseres menschlichen Seins, das in gleicher Weise mit Hoffnung und Verzweiflung verbunden ist und diese gleichzeitig erleben kann: „Der Morgen dämmerte, das Licht verlosch." (J.W. v. Goethe, Wahlverwandtschaften).

Synopsis

- In der Störung der interpersonellen Beziehung liegt ein zentraler Aspekt depressiver Erkrankungen. Damit ist die jeweils aktuelle Arzt-Patient-Beziehung sowohl durch das jeweilige klinische Zustandsbild als auch durch die Grundpersönlichkeit mitbestimmt.
- In Abhängigkeit vom zeitlichen Längsschnitt des Krankheitsverlaufes erhalten damit unterschiedliche Beziehungsaspekte ein besonderes Gewicht.
- In der akuten Erkrankung ist eine stärkere therapeutische Aktivität notwendig (teilweise Unterstützung in Alltagsentscheidungen).
- Während der Remission besteht die Gefahr der „Pseudo-Stabilisierung", insbesondere bei altruistischen Patienten. Cave: therapeutische Ungeduld.
- Kontaktangebote orientieren sich an den Erfordernissen (unter Umständen niederfrequent über lange Jahre).
- Verleugnung der Depression bei narzisstischen Patienten. Gefahr der Kollusion mit Therapeuten.
- Gefahr der Identifizierung des Therapeuten mit den hohen Selbstanforderungen des Patienten (therapeutische Ungeduld, s.o.).
- Gefahr der zu großen Vorsicht und des zu großen Entgegenkommens: Verstärkung depressiver Schuldgefühle.
- Beachtung der latenten Aggressivität (bzw. deren Abwehr) im Umgang mit Depressiven ist notwendig (Supervision!).
- Beachtung des Loslösungsthemas, insbesondere in langfristigen und stationären Behandlungen, ist erforderlich.

13. Suizidalität und Krisenintervention

Thomas Bronisch

Suizidideen, Suizidversuche und Suizide sind *die* Komplikationen depressiver Störungen und deren Behandlung. Etwa 15% aller stationär behandelten Depressiven suizidieren sich. Entscheidend auch für den Psychotherapeuten ist das Erkennen von Suizidalität und das Einschätzen der Suizidgefährdung , insbesondere *nach* einem Suizidversuch. Bei der Krisenintervention ist das Herstellen und Aufrechterhalten einer therapeutischen Beziehung zum Suizidenten der spezifische Faktor einer erfolgreichen Behandlung depressiv suizidaler Patienten. Häufige Fehler im Umgang mit Suizidalen sind eine Bagatellisierungstendenz sowie eine – meist unbewusste – Ablehnung des suizidalen Patienten.

Definition von Suizidalität

In dem Begriff „Suizidalität" sind 3 verschiedene Formen suizidalen Erlebens und Verhaltens subsumiert:

- Suizidideen,
- Suizidversuche,
- Suizide.

Die Definition der WHO (Platt et al. 1989) für einen Suizidversuch (Parasuizid) lautet folgendermaßen: „Eine Handlung mit nicht tödlichem Ausgang, bei der ein Individuum absichtlich ein nicht habituelles Verhalten beginnt, das ohne Intervention von dritter Seite eine Selbstschädigung bewirken würde, oder absichtlich eine Substanz in einer Dosis einnimmt, die über die verschriebene oder im Allgemeinen als therapeutisch angesehene Dosis hinausgeht und die zum Ziel hat, durch die aktuellen oder erwarteten Konsequenzen Veränderungen zu bewirken."

Diese Definition macht keine Aussagen über die Motive für suizidales Verhalten und den Schweregrad der suizidalen Intention.

Einteilung von Suizidversuchen

Bei der Beschreibung von suizidalen Verhaltensweisen/Suizidversuchen hat es sich als klinisch brauchbar erwiesen, eine Unterteilung zu treffen, die sich nach den Motiven des Suizidenten richtet (Feuerlein 1971):

- Parasuizidale Pause: Der Wunsch nach einer Zäsur steht im Vordergrund. Hierbei handelt es sich um Patienten, die z.B. mittels Tabletten einfach einmal „abschalten wollen".

- Parasuizidale Geste: Der Appell an den Mitmenschen steht im Vordergrund. Hierbei handelt es sich um Patienten, die einen Suizidversuch oftmals in Anwesenheit eines Partners unternehmen oder leicht auffindbar sind und keine „harte" Suizidversuchsmethode anwenden. Ziel ist es, auf ihre Not aufmerksam zu machen.
- Parasuizidale Handlung: Hier steht die Autoaggression im Vordergrund im Sinne eines missglückten Suizides.

Diese Einteilung von Suizidversuchen führt direkt zum Problem der Ernsthaftigkeit von Suizidversuchen. Neben der Ernsthaftigkeit der Suizidintention, wie oben beschrieben, sind Suizidarrangement und Gefährlichkeit der Suizidmethode von Bedeutung. Das Suizidarrangement gibt Auskunft darüber, inwieweit der Suizident ein (rasches) Auffinden seiner Person nach erfolgtem Suizidversuch möglich oder unmöglich macht. Die Suizidmethode gibt u.U. Hinweise darauf, mit welcher Endgültigkeit der Betroffene seinen Suizid in die Wege leitet. Hierbei spielen sog. „harte Methoden" eine besondere Rolle. Zu den „harten Methoden" zählen alle Methoden, die nicht durch Einnahme von Drogen oder Medikamenten erfolgen, wie etwa: Erhängen, Erschießen, vor einen Zug springen, sich ertränken, sich aus einem hohen Gebäudc stürzen, sich die Pulsadern aufschneiden oder sich eine todbringende Substanz spritzen oder infundieren (z.B. Insulin).

Dennoch können diese Charakteristika für ernsthafte Suizidversuche nicht absolut genommen werden, was an einem Beispiel erläutert wird:

> Eine Patientin unternimmt einen Suizidversuch mit Einnahme von 20 Schlaftabletten, die sie im Medikamentenschrank vorgefunden hat („weiche Methode"). Sie nimmt sie abends ein, legt sich ins gemeinsame Ehebett (Arrangement ermöglicht ein rasches Auffinden). Ihr Wunsch ist einfach, nach den vielen Streitigkeiten mal völlig abzuschalten (parasuizidale Pause). Die Patientin verstirbt noch in derselben Nacht: Bei den Tabletten handelte es sich um barbiturathaltige Schlafmittel, welche zu einer Lähmung des Atemzentrums führten. Der Ehemann ging erst spät ins Bett, hatte auf die nicht eindeutigen Suizidäußerungen seiner Frau nicht reagiert. Er fand sie schlafend vor, die Medikamentenschachtel war vom Nachttisch gefallen und lag für den Ehemann nicht direkt sichtbar auf dem Boden. Am nächsten Morgen konnte der herbeigerufene Notarzt nur noch den Tod der Patientin feststellen.

Motive und Bedeutungsmöglichkeiten von Suizidalität

Eine Reihe von Motiven und Bedeutungsmöglichkeiten für Suizidversuche lässt sich grundsätzlich voneinander unterscheiden:

- Erlösung von seelischem (Depression, Angst, Psychose) und körperlichem Leid (Krebs, Aids, Diabetes, Niereninsuffizienz),
- Wunsch nach einem Gottesurteil bzgl. des eigenen Weiterlebens, d.h. weder leben noch sterben können,
- Suche nach Ruhe und Geborgenheit,
- Hilferuf und Hilfsappell,
- Entlastung von Schuldgefühlen,
- Wendung der Aggression gegen das eigene Ich, da Aggression gegen den Partner nicht gerichtet werden darf,
- primäre Aggressivität gegen das eigene Ich,

- Identifikation mit einer Idolfigur (sog. Werther-Effekt),
- Erpressung, Wunsch, die soziale Umwelt zu kontrollieren, manipulieren,
- Racheakt im Sinne einer Bestrafung eines Partners,
- Kränkung aufgrund eines mangelhaft entwickelten Selbstwertgefühls (narzisstische Kränkung),
- einzige Möglichkeit, das Selbstwertgefühl noch zu retten (Suizidversuch als „narzisstische Plombe"),
- Appell an menschliche Bindung bzw. Aufkündigung aller menschlichen Bindungen,
- aktive und freie Handlung eines Menschen (sog. Bilanzselbstmord),
- Spannungsabfuhr: kein Suizidversuch im engeren Sinne.

Meistens ist keine dieser Bedeutungsmöglichkeiten und Motive allein zutreffend. Ich neige dazu, besonders die narzisstischen Motive, vor allem aber den Appell an die menschliche Bindung, als die wesentlichen Motive für Suizidalität anzusehen.

Die geschilderten Bedeutungsmöglichkeiten und Motive suggerieren in jedem Falle eine gewisse Abwägung, Entscheidung, Reflexion des Suizidenten. Dies entspricht jedoch nicht der klinischen Realität: Suizidversuche und Suizide sind zumeist *Impulshandlungen*, wobei der momentane seelische Schmerz nicht ausgehalten werden kann. Allerdings kann der Impuls zunächst überspielt sein durch eintretende Ruhe, nachdem erst einmal der Entschluss sich umzubringen gefasst worden ist. Eine ausgeprägte depressive Verstimmung mit Antriebshemmung kann ebenfalls den Suizidimpuls unterdrücken.

Risikofaktoren für Suizidalität

Aus den epidemiologischen Studien ergeben sich schon viele Hinweise auf Risikofaktoren für Suizidalität. Für Suizide und Suizidversuche ist es höheres Alter, der Familienstand geschieden, ledig, verwitwet, Arbeitslosigkeit; für Suizid das männliche Geschlecht, für Suizidversuche das weibliche Geschlecht und untere soziale Schicht.

Für Suizide ist der bedeutendste Risikofaktor allerdings ein vorangegangener Suizidversuch, und zwar: je mehr Suizidversuche in der Vorgeschichte erfolgt sind, desto größer wird die Wahrscheinlichkeit eines Suizides.

Risikofaktoren von erheblicher klinischer Bedeutung sind auch psychiatrische Erkrankungen, vor allem Suchterkrankungen und Depressionen. Es gibt Hinweise dafür, dass ca. 15% der stationär behandelten Depressiven und Suchtkranken sich suizidieren. Weiterhin finden sich gehäuft Suizide und Suizidversuche bei Schizophrenen und Patienten mit Panikstörungen, organischen Psychosyndromen sowie bei Patienten mit Persönlichkeitsstörungen. Auch bei konsumierenden körperlichen Erkrankungen, wie z.B. Krebs oder AIDS, finden sich – leicht – erhöhte Suizidraten.

Es muss jedoch darauf hingewiesen werden, dass mit diesen „Prädiktoren" ein Suizid nur unzureichend vorausgesagt werden kann.

Erkennen und Abschätzen von Suizidalität

Die oben genannten Risikofaktoren müssen beim Erkennen und Abschätzen von Suizidalität unbedingt berücksichtigt werden.

Der allerwichtigste Indikator zum Erkennen von Suizidalität ist eine depressive Verstimmung. Nahezu jeder Suizidgefährdete hat eine wenn auch leichte depressive Verstimmung. Daher empfiehlt es sich, bei Verdacht auf Suizidalität zunächst eine depressive Symptomatik zu erfragen, wie etwa Schlafstörungen, Appetit- und Libidostörungen, Konzentrationsstörungen, Apathie, Müdigkeit, Freud- und Lustlosigkeit, Selbstabwertung, Schuldgefühle, Hoffnungslosigkeit.

Dies führt dann automatisch auch zur direkten intensiven Befragung des Patienten hinsichtlich seiner Einstellung zu einem Suizidversuch jetzt und in Zukunft. Besonders zu beachten ist dabei auch die gedankliche Einengung des Suizidalen auf seine Innenwelt, wie von E. Ringel beschrieben. Vorsicht ist besonders dann geboten, wenn der Patient nach Suizidandeutungen und ausgeprägter depressiver Verstimmung ganz plötzlich, ohne dass sich Wesentliches in seinem Leben geändert hat, eine „unheimliche" Ruhe ausstrahlt oder in einen ausgesprochen agitierten Zustand gerät. Weiterhin sind suizidale Zwangsgedanken, die der Patient nicht loswird und die oftmals im Rahmen einer schweren Depression auftreten, als besonders gefährlich anzusehen.

Einen wichtigen Hinweis auf eine Neigung zu suizidalen Verhaltensweisen kann auch eine Familienanamnese mit Suiziden und Suizidversuchen geben.

Nach einem Suizidversuch sollte der Patient ganz konkret darstellen können, warum er zum jetzigen Zeitpunkt nicht mehr suizidal ist, d.h., was sich in seiner Einstellung zum Leben (Tode) und in seiner sozialen Situation so grundlegend geändert hat, dass ein Suizidversuch nicht mehr sinnvoll und notwendig erscheint. Sollte der Therapeut Zweifel an der Aufrichtigkeit der Antworten seines Patienten haben, so empfiehlt es sich, möglichst viele Fremdinformationen einzuholen.

Hinsichtlich der Gefahr eines erneuten Suizidversuches sollte natürlich besonders das Arrangement und die Methode des vorangegangenen Suizidvesuches beachtet werden: Je härter die Methode und je weniger das Arrangement die Möglichkeit des Eingreifens von außen offen ließ, desto höher ist die Ernsthaftigkeit der Suizidalität einzuschätzen und damit die Wahrscheinlichkeit, dass der Patient von seinen Suizidabsichten auch in Zukunft nicht abrücken wird. Es darf allerdings auf keinen Fall der Umkehrschluss gezogen werden, dass ein vorangegangener nicht ernsthafter Suizidversuch zu weiteren nicht ernsthaften Suizidversuchen führt.

Letztlich ist das Vertrauensverhältnis zwischen Patient und Therapeut der wesentlichste Faktor für die Möglichkeit eines Erkennens und realistischen Einschätzens von Suizidalität. Offene Feindseligkeit oder provokatives Verhalten gegenüber dem Therapeuten deuten nicht nur auf eine mangelnde Vertrauensbasis hin, sondern sind Indikatoren für akut weiter bestehende Suizidalität.

Interventionsstrategien

Basis jeder psychotherapeutischen Intervention ist eine eindeutige Einstellung/Haltung des Therapeuten zur Suizidalität.

Für meine Begriffe sollten folgende Leitsätze für einen erfolgreichen therapeutischen Umgang mit Suizidalität beachtet werden:

- Suizidversuche basieren in den meisten Fällen auf sehr subjektiven Bilanzen des eigenen Lebens, die meistens korrigierbar sind und korrigiert werden können.
- Therapeut und Patient müssen sich darüber im Klaren sein, dass ein Suizid etwas ist, was *nicht* rückgängig gemacht werden kann.

- Nahezu jeder Suizidversuch enthält als wesentliches Element einen Appell an menschliche Bindung.
- Der Therapeut muss mit dem suizidalen Patienten einen zeitlichen Aufschub vereinbaren, während dessen er – noch einmal – mit dem Patienten die Lebenssituation genau anschauen kann.
- Kein Therapeut kann einen Patienten mit chronischer Suizidalität von einem Suizidversuch/Suizid langfristig abhalten. Der Therapeut muss mit der Tatsache fertig werden, dass er nicht um jeden Preis Leben erhalten kann.
- Der Therapeut muss für den Patienten stellvertretende Hoffnung darstellen können.
- Ein Suizidversuch ist immer ernst zu nehmen und es müssen auch bei suizidalen Gesten therapeutische Maßnahmen in Erwägung gezogen werden.

Unter den oben genannten Voraussetzungen ist die Aufrechterhaltung und Festigung des Kontaktes zum Patienten die entscheidende therapeutische Intervention. Jüngere und unerfahrene Therapeuten sollten sich nicht davon abhalten lassen, schwierige suizidale Patienten weiter zu betreuen, und anstelle einer Weitervermittlung an einen erfahrenen Therapeuten einen Supervisor einschalten. Als nächster Schritt sollte dann eine Kontaktaufnahme mit dem sozialen Umfeld des Patienten erfolgen.

Maßnahmen zur psychotherapeutischen Krisenintervention

- Akzeptieren des suizidalen Verhaltens als Notsignal,
- Verstehen der Bedeutung und subjektiven Notwendigkeit dieses Notsignals,
- Bearbeitung der gescheiterten Bewältigungsversuche,
- Aufbau einer tragfähigen Beziehung,
- Wiederherstellen der wichtigsten Beziehungen,
- gemeinsame Entwicklung alternativer Problemlösungen für die aktuelle Krise,
- gemeinsame Entwicklung alternativer Problemlösungen für künftige Krisen,
- Kontaktangebote als Hilfe zur Selbsthilfe,
- Einbeziehung von Angehörigen (unter Berücksichtigung der individuellen Situation).

Krisenintervention bei Suizidalität ist jeweils unter einem Beziehungsaspekt, einem diagnostischen, einem therapeutischen sowie einem Management-Aspekt zu sehen

Probleme des Therapeuten im Umgang mit suizidalen Patienten

Die meisten Probleme in der therapeutischen Beziehung bereitet die ausgeprägte Ambivalenz des Patienten. Einerseits appelliert er an die Hilfsbereitschaft des Therapeuten und sucht die menschliche Bindung, andererseits wehrt er Hilfestellung und Zuwendung des Therapeuten ab. Der Therapeut muss sich dieses Wechselspiel immer wieder bewusst machen und konstant in seiner Distanz haltenden Zuwendung zum Patienten bleiben bzw. dahin zurückkehren.

Die bei nahezu jedem suizidalen Patienten bestehende narzisstische Problematik kann zu sehr ausgeprägten Gegenübertragungsreaktionen führen. Aufgrund seiner überhöhten Ansprüche an sich selbst kommt es des Öfteren zu einer Übertragung dieser Ansprüche auf den Therapeuten. Der Therapeut realisiert diese Ansprüche zunächst nicht und gerät in die Rolle eines allwissenden Retters. Bald stellt sich zwangsläufig eine Enttäuschung auf beiden Seiten ein. Der Patient sieht sich in seinen Erwartungen an den Therapeuten getäuscht, der Therapeut vermisst die Fortschritte des zunächst „idealen" Patienten. Beide reagieren mit unterschwelliger Aggression und Abwertung des Anderen, was langfristig zu einer emotionalen Distanzierung auf beiden Seiten führt. Der Patient verbirgt seine weiter bestehenden suizidalen Tendenzen, der Therapeut fasst die sich nun deutlicher zeigende Aggression gegen sich als Zeichen der Besserung auf. Er interpretiert die Wendung der Aggression nach außen statt gegen die eigene Person als therapeutischen Fortschritt und hält sich somit den Patienten auf Distanz oder entlässt ihn aus der Therapie.

Der Anspruch des Therapeuten, in jedem Falle einen Suizid des Patienten zu verhindern, zwingt ihn zur dauernden persönlichen Absicherung und nimmt ihm so die Freiheit zu therapeutischen Interventionen. Der Patient hingegen verbirgt zunehmend seine weiter bestehende Suizidalität, da er den Therapeuten nicht enttäuschen möchte. Der Therapeut muss sich immer wieder darüber im Klaren sein, dass er langfristig einen Patienten nicht von einem Suizidversuch/Suizid abhalten und nicht für den Patienten handeln kann. Dies wird umso schwieriger, je mehr der Therapeut durch eine kritische Öffentlichkeit oder durch eine überängstliche Institution dazu gezwungen wird, um jeden Preis einen – erneuten – Suizidversuch zu verhindern.

Nicht zu vergessen sind auch eigene depressive und suizidale Tendenzen oder Todeswünsche des Therapeuten, die dann in die Beurteilung der subjektiven Bilanz des Patienten einfließen und womöglich zu einem Einverständnis mit den suizidalen Tendenzen des Patienten führen können. Umgekehrt kann es auch aufgrund völliger Verleugnung eigener depressiver und suizidaler Tendenzen zu einer Bagatellisierungsneigung kommen, wobei der Therapeut eine drohende Suizidgefahr übersieht. Wertet der Therapeut suizidales Verhalten als „Schwäche" ab, so kann es zu einer massiven Entwertung des Patienten kommen, der sowieso schon in seinem Selbstwertgefühl stark beeinträchtigt ist. Es kann dann passieren, dass der Patient seine „Schwäche" überwindet und sich umbringt. Jeder Therapeut sollte ich im Klaren sein, dass es doch eine erhebliche Überwindung kostet, sich das eigene Leben zu nehmen.

Letztendlich ist es dann für den Therapeuten besser zu akzeptieren, dass er für die Therapie von suizidalen Patienten weniger gut geeignet ist und die Therapie an einen anderen Therapeuten abgibt.

Der chronisch suizidale Patient

Unter chronisch suizidalen Patienten werden nicht nur Patienten verstanden, die wiederholt Suizidversuche unternommen haben, sondern Patienten, die über längere Zeiträume hinweg suizidal sind, wobei es dann durchaus auch zu wiederholten Suizidversuchen kommen kann. Dazu zählen auch Patienten mit der Diagnose einer Borderline-Persönlichkeitsstörung. Diese Patienten gehören zur schwierigsten Klientel im Bereich der Psychotherapie überhaupt. Es können hier nur einige wenige Anmerkungen gemacht werden (s. ausführlichere Literatur: Kernberg 1991, Linehan 1996).

- Chronisch suizidale Patienten dürfen auf keinen Fall um jeden Preis von Suizidversuchen abgehalten werden, weil oftmals Suizidalität manipulativ eingesetzt wird.
- Bei ambulanter Therapie muss *vor* Therapiebeginn eine evtl. schriftliche Vereinbarung über Konsequenzen von suizidalem Verhalten während der Therapie erfolgen.

- Bei akuter Suizidgefahr sollte der Patient in eine psychiatrische Notfallambulanz eingewiesen oder der Notarzt alarmiert werden.
- Bei erpresserischen Suiziddrohungen sollte der Therapeut dem Patienten klar machen, dass der Therapeut einen Suizid des Patienten zwar bedauern würde, aber sich weder verantwortlich für den Patienten fühlt noch ihm nachtrauern wird.
- Bei gleichzeitig bestehender deutlich depressiver Verstimmung ist eine antidepressive Behandlung, welche möglichst stationär erfolgen sollte, unbedingt erforderlich.
- Sofern Angehörige vorhanden sind, die zu einer Kooperation fähig und willig sind, sollte die stets existierende Suizidgefahr offen besprochen und das Einverständnis für eine ambulante Behandlung eingeholt werden.

Die oben erwähnten Punkte betreffen auch die Frage des "Suizidpaktes". Darunter versteht man eine mündliche oder evtl. auch schriftliche Vereinbarung des Therapeuten mit dem Patienten, dass für einen gewissen Zeitraum während einer Therapie der Patient von Suizidhandlungen Abstand nimmt.

Sinn und Praktikabilität solcher „Suizidpakte" sind umstritten. Ein Suizidpakt setzt das grundsätzliche Einverständnis des betroffenen Patienten voraus, wichtiger noch die Fähigkeit des Patienten, sich an eine solche Vereinbarung zu halten. Ungeeignet für solche Vereinbarungen sind Patienten, die z.B. im Rahmen einer depressiven oder schizophrenen Psychose einen Realitätsverlust erlitten haben und sich daher an eine solche Vereinbarung nicht halten können. Auch Patienten mit einer mangelhaften Impulskontrolle und gleichzeitig bestehendem ausgeprägten autoaggressiven Potenzial mit gefährlichen suizidalen Handlungen kommen für einen solchen Suizidpakt nicht in Frage. Wenn ein solcher Suizidpakt bei einem Patienten abgeschlossen wird, dann sollte er zeitlich begrenzt sein (Stunden, Tage, nicht länger als ca. eine Woche) und bei der nächsten Therapiesitzung erneut besprochen werden. Viele Therapeuten meinen, dass ein Suizidpakt überflüssig ist, wenn eine vertrauensvolle Beziehung zwischen Patient und Therapeut besteht und der Therapeut seinen Patienten hinsichtlich akuter Suizidalität ausreichend befragt hat.

Was tun, wenn es passiert ist?

Es ist leider auch eine traumatische Erfahrung für den Psychotherapeuten, nicht nur für die Angehörigen, wenn sich ein Patient suizidiert hat.

Am wichtigsten ist eine offene Besprechung mit Mitpatienten und dem therapeutischen Team bei stationären Patienten sowie den Angehörigen. Dabei sollte der Therapeut seine tiefe Betroffenheit zeigen und sich nicht verschließen. Man sollte den Angehörigen therapeutische Hilfe anbieten, die allerdings besser von einem anderen Kollegen geleistet werden sollte.

Mittlerweile existieren Selbsthilfegruppen für Angehörige von Patienten, die sich suizidiert haben oder die auf tragische Weise ums Leben gekommen sind. Manchmal können solche Selbsthilfegruppen eine große Stütze bei der Verarbeitung eines solch schweren Schicksalschlages sein.

Schließlich sollte der Therapeut selbst Trost und Rat bei einem Kollegen suchen. Dabei sollte sich jedoch jeder Therapeut im Klaren sein, dass nur einer von tausend betreuten Patienten mit Suizidalität einen Suizid innerhalb einer kontinuierlichen therapeutischen Beziehung begeht.

14. Trauerreaktionen und ihre therapeutische Begleitung

Manfred Beutel

Es werden Erscheinungsformen, Verlauf von Trauerprozessen und Abgrenzung gegenüber pathologischer Trauer dargestellt. Risikomerkmale für Erkrankungen nach dem Tod einer nahe stehenden Person werden beschrieben. Anhand eigener Studienergebnisse und klinischer Beispiele werden klinische Kriterien zur Abgrenzung von der Depression und Strategien der therapeutischen Begleitung von Trauerprozessen herausgearbeitet.

Der Verlust einer nahe stehenden Person durch Tod oder Trennung zählt zu den allgemeinen menschlichen Erfahrungen. In den vergangenen 30 Jahren wurde nachgewiesen, dass der Verlust einer nahe stehenden Person durch Trennung oder Tod häufig der Manifestation oder Progredienz einer Vielzahl unterschiedlichster Erkrankungen vorausgeht. Von zentraler klinischer Bedeutung ist daher die Frage, wann ein Verlust zu Krankheit führt und wann er persönliche Entwicklung und Reifung anstößt. Freuds bahnbrechender „Versuch ... das Wesen der Melancholie durch ihre Vergleichung mit dem Normalaffekt der Trauer zu erhellen" (1917, S. 420) richtete das klinische Interesse auf die Blockade von Trauerarbeit durch depressive Mechanismen. Obgleich sich zahlreiche klinische Arbeiten mit den Unterscheidungsmerkmalen von Trauer und depressiver Reaktion befassten, blieb der Sprachgebrauch verwirrend. Depression und Trauer werden oft gleichgesetzt (z.B. Depression als Voraussetzung der Akzeptanz eines Verlustes) oder es werden depressive Symptome wie Schlafstörungen, Appetitminderung und Gewichtsverlust als Teil der normalen Reaktion auf den Verlust angesehen (DSM-IV, vgl. Beutel 1996). Neuere empirische Arbeiten belegen die Vielgestaltigkeit von Trauerprozessen (Hagman 1996, Wortman u. Silver 1989).

Erscheinungsformen und Verlauf von Trauerprozessen

Trauer ist die normale und universelle Reaktion auf einen Verlust. Freud (1917, S. 430) beschreibt den *Konflikt* zwischen Aufgeben und Festhalten des Verstorbenen („Objektverlust" im psychoanalytischen Sprachgebrauch):

„Die Realitätsprüfung hat gezeigt, dass das geliebte Objekt nicht mehr besteht, und erlässt nun die Aufforderung, alle Libido aus ihren Verknüpfungen mit diesem Objekt abzuziehen. Dagegen erhebt sich ein begreifliches Sträuben ...". Es kommt daher häufig zunächst zur Verleugnung des Verlustes. Die Anerkennung und Verarbeitung des Verlustes sind Resultate der schmerzhaften Trauerarbeit. Dies charakterisiert Freud als Durchleben und Durchleiden der Erfahrungen mit dem Verstorbenen und Erwartungen an ihn: „Jede einzelne der Erinnerungen und Erwartungen, in denen die Libido an das Objekt geknüpft war, wird eingestellt, überbesetzt und an ihr die Lösung der Libido vollzogen ... Tatsächlich wird aber das Ich nach der Vollendung der Trauerarbeit wieder frei und ungehemmt".

Die triebtheoretische Fundierung dieser Definition wurde vielfach kritisiert. Horowitz et al. (1993) beschreiben die Veränderung kognitiver Schemata über die Beziehung zwischen dem Selbst und dem Verstorbenen als zentralen Aspekt der Trauerarbeit.

Trauerprozesse werden meist als Ablauf von 3–4 *Phasen* beschrieben mit charakteristischen affektiven, kognitiven, verhaltensbezogenen und körperlichen Anzeichen (vgl. Bowlby 1987; Lindemann 1944):

- „Schock“ („Protest“) dauert Stunden bis Tage und wird durch Verleugnung, Gefühle von Betäubung, Unwirklichkeit, Desorganisation und Hilflosigkeit gekennzeichnet. Inaktivität und Lähmung können durch heftige Emotionen wie panische Angst oder Wut unterbrochen werden. Weinen und rastlose „suchende“ Aktivität dienen als Versuche, das verlorene Objekt wiederzugewinnen, Ärger und Klagen als Protest gegen das Verlassenwerden. Der Trauernde weint, empfindet vorübergehend wenig Bedürfnis zu schlafen oder zu essen, verspürt ein Engegefühl im Hals, Leere im Bauch und atmet seufzend.
- Mit dem allmählichen Realisieren der Endgültigkeit des Verlustes (innerhalb von etwa 2 Wochen) begleiten *Traurigkeit und Verzweiflung* die intensive Beschäftigung mit dem Verstorbenen (in Gedanken, Träumen und Tagträumen), es kommt zum „Durchgehen“ der Erinnerungen, ungelöster Schuld, vorübergehendem Selbstvorwurf oder Ärger. Weinen kommt in Wellen. Die Welt erscheint leer, das Interesse an alltäglichen Dingen gemindert. Vorübergehende illusionäre Verkennungen, ein Gefühl der Präsenz des Verstorbenen und phantasierte Dialoge mit ihm treten auf.
- Bei „normalem" Verlauf verringern sich diese Symptome in den ersten 6–12 Monaten. Von *„Auflösung“* spricht man, wenn Hinterbliebene beginnen, Interessen (wieder) zu gewinnen oder neue Bindungen einzugehen. Erinnerungen können ohne intensiven Schmerz oder mit positiven Gefühlen (der Wertschätzung, Dankbarkeit etc.) aufgesucht werden, ohne dass sie zum Ersatz für reale Beziehungen werden. Traurigkeit kann noch nach Jahren z.B. anlässlich von Gedenktagen und Feiertagen („Anniversaries“) wieder hervortreten.

Klinisch sind Phasen nicht so klar abgrenzbar, sondern sie überschneiden sich. Manche Verluste (z.B. der Tod eigener Kinder) werden nach den genannten Kriterien nie überwunden und Traurigkeit kann lebenslang anhalten. Eine vollständige Trauerreaktion kann ausbleiben, wenn der Verlust im Voraus betrauert wurde oder Erleichterung über den Tod einer ungeliebten Person vorherrscht (Wortman u. Silver 1989). Als klinische Leitlinie kann die Konzeption *adaptiver Anforderungen nach einem Verlust* dienen (Tab. **14.1**, sog. *„Traueraufgaben“* nach Hagman 1996, Worden 1987), die individuell unterschiedlich bewältigt werden.

Tabelle 14.1 Adaptive Anforderungen bei der Bewältigung eines Verlustes

• Die Realität des Verlustes anerkennen
• Trauerschmerz erfahren und ausdrücken
• Bewältigung von Veränderung en im sozialen Umfeld und Beziehungen
• Veränderung der innerseelischen Beziehungen zum Verstorbenen
• Wiederherstellung des Selbst – innerlich und im sozialen Umfeld

Ausdrucksformen von Trauer *(„grief“)* sind wesentlich durch kulturelle Erwartungen *(„mourning“)* geprägt. Geschlechtsunterschiede bestehen beispielsweise hinsichtlich des offenen Ausdrucks von Trauer, der bei Männern in unserem Kulturkreis nach wie vor verpönt ist. Dass es bislang keine übereinstimmende Klassifikation von *pathologischer Trauer* gibt, hängt auch damit zusammen, dass das klinische Bild in sehr unterschiedlichen Kollektiven beschrieben wurde. Meist wird angenommen (z.B. Volkan 1981, Bowlby 1987, Horowitz et al. 1993), dass die Verarbeitung des Verlustes nicht in der idealtypisch beschriebenen Weise voranschreitet und so die Ablösung vom verlorenen Objekt gemieden wird. Der Hinterbliebene verharrt in einem Zustand ausbleibender oder geringer affektiver Reaktion *(verzögerte Trauer)*, verleugnet den Verlust oder dessen Bedeutung oder flüchtet sich in rastlose Überaktivität. Bei anhaltender *(chronischer)* Trauer ist oft eine komplexe Mischung aus Liebe zum verlorenen Objekt, Sehnsucht, Wut, Schuld-, Rachegefühlen, Vergeltungsangst und Wiedergutmachungswünschen festzustellen. Das innerliche und äußerliche Festhalten an dem Verstorbenen vollzieht sich um den Preis eingeengter Wahrnehmung, Denken, Fühlen und vor allem der Liebesfähigkeit. Eine pathologische Trauer kann durch geringfügige Verluste ausgelöst werden, wenn damit frühere, ungelöste Verluste wiederbelebt werden. Es handelt sich um einen wesentlichen Risikofaktor für eine Depression.

Risikomerkmale für Erkrankungen nach dem Verlust einer nahe stehenden Person

Gesundheitliche Folgen der Trennung und des Todes einer nahe stehenden Person sind gut belegt (Beutel 1991). Wie Tab. 14.**2** zeigt, stehen depressive Erkrankungen im Vordergrund (bei immerhin 24–42% der Hinterbliebenen im ersten Jahr nach Verwitwung). Häufig sind Angsterkrankungen zu beobachten, pathologische Trauer, Medikamenten- und Suchmittelmissbrauch. Der Verlust einer nahe stehenden Person ist als *Auslöser* für Auftreten oder Verschlimmerung so unterschiedlicher Erkrankungen wie Colitis ulcerosa, Schmerzsyndrome, funktionelle Darmerkrankungen, Ulcus duodeni, chronische Hyperventilation usw. beschrieben worden. Bei Männern findet sich im ersten Jahr eine 1,5fach erhöhte Mortalität (vorwiegend durch koronare Herzkrankheit), in den folgenden Jahren eine leicht erhöhte Sterblichkeit. Diese normalisiert sich nach Wiederheirat weitgehend. Die Sterblichkeit von Frauen ist zumindest im ersten Jahr nach ihrer Verwitwung erhöht (Beutel 1991, Weiner 1992).

Tabelle 14.**2** Erkrankungen nach dem Tod einer nahe stehenden Person

- Depressive Erkrankungen (24–42% Major Depression im 1. Jahr nach Verwitwung)
- Angsterkrankungen (phobische, körperbezogene, generalisierte), posttraumatische Belastungsreaktion
- Pathologische Trauer (verzögert – chronisch)
- Medikamenten-/Suchtmittelmissbrauch
- Funktionelle Störungen (u.a. Schmerzsyndrome, gastrointestinal, kardiovaskulär)
- Psychosomatische Erkrankungen (u.a. Colitis ulcerosa, Ulcus duodeni)
- Erhöhte Mortalität (u.a. koronare Herzerkrankung, Suizid, Infektionen, Unfälle)

Tabelle 14.3 Risikomerkmale für Erkrankungen nach Verlust einer nahe stehenden Person

Todesart und -umstände	• Plötzlich und unerwartet • unzeitig (z.B. Tod eigener Kinder), gewaltsam (z.B. Suizid) • Häufung von Verlusten
Soziale Begleitumstände	• Geringe soziale Unterstützung/soziale Isolation • niedrige soziale Schicht
Beziehung zum Verstorbenen	• Ängstlich-anklammernd • zwiespältig-konflikthaft • einzig wichtige/stabile Beziehung
Merkmale der Hinterbliebenen	• Geringes Selbstwertgefühl • übermäßige Gefühlskontrolle • Einschränkung der Ich-Funktionen • Ungelöste frühere Verluste • psychische (depressive) Vorerkrankungen

Als *Risikomerkmale* für Erkrankungen sind Todesart und -umstände, ***soziale Begleitumstände, Merkmale der Beziehung*** zum Verstorbenen und ***Merkmale der Hinterbliebenen*** zu beachten (Tab. 14.**3**). Bei gewaltsamen, ungewöhnlichen, mit einer persönlichen Bedrohung einhergehenden (z.B. Gewalttaten) oder gehäuften Verlusten besteht ein erhöhtes Risiko einer posttraumatischen Belastungsstörung bzw. pathologischen Trauer (Horowitz et al. 1993). Die *Fähigkeit zu trauern* kann durch eine *orale Fixierung* beeinträchtigt sein, ausgerichtet auf das passive Aufnehmen von körperlicher und seelischer Nahrung und Zuwendung und eine geringe Toleranz für Versagungen und Enttäuschungen. Personen, die zur Entwicklung von Depressionen neigen, sind auch aufgrund ihrer mangelhaften Reifung und Integration von *Ich-Ideal* und *Über-Ich* besonders angewiesen auf die reale und ständige Präsenz idealisierter Objekte für Wohlgefühl, Sicherheit und Selbstachtung. Über die *physiologischen Korrelate* von Objektverlust ist wenig bekannt. Neuere psychobiologische Studien (zusammenfassend Beutel 1991, Weiner 1992) zeigen, dass endokrinologische Veränderungen (u.a. erhöhtes Serumkortisol, Prolaktin) und beeinträchtigte immunologische Funktionen (verminderte Mitogenstimulierbarkeit von Lymphozyten, NK-Zellaktivität) nicht bei unauffälliger Trauer, sondern bei depressiver Reaktion auftreten. Die *Abgrenzung* von Trauer und Depression ist daher von großer Bedeutung. Der vielfach erhärtete Zusammenhang zwischen Objektverlust, Krankheit und Sterblichkeit wird durch depressive Reaktion und Angst vermittelt. Die spezifische Art der Erkrankung hängt von anderen Faktoren (z.B. individuelle Risikomerkmale, genetische Einflüsse; Beutel 1996) ab.

Klinische Kriterien zur Abgrenzung von Trauer und Depression

Die folgenden klinischen Kriterien wurden anhand der Literaturübersicht zusammengestellt (Beutel u. Weiner 1993) und in einer Serie von Studien zum Verlust eines Kindes (durch Fehl-, Totgeburt, plötzlicher Kindstod) geprüft. Wir konnten zeigen, dass Trauer und depressive Reaktion in der Selbstbeschreibung und der klinischen Beurteilung unterscheidbar sind. Nach unserer Erfahrung können Trauer und depressive Reaktion auch kombiniert auftreten.

Tabelle 14.4 Abgrenzung von Trauer und depressiver Reaktion nach dem Verlust einer nahe stehenden Person

Trauer	Depressive Reaktion
Universelle und spezifische mimische Ausdrucksmuster	Komplexe Mischung aus Angst, Bitterkeit, Ärger und Ekel
Hinterbliebene weckt Mitgefühl und Traurigkeit	Hinterbliebene weckt Distanziertheit, Ungeduld, Gereiztheit
Gute, kostbare Erinnerungen an den Verstorbenen	Enttäuschende Erinnerungen oder Überschätzung des Verstorbenen
Intensive Beschäftigung mit Verstorbenem	Selbstbezogen, Beschäftigung mit eigenem Leiden oder Selbstmitleid
Welt erscheint leer	Selbst wertlos, leer erlebt
Selbstvorwürfe (oft Scham) bezogen auf spezifische Versäumnisse	Selbstanklagen (Schuldgefühle) bzgl. Verfehlungen gegenüber Verstorbenem
Vorübergehend verminderte Befriedigung	Vermindertes Interesse an geschätzten Aktivitäten und Freunden, Hemmung (Antrieb, Konzentration, Entscheidung)
Zuversichtliche Zukunftsperspektive, Fähigkeit, Trost zu suchen	Hilflosigkeit, Hoffnungslosigkeit, Hinterbliebener ist untröstlich
Trauer wird subjektiv als „normaler" Zustand erlebt	Er/sie fühlt sich „anders als sonst", „krank"

- Spezifische *mimische* Ausdrucksmuster von Traurigkeit sind im Kulturvergleich *universell* (Senken der Mundwinkel, Heben des inneren Teils der Augenbrauen und Herunterziehen der Unterlippe). Darwin sah diese als Resultat des Dranges, wie Kinder auf eine Trennung hin laut aufzuschreien und dessen Hemmung an. Bei depressiven Verstimmungen findet sich in Affektstudien (Beutel 1996) eine komplexe Mischung von Wut-, Angst- und Ekelaffekten .
- Der *Gegenübertragung* des Untersuchers kommt eine diagnostische Schlüsselrolle zu: Der Trauernde weckt beim Untersucher Mitgefühl, Traurigkeit oder Peinlichkeit und vermag bei ihm eigene Trauer wiederzubeleben. Hingegen mischen sich in die Gegenübertragung mit zunehmender Schwere einer depressiven Reaktion Distanziertheit, Ungeduld oder Gereiztheit als Reaktion auf Negativismus, narzisstische Selbstbezogenheit und Selbstmitleid. Monoton wiederholte Selbstbezichtigungen, letztlich verdeckte Anklagen gegen das enttäuschende Objekt, können beim Untersucher gleichfalls schwer erträgliche Gefühle von Macht-, Nutzlosigkeit, Hoffnungslosigkeit oder Ärger hervorrufen. Im Unterschied zu Trauernden entwickeln viele Depressive früh eine intensive, fordernde und anklammernde Übertragung.
- Bei Trauer bestehen vorwiegend *gute, kostbare Erinnerungen* an den Verstorbenen. Sie rufen vor allem anfangs intensive Sehnsucht und Traurigkeit hervor, die in Wellen verläuft. Im Gegensatz dazu können anhaltende depressive Verstimmung, innere Leere, ausgeprägter Ärger oder Feindseligkeit sowohl Ursache als auch Folge schlechter, *enttäuschender Erinnerungen* sein. Auslöser für aggressive Gefühle können sich auf die Erfüllung von Todeswünschen oder Anklagen gegen das Objekt („Du hast mich im Stich gelassen") beziehen.
- Der Trauernde *beschäftigt sich intensiv mit dem verlorenen Objekt:* „Ein trauriger Mensch weiß, wen (oder was) er verloren hat und sehnt sich nach seiner (oder dessen) Rückkehr." (Smith 1971, S. 317), während Depression oft *unpersönlichen Charakter* zeigt („Es drückt mich nieder" statt „Ich trauere um ..."). Da bei depressiver

Verarbeitung oft nicht klar erkennbar ist, was verloren wurde, spricht Freud (1917, S. 431) von einem „... dem Bewusstsein entzogenen Objektverlust". Oft tritt an die Stelle der Auseinandersetzung mit dem verlorenen Objekt die Beschäftigung mit *eigenem Leiden* und *Selbstmitleid*, durch die die Lösung von dem verlorenen Objekt gemieden wird. Der Depressive spricht vor allem von sich.

- Für Freud ist „... eine außerordentliche Herabsetzung seines Ichgefühls, eine großartige Ichverarmung" Kennzeichen der Melancholie: „Bei der Trauer ist die Welt arm und leer geworden, bei der Melancholie ist es das Ich selbst" (1917, S. 431). Der Depressive, nicht aber der Trauernde erlebt sich selbst als *leer, schlecht, wertlos, unfähig* oder verachtungswürdig.
- Trauernde gehen ihr Verhalten und ihre Gefühle gegenüber dem Verstorbenen durch, vor allem im Zusammenhang mit den Ursachen und Umständen des Todes. Dabei kommt es oft zu *spezifischen*, situationsbezogenen *Selbstvorwürfen*, nicht genug für den Verstorbenen getan zu haben („Vielleicht war es ein Fehler, nicht gleich in die Universitätsklinik zu gehen ..."). Quälende, anhaltende *Selbstanklagen* bzgl. eigener Verfehlungen und Schuldgefühle (z.B. „Der Tod des Kindes ist die Strafe für meinen Schwangerschaftsabbruch vor sieben Jahren") blockieren die Trauerarbeit. Die intensive Beschäftigung mit Anklage und Bestrafung kann von dem Verlust ablenken und eine irrationale Hoffnung erhalten, ihn doch noch ungeschehen zu machen, wenn er sich als unverdient herausstellt.
- Da die intensive Auseinandersetzung mit dem Verstorbenen in der Trauerarbeit verfügbare Energien vermindert, kann es zu *vorübergehender Einengung* von Interessen und sozialen Bezügen kommen. Die Befriedigung bei zuvor hoch geschätzten Aktivitäten ist vermindert, wenn diese dazu angetan sind, schmerzliche Erinnerungen an das verlorene Objekt zu wecken. Anhaltende Beeinträchtigung gewohnter Interessen, Aktivitäten und Leistungsfähigkeit, vor allem aber eine ausgeprägte Antriebshemmung, deuten hingegen eher auf depressive Zustände. *Generalisierte Hemmungen* können bei schwer wiegenden Ambivalenzkonflikten dazu dienen, Feindseligkeit abzuwenden und den Schmerz abzustumpfen („Ich fühle mich auch wie tot").
- Bei Trauer besteht im Allgemeinen *Hoffnung* auf Erholung bzw. Überwindung des Zustandes. Diese gründet sich sowohl auf die Wiedergewinnung von verinnerlichten „guten" Erfahrungen (Klein 1940) als auch auf die Möglichkeit des Trauernden, bei anderen *Trost* zu suchen: Der Trauernde „... glaubt irgendwo in seinem Innern, mit der Zeit und mit Unterstützung werde er fähig sein, sich wieder zu erholen, und sei es nur ein wenig" (Bowlby 1987, S. 317). In depressiven Zuständen hingegen erscheint das Ich *hilf- und hoffnungslos*, ohnmächtig, mutlos und resigniert. Der Depressive fühlt sich nicht nur unfähig, das sehnlichst erwünschte Liebesobjekt und damit verbundene Wünsche oder Ziele zu erreichen, sondern oft auch unfähig, irgendetwas zu erreichen. Das Festhalten an spezifischen depressiven Verarbeitungsmustern wie Selbstanklagen, -mitleid, latenter Feindseligkeit und generalisierter Hemmung kann hilfreiche Bemühungen anderer entmutigen oder den Depressiven seinerseits daran hindern, Trost anzunehmen.
- Ein Trauernder sieht seinen Zustand als *„normal"* an und akzeptiert vorübergehende Einbußen an Interessen oder verminderten Schlaf als natürliche Folge der Auseinandersetzung mit seinem Verlust. Depressive Menschen haben das Gefühl, sich verändert zu haben, *„anders als sonst"* zu sein und fühlen sich häufig *„krank"*, leidend oder besonders hilfsbedürftig.

Nach psychoanalytischem Verständnis spielen unbewusste Identifikations- oder Introjektionsvorgänge eine entscheidende Rolle für die Verarbeitung eines Verlustes. Viele Hinterbliebene nehmen Züge an (charakteristische Verhaltensweisen, Einstellungen oder Symptome), die denen des Verstorbenen ähneln. Hierin zeigt sich meist eine *Identifikation*, ein Abwehrmechanismus, durch den das Selbst nach dem Vorbild des Objektes verändert wird. Unreifer erscheint die *Introjektion*. Durch diesen Abwehrmechanismus wird das verlorene Objekt zwar auch verinnerlicht, aber nicht in die Selbstrepräsentanz integriert und daher als fremdkörperhaft erlebt. Der Wunsch nach Verschmelzung mit dem Introjekt kann in Suizidhandlungen einmünden, motiviert durch einen Wunsch nach magischer Wiedervereinigung.

Eine 32-jährige Patientin erlebte nach ihrer dramatischen Totgeburt (36. Schwangerschaftswoche) wiederkehrende Depersonalisationszustände, in denen sie sich eiskalt, wie ein Eisklotz, nur von einer Hülle begrenzt fühlte. Zugleich hielt sie an der fortgesetzten, äußerlich „intakten" Existenz ihres toten Kindes in der Phantasie und in alltäglichen, ritualisierten Grabbesuchen fest – um den Preis, dass ihre sozialen Kontakte hölzern und unlebendig wurden (Beutel u. Weiner 1993).

Freud erklärte die Neigung Depressiver zur Identifikation mit dem verlorenen Objekt dadurch, dass diese Menschen sehr auf das Liebesobjekt angewiesen seien, zu dem sie zugleich auch sehr zwiespältige Gefühle haben. Kommt es bei Enttäuschung oder Verlust zur Identifizierung mit dem aufgegebenen Objekt, werden Wut und Enttäuschungsgefühle gegen die eigene Person gewendet (1917):

„Der Schatten des Objekts fiel so auf das Ich, welches nun von einer besonderen Instanz wie ein Objekt, wie das verlassene Objekt, beurteilt werden konnte. Auf diese Weise hatte sich der Objektverlust in einen Ichverlust verwandelt, der Konflikt zwischen dem Ich und der geliebten Person in einen Zwiespalt zwischen der Ichkritik und dem durch Identifizierung veränderten Ich" (S. 435).

Bei der depressiven Verarbeitung entsteht oft eine undifferenzierte, globale, *„disruptive"* Identifikation mit dem ambivalent besetzten Objekt (z.B. Übernahme der Symptome, die am meisten gehasst wurden). Der Übergang zur ***selektiven Identifikation***, die der Bewältigung eines Verlustes dient, ist in Hinterbliebenentherapien zu beobachten. Findet eine Identifikation mit bestimmten, vom Hinterbliebenen geschätzten Merkmalen des Verstorbenen statt, kann dies im Rahmen eines Trauerprozesses zu einer Bereicherung oder Erweiterung von Selbstbild und Ich-Funktionen führen.

Therapeutische Begleitung von Trauerprozessen

Das therapeutische Vorgehen hängt ab von der Symptomatik, der Art bzw. den Umständen des Verlustes und der verstrichenen Zeitdauer. Bewährt hat sich (Volkan 1981) eine *fokale* Therapie mit den Zielen, die Gründe für die Blockade des Trauerprozesses zu verstehen und den Trauerprozess und dessen Abschluss zu ermöglichen.

➤ Ein wichtiger Grund dafür, dass Trauer im therapeutischen Gespräch oft gemieden oder eine Trauersymptomatik verkannt wird, liegt darin, dass der Umgang mit Trauernden eigene, ungelöste Trauer des Therapeuten wachrufen kann, sei diese im Berufsalltag oder im privaten Bereich entstanden. Weinen als offener Ausdruck von Trauer wird nicht zugelassen, sondern durch Aktivität, Ablenkung oder Medikation unterbunden (ähnlich einer Blutung, die gestillt wird). Die *Fähigkeit*, sich *mit eigener Trauer auseinander zu setzen*, die in der Gegenübertragung mobilisiert wird, ist Voraussetzung dafür, diese wie im folgenden Beispiel als diagnostische Leitlinie zu nutzen.

Eine 41-jährige Pädagogin eröffnet das Kriseninterventionsgespräch mit den Worten „Ich bin sehr skeptisch, ob mir Gespräche bei Ihnen helfen können". Sie hat ernste Suizidgedanken nach dem Abbruch ihrer Schwangerschaft in der 16. Woche wegen Trisomie 21. Sie schildert, dass sie bereits Kinder hat und geschieden ist. Entgegen dem Drängen des verheirateten Geliebten hatte sie sich gerade entschieden, das gemeinsame Kind auszutragen, als die Fehlbildung diagnostiziert wurde und sie sich zum Abbruch durchrang: „Ich habe einen Mord begangen und kann nicht mehr weinen, die Trostlosigkeit nimmt immer mehr zu". In der Gegenübertragung wird zunehmend Traurigkeit spürbar, als sie über die Besuche am Grab spricht, zu dem sie „dauernd hinrennen" müsse. Auf die Intervention „Sie verspüren große Sehnsucht nach Ihrem verstorbenen Kind, haben aber das Gefühl, Sie haben kein Recht zu trauern, weil Sie sich so schuldig fühlen", schießen ihr Tränen in die Augen („Ich kann ja doch weinen"). Als Fokus für weitere Interventionen dient die Blockade von Trauer durch die überwältigenden Schuldgefühle.

- Die möglichst konkrete Beschreibung der äußeren *Umstände* des Verlustes und der emotionalen Reaktionen hilft, die Realität des Verlustes anzuerkennen und Blockaden bei der Trauerarbeit zu erkennen.
- Hierzu gehört die Klärung der Beziehung, *positiver und negativer Einstellungen* zum Verstorbenen.
- Wichtig ist, sich ein genaues Bild über die *Folgen* des Verlustes für das Selbstkonzept und die Lebensentwürfe zu machen. Weiner fragt pointiert: „Wessen wird die hinterbliebene Person beraubt: Ist es die Berührung, der Klang, Geruch, Anblick, die Liebe, der Hass, die Unterstützung oder das Einkommen der verstorbenen Person?" (zit. n. Beutel 1991). Mit dem Wegfall der Stabilisierung durch die hoch geschätzte Bezugsperson kann ein latent negatives Selbstbild aktiviert werden, mangelhaft, wertlos oder böse und zerstörerisch zu sein.
- Zu eruieren sind *frühere*, möglicherweise *ungelöste Verluste*, die zu erhöhter Verwundbarkeit und eingeschränkten Bewältigungsmöglichkeiten beitragen. Dabei kann es sich auch um verschwiegene oder tabuisierte Verluste in der Familie handeln (z.B. Fehl- oder Totgeburten und der Tod von Geschwistern).
- Die empathische Zuwendung des Therapeuten gibt dem Patienten die Möglichkeit, Traurigkeit, Ärger, scham- und schuldbesetzte *Gefühle auszudrücken*. Tiefe Hilflosigkeit und Verzweiflung kann das Bedürfnis beim Therapeuten auslösen, voreilig zu handeln, zu trösten oder sich zu distanzieren. Eine medikamentöse Therapie (mit Antidepressiva oder Anxiolytika) kann den Verlauf einer normalen Trauer blockieren.
- *Gegenstände* können helfen, den „unfassbaren" Verlust eines Kindes in der Schwangerschaft zu *konkretisieren*: Erinnerungen an das verlorene Kind (Fotos, Ultraschallaufnahmen), „Tröster" (z.B. Stofftiere, die ihm zugedacht waren), Namen oder „Brückenobjekte", die unbewusst eine Verbindung zum verlorenen Kind herstellen (Volkan 1981). Wie das folgende Beispiel zeigt, können Gegenstände erst die Bearbeitung pathologischer, vermiedener Trauer ermöglichen.

Auf sich gestellt und überfordert mit der Versorgung ihres ersten Kindes, vermied die Patientin, sich mit dem Tod ihrer 2. Tochter auseinander zu setzen, die im 3. Lebensmonat an plötzlichem Kindstod (SIDS) verstarb. Damals hatte sie gleich Beruhigungsmittel erhalten, sodass sie sich kaum an die Beisetzung erinnerte. Sie trug jahrelang Fotos ihres verstorbenen Babys im verschlossenen Umschlag bei sich, ohne sie jemals anzuschauen, und verbarg sie schließlich unbesehen in einer Schublade. 10 Jahre später verschlimmerten sich nach dem Tod eines Haustieres („Tröster") ihre Ängste (vor allem vor dem Verlust ihrer Angehörigen) so stark, dass sie mit Panikzuständen zur stationären Psychotherapie kam. Unter großen Ängsten brachte sie die Bilder ihrer Tochter in die Therapie mit, wo sie sie erstmals anschaute. Dies ermöglichte ihr, intensiv über den Tod ihrer Tochter zu trauern, darüber mit ihrem Mann zu sprechen, und es kam zu einer deutlichen Symptombesserung.

- Trauer findet nicht in Isolation statt. Überlebende Personen sind nicht nur für verwaiste Kinder hilfreich und unverzichtbar, sondern auch für Erwachsene, die einen schweren Verlust erleiden. Nach dem Verlust eines Kindes erscheint die Einbeziehung des Partners als *Schlüsselperson* sinnvoll. Paarberatung oder -therapie helfen, anstelle von Entfremdung und Missverständnis gegenseitige Unterstützung zu finden. Sind bereits Kinder vorhanden, ermöglicht die Hilfe bei der Bewältigung des Verlustes, Kompetenz und elterliches Selbstwertgefühl zurückzugewinnen. Der Anschluss an eine Selbsthilfegruppe kann sehr entlastend sein (Beutel et al. 1997).
- Selbst wenn tief greifendere neurotische Entwicklungen ersichtlich werden, ist die *Bereitschaft* zu intensiver Psychotherapie *begrenzt*, wenn Patienten durch ihre *akute Trauer* beansprucht sind.
- Sozialer Druck, rasch über den Verlust hinwegzukommen, kann zu Unterdrückung von Trauer und zur Verunsicherung über die Angemessenheit eigener Reaktionen führen (Beutel et al. 1997). *Präventiv* kann die *Beratung* helfen, Ärger auf den Verstorbenen als Auflehnung gegen unerwartete, bedrohliche Verluste anzuerkennen, halluzinatorische Erfahrungen oder „Dialoge" mit dem Verstorbenen als Ausdruck anhaltender Bindung zu betrachten oder Wege zu finden, positive Erinnerungen zu bewahren (entgegen der belastenden Vorstellung, sich verabschieden hieße, den Verstorbenen zu „vergessen").
- Gerade die *Begrenzung* des therapeutischen Angebots gibt in einer fokalen Therapie die Möglichkeit, in der Übertragung Trauerarbeit zu leisten. Dies kann als „Modell" dienen, um mit der Begrenzung der realen Lebensmöglichkeiten aufgrund des erlittenen Verlustes umzugehen und die Krisensituation konstruktiv zu nutzen.

Trauernde ohne Depression suchen vermutlich nur in seltenen Fällen um psychotherapeutische Hilfe nach, da sie ihren Zustand als „normale" Folge ihres Verlustes erachten. Selbst wenn depressive Reaktionen auf einen Verlust hin erfolgen, ist es wichtig, die Gründe für die Unfähigkeit zu trauern einschließlich der oben genannten Risikofaktoren zu ermitteln. Mangelndes Ansprechen auf die Behandlung sollte bei Depressiven Anlass geben zur Prüfung, ob sich dahinter eine ungelöste Trauersymptomatik verbirgt. Um die Trauerarbeit zu ermöglichen, ist es erforderlich, mit dem Patienten sorgfältig konkrete Umstände und die Bedeutung des Verlustes, die Beziehung zum Verstorbenen und Reaktionen auf den Verlust durchzugehen. Innerhalb einer vertrauensvollen Arzt-Patient-Beziehung wirkt dieses Vorgehen der Hilf- und Hoffnungslosigkeit des Patienten entgegen und stärkt sein Selbstvertrauen, die damit verbundenen schmerzlichen Affekte auszuhalten. Der Erwerb der Fähigkeit zu trauern kann die Überwindung von Depressionen signalisieren.

Synopsis

Therapeutische Begleitung von Trauerprozessen

- Fähigkeit/Bereitschaft, sich mit eigener Trauer auseinander zu setzen,
- detailgenaue Beschreibung der inneren und äußeren Umstände des Verlustes,
- Durchgehen positiver und negativer Einstellungen zum Verstorbenen,
- Klärung der Folgen des Verlustes für Selbstkonzept und Lebensentwürfe,
- frühere, ungelöste Verluste eruieren,
- Ausdruck von Traueraffekten ermöglichen,
- ggf. Konkretisierung des Verlustes durch Gegenstände (Foto, „Tröster“, „Brükkenobjekt“),
- Beziehung zu Schlüsselpersonen beachten,
- begrenzte Bereitschaft zu intensiver Psychotherapie bei akuter Trauer,
- präventive Bedeutung von Beratung und Information,
- Trauerarbeit in der Übertragung durch begrenzte Therapiedauer.

15. Psychotherapie der affektiven Störungen im Wochenbett

Gerhard Dammann

Die Wochenbettdepressionen und die postpartalen affektiven Dysphorien („Heultage") sind häufige psychische Störungen, deren ätiopathogenetische Mechanismen noch weitgehend unklar sind, die aber noch immer häufig endokrinologisch erklärt werden. Obwohl inzwischen als gesichert gelten kann, dass eine Depression der Mutter Auswirkungen auf die frühe Mutter-Kind-Interaktion („bonding behaviour" und „attachment style") haben kann, werden Bedeutung und Notwendigkeit der Behandlung dieser Störungsbilder weitgehend unterschätzt. Ausgehend von heute als gesichert geltenden Befunden werden die bisherigen Ergebnisse von Therapiestudien, ein mögliches interpersonelles Behandlungs-Rationale und einige fallbezogene Besonderheiten bei den Therapien von jungen Müttern dargestellt.

Man unterscheidet im Wesentlichen heute drei postpartal auftretende psychische Störungen: die postpartale affektive Dysphorie („Heultage", engl. „baby blues"), die Wochenbettdepression und die postpartale Psychose.

Da die postpartale Psychose im Allgemeinen kaum als primäre Domäne einer psychotherapeutischen Behandlung betrachtet wird, soll im Folgenden kürzer auf die Dysphorie und ausführlicher auf die Depression eingegangen werden.

Werden bereits „normale" Depressionen von den Betroffenen selbst und ihrem Umfeld häufig nicht als solche erkannt, so gilt dies in besonderem Maße für die dringend behandlungsbedürftigen. Nur etwa die Hälfte der Frauen vertraut sich jemandem an, nur ein Drittel sucht professionelle Hilfe auf.

Die Geburt eines Kindes stellt außerordentliche Anforderungen an die physischen und psychosozialen Adaptationsmechanismen der Mutter und der Angehörigen dar. Die Geburt und die ersten Tage bis Monate mit dem neuen Kind sind ein erhebliches und gut untersuchtes „life event". Zahlreiche interpersonelle Problemzonen, die neu entstehen oder oft schon unterschwellig vorhanden waren, werden jetzt deutlich. Ausgehend von diesem Modell der interpersonell relevanten Anpassungsnotwendigkeit nach der Geburt, hat sich die sog. (neuere) Interpersonelle Psychotherapie (Klerman et al. 1984) in den letzten Jahren zunehmend zu einer – beinahe störungsspezifisch zu nennenden – etablierten Therapieform, für die Wochenbettdepressionen modifiziert, weiterentwickelt.

Obwohl einige Autoren die universale Verbreitung der affektiven und dysphorischen postpartalen Störungen postulieren, gibt es überzeugende Hinweise, dass diese in traditionalen Gesellschaften und Ethnien gar nicht oder kaum vorkommen. Diese Kulturen entwickelten zumeist erhebliche Geburtstabus, Übergangsriten („rites de passages"), Seklusionen (Trennung von Mutter und Kind von der übrigen Gesellschaft), Betreuungshilfen durch eine erfahrene ältere Frau, Beschenken der Primipara etc. Der evolutionär-anthropologische Aspekt, der sich mit der Frage beschäftigt, wieso es gerade zu diesem ungünstigen Zeitpunkt, wo die Mutter sich voll auf das Kind konzentrieren können müsste, so häufig zu Störungen kommt, und ob es sich auch um Aspekte von sog. „culture bound syndromes" handelt, wird erst seit einigen Jahren näher betrachtet (Kruckman 1992, Dammann et al. 1998).

Symptomatologie

Postpartale Dysphorie

Die „Heultage" gelten vielfach als benigne Stimmungsschwankungen, die meist (auch etwa von Hebammen) mit der postpartalen Hormonumstellung und der Erschöpfung nach der Geburt erklärt werden. Die Symptomatik der postpartalen Dysphorie, die recht unterschiedlich sein kann, äußert sich in häufigem Weinen, Reizbarkeit, (grundloser) Ängstlichkeit, subdepressiver Stimmungslage, leichterer Verwirrung und Konzentrationsproblemen etc.

Die Symptome sind meist relativ mild und transient, können in einzelnen Fällen jedoch in eine länger dauernde psychiatrische Störung münden. Das Störungsbild ist außerordentlich häufig (30–75% je nach Studie). Der Zusammenhang von Heultagen („baby blues") und postpartaler Depression ist noch weitgehend unklar. In etwa 15–40% der Fälle, je nach Studie, kommt es zu einem Übergang zwischen beiden Störungsbildern.

Wochenbettdepression

Die Wochenbettdepressionen, die eine Form der „Major Depression" sind, werden von vielen Klinikern (Gynäkologen, Pädiater, Allgemeinärzte) zwar im Allgemeinen nicht als irrelevant angesehen, jedoch in ihrer häufigen Verbreitung kaum wahrgenommen oder richtig eingeschätzt.

Die Symptomatik äußert sich zumeist in Schlafstörungen, Traurigkeit, Weinen, Energielosigkeit, bedrückter Stimmung, Rückzug, Suizidgedanken, Schuldvorstellungen (etwa das Kind nicht ausreichend versorgen zu können), Konzentrationsschwierigkeiten und ängstlichen Befürchtungen aller Art. Diese Störung findet sich nach übereinstimmender Ansicht bei 8–12% aller Frauen mehrere Wochen nach der Geburt in den westlichen Ländern. Die Wochenbettdepression entwickelt sich zumeist in der Zeit zwischen der 2. und der 6. Woche postpartal. Das Risiko für eine erneute spätere postpartale depressive Episode ist hoch (bis zu 50%). Nimmt eine Wochenbettdepression wahnhafte Züge an, spricht man von einer Wochenbettpsychose.

Obschon ein guter Teil der Depressionen wieder verschwindet, zeigen zahlreiche Patienten, die an einer Wochenbettdepression leiden, nach einem Jahr ein Persistieren der Depression. Insbesondere diese lang dauernden Depressionen neigen zu weiter gehenden Chronifizierungen (O'Hara et al. 1991).

Ohne dies an dieser Stelle vertiefen zu können, sei hier nur erwähnt, dass es auch eine Form der „Wochenbettdepression" des Mannes gibt, die „Couvade-Syndrom" genannt wird (Treethowan u. Conlon 1965). Es handelt sich um eine kulturell stark überlagerte Anpassungsstörung mit regressiven Zügen.

Diagnostik

Im DSM-IV der Amerikanischen Psychiatrischen Vereinigung (1994) wird die Wochenbettdepression (bei den affektiven Störungen) als Subtyp einer „Major Depression" mit Beginn innerhalb von 4 Wochen nach der Geburt klassifiziert. Es wird dafür dann eine zusätzliche Ziffer vergeben. Die Diagnose einer Wochenbettdepression nach der ICD-10 der Weltgesundheitsorganisation (WHO) ist dagegen relativ unklar ausgefallen.

Das am besten validierte Instrument für die postpartale Depression ist die „Edinburgh Postnatal Depression Scale (EPDS)" (Cox et al. 1987).

Pathogenetische Faktoren

Trotz zahlreicher Studien, die die biologischen und psychosozialen Faktoren untersuchten, konnten nur wenige *prädisponierende Faktoren* für die Wochenbettdepression konsistent identifiziert werden, eine genaue Prognose ist fast nie möglich. Zu den Risikofaktoren zählen: Erstgeburt, Arbeitslosigkeit, Flaschenfütterung, niedriges Geburtsgewicht des Kindes, Stimmung am 3. postpartalen Tag, mangelnde soziale Unterstützung, Partnerschaftsprobleme, frühere postpartale depressive Episoden, manisch-depressive oder majore depressive Episoden, in der Vorgeschichte häufiger Beziehungsabbrüche, Belastungen während der Schwangerschaft (unerwünschtes Kind), hormonelle Faktoren (Progesteron, Östrogene, Schilddrüsenhormone), Störung des Wochenbetts durch Besuche.

Es fällt auf, dass die Risikofaktoren zum größten Teil unspezifisch oder gar banal zu nennen sind. Wichtigster identifizierter Risikofaktor ist für die schwere postpartale Depression eine vorbestehende Vulnerabilität (O'Hara et al. 1991).

Einfluss der Störungen auf die Entwicklung des Kindes

Der bedeutende Einfluss der Depression, aber auch der postpartalen Depression auf die weitere Entwicklung des Kindes ist heute gesichert (Murray u. Cooper 1997). Dieser Sachverhalt unterstreicht zusätzlich die besondere Notwendigkeit, den depressiven Müttern von Neugeborenen, Säuglingen und Kleinkindern Hilfe zukommen zu lassen.

Fallbeispiel

Frau S. ist eine 34-jährige Architektin, die 4 Monate nach der Geburt ihres ersten Kindes von sich aus eine psychotherapeutische Beratungsstelle aufsucht. Sie berichtet von Schlafstörungen, Appetitverminderung, Konzentrationsschwierigkeiten und – was sie am meisten belaste – allgemeine Freudlosigkeit auch ihrem Kind gegenüber, weswegen sie sich schäme und was ihr Selbstwertgefühl stark beeinträchtige. Sie „funktioniere nur noch auf dem untersten level seit Wochen", berichtet sie. Das Stillen sei schwierig geworden, sie „verkrampfe" sich ständig, was auch mit ihrer Psyche zusammenhinge. Die Patientin berichtet von einer normalen Schwangerschaft, allerdings habe sie die lange Schwangerschaftsübelkeit doch etwas beeinträchtigt. Die Geburt sei für sie erstaunlich anstrengend gewesen, Komplikationen habe es aber keine gegeben. Sie und ihr Mann hätten sich das Kind gewünscht. Ihr Mann sei ebenfalls Architekt und beruflich sehr erfolgreich; die Ehe sei gut. Frau S. beschreibt sich als eine sehr gründliche, gewissenhafte Person. Familiäre Harmonie und ein schöner Lebensstil seien ihr wichtig. In diesem Ausmaß sei sie noch nie depressiv gewesen, allerdings habe sie die Zeit nach dem Abitur und nach dem Studium jeweils als ziemlich verunsichernd erlebt. Der verstorbene Vater, der ebenfalls Architekt war, habe vielleicht an rezidivierenden Depressionen gelitten und einen latenten Alkoholabusus betrieben. Während sie in den ersten 3 Wochen nach der Geburt relativ viel Besuch und auch Unterstützung durch die eigene resolute Mutter und die Schwiegermutter erhalten habe, seien diese inzwischen kaum mehr verfügbar, weil in entfernten Städten lebend. Freundinnen wolle sie nicht belasten, diese hätten selber viel zu tun. Die Bekannten und Freunde von ihr und ihrem Mann stammten zumeist aus dem beruflichen Umfeld. Sie habe die Möglichkeit, weiter auf Teilzeitbasis zu arbeiten, was ihr ermögliche, sowohl den familiären wie beruflichen Bereich ausfüllen zu können. Ihr direkter Vorgesetzter habe jedoch wenig Verständnis gehabt, dass sie jetzt im Mutterschaftsurlaub respektive Erziehungsjahr sei. Ihre letzte schriftliche Ausarbeitung habe dieser als unzureichend kritisiert, er wünsche sich von ihr mehr zeitliche Flexibilität.

Aus psychiatrisch-psychotherapeutischer Sicht liegt bei der Patientin eine typische Wochenbettdepression vor, die die Kriterien eine „Major Depression" erfüllt. Bei Frau S., die Erstgebärende ist, findet sich in der prämorbiden Persönlichkeit, wie bei vielen depressiven Personen, ein sog. „typus melancholicus" (erhöhte „überichhafte" Gewissenhaftigkeit). Vermutet werden kann die mögliche Konkurrenz mit dem Ehemann, der im gleichen Beruf weiterarbeiten kann, sowie der Konflikt mit dem Vorgesetzten. Die leicht erhöhte Vulnerabilität, depressiv zu reagieren, wird möglicherweise schon durch die berichteten Belastungen während der Schwangerschaft und der Geburt sichtbar. Bei der engagierten und sensiblen Frau sind zahlreiche, auch divergierende Rollenanforderungen vorhanden. Die soziale Unterstützung ist trotz materiellen Wohlstands in ihrer Familie eher gering ausgeprägt. Es finden sich bereits frühere depressive Episoden bei Trennungen und Rollenwechsel; auch ist eine leichtere hereditäre Komponente nicht auszuschließen.

Psychotherapeutische Behandlung

Entsprechend der generellen Ausrichtung der psychotherapeutischen Depressionsbehandlung bis in die 80er Jahre favorisierte man auch für die postpartale Depression (PPD) zunächst kognitive Modelle (O'Hara et al. 1982). Die kognitiven Unterschiede zwischen depressiven und nicht depressiven Müttern haben etwa auch Whitton et al. (1996) herausgearbeitet.

Psychoanalytische Ansätze

Erstaunlicherweise haben die zahlreichen krisenhaften Lebensveränderungen, die mit der Elternschaft verbunden sind, bislang kaum, bis auf wenige Ausnahmen (Benedek 1959, Halberstadt-Freud 1993), die Aufmerksamkeit der Psychoanalytiker gefunden. Besonderes Augenmerk haben die psychoanalytischen Autoren u.a. auf folgende Aspekte gerichtet:

- Die Aspekte der Regression des Ichs nach der Geburt eines Kindes,
- die Identifizierung mit der oralen Existenz des weinenden Säuglings,
- die illusorische Symbiose,
- die durch die Mutterschaft enttäuschten phallisch-ödipalen Strebungen,
- die destruktiven Impulse.

Interpersonelle Psychotherapie

In den 80er Jahren wurde eine manualgeleitete, störungsspezifische Therapieform „Interpersonelle Psychotherapie" (IPT) der Depression entwickelt (Klerman et al. 1984), die heute zum Teil auch bei anderen Störungsbildern (Bulimie) angewendet wird.

Bei der IPT werden ein bis zwei Problemfelder aus einem der 4 folgenden, interpersonell problematisch wirksamen Bereichen ausgewählt:

- Rollenwechsel,
- interpersonelle Konflikte,
- Verlust oder Trauer,
- interpersonelle Defizite.

Vorteilhaft gerade für die Behandlung der postpartalen Depression mit der Interpersonellen Therapie erscheinen folgende Punkte:

- Die Wirksamkeit ist erwiesen,
- die Kombination mit Medikamenten ist untersucht,
- es ist ein zeitlich limitiertes Verfahren,
- es ist relativ einfach zu erlernen bzw. zu lehren,
- es handelt sich um ein manualgeleitetes Vorgehen (und kann daher auch in seinen Grundzügen medizinischen Hilfsberufen vermittelt werden),
- die Theorie des Verfahrens korrespondiert gut mit der Störungsdynamik,
- es findet sich eine Fokussierung auf den zentralen Konflikt.

IPT-Modifikationen für die Postpartale Depression

Naturgemäß geht es bei den Wochenbettdepressionen, die mit der Interpersonellen Therapie behandelt werden, meistens darum, den Rollenwechsel und die interpersonellen Konflikte zu fokussieren. Stuart (1999) schlägt 12 wöchentliche IPT-Sitzungen bei der postpartalen Depression vor.

Im Folgenden werden Beispiele gegeben, wie im Einzelnen mit den konflikthaften Bereichen umgegangen werden kann.

Rollenwechsel und interpersonelle Konflikte

Die Frau muss oder will nach der Geburt plötzlich verschiedensten Rollen gerecht werden. Sie will weiterhin als Ehefrau attraktiv, als berufstätige Frau kompetent, aber als Mutter auch zusätzlich verfügbar und liebevoll fürsorglich sein. Meist geht es ihr nicht darum, die alten Rollenbilder aufzugeben, sondern die neuen zu integrieren. Die Patientin sollte in der Therapie affektiv zunächst mit diesen verschiedenen Rollen (und was sie für sie bedeuten) in Kontakt kommen, um so eine differenziertere und balanciertere Sicht ihrer Erwartungen und Prioritäten zu bekommen.

Ein typischer „circulus vitiosus", den es zu unterbrechen gilt, ist, dass die Frau einerseits immer mehr Anstrengungen unternimmt, um allem gerecht zu werden (Familie, Ehemann, Arbeitgeber etc.), dabei aber immer größere Unzufriedenheit von allen Seiten erntet. Die Patientin wird im Sinne eines „brainstormings" ermutigt, alternative Lösungen durchzuspielen. Dabei ist weniger wichtig, dass konkrete Änderungen erfolgen, als dass die Patientin lernt, flexibler mit der Modifikationsmöglichkeit von Beziehungen umzugehen. Sehr häufig geht es auch bei den interpersonellen Konflikten um die enttäuschten Erwartungen, was die mögliche Mithilfe des Partners und von Familienangehörigen angeht, und um das – oft plötzliche – Alleinsein mit dem Kind tagsüber.

Trauer

Neben den Fällen von plötzlichem Kindstod und Ähnlichem, die natürlich eine ungeheure Belastung für jede Mutter darstellen, ist das Thema der Trauer im Wochenbett und danach trotzdem häufiger, als man zunächst denken könnte. Häufig sterben betagte Angehörige (beispielsweise Großeltern) während ein Kind geboren wird. Diese konnte das Kind daher nicht mehr sehen. Die Patientinnen haben hier Schwierigkeiten zu verarbeiten, dass ein neues Leben entsteht, während ein anderes „erlöschen musste", so eine Patientin. Manchmal geht es auch um das Trauern um eigene versäumte Erfahrungen und Möglichkeiten im Leben, das mit diesem neuen Lebensabschnitt einsetzt.

Interpersonelle Defizite

Schwierigkeiten im Bindungsverhalten zwischen Kind und Mutter sind oft Folge der Depression. Es existieren jedoch auch Fälle, bei denen tatsächliche Defizite der Mutter, die ihrerseits beispielsweise unsicher-vermeidend gebunden ist, dazu führen, dass sie ihre Defizite selbst realisiert und depressiv verarbeitet. Es ist gut untersucht, dass solche Defizite im Bindungsverhalten relativ gut ausgeglichen oder modifiziert werden können, was natürlich noch keine tief greifende Veränderung des eigentlichen strukturellen Bindungsstils der Mutter selbst bedeutet.

In einer Form von „Kommunikationsanalyse" werden in der IPT mit der Patientin sprachliche Muster bei Auseinandersetzungen und ihre Bedeutungen etc. genau diskutiert. Dabei können auch Rollenspiele eingesetzt werden.

Der Therapeut sollte der Versuchung jedoch widerstehen, konkrete Vorschläge (etwa über die Art der Kinderbetreuung etc.) zu machen, was manchmal nicht ganz einfach ist, wenn rationellere Lösungsmöglichkeiten für ihn auf der Hand liegen. Damit würde er jedoch genau das eigentliche Ziel der Therapie, nämlich größere innere wie äußere Autonomie zu fördern, selbst unterminieren.

> Während der Therapie gelang es, dass Frau S. von sich aus sowohl ihren Mann wie ihren Vorgesetzten um mehr Unterstützung und zeitliche Flexibilität ansprechen konnte. Sie fühlte sich durch diesen Schritt zwar zunächst etwas „peinlich berührt", wie sie sagte, konnte ihn aber zunehmend als Ausdruck von Stärke werten. Sie konnte sich selbst gegenüber auch anerkennen lernen, dass sie bereits sehr viel für ihr Kind tat, und realistischere Vorstellungen von der Versorgungsnotwendigkeit eines Kindes ausbilden und sich so auch zunehmend vorstellen, in der Zukunft stundenweise ein Kindermädchen oder eine Krippe in Anspruch zu nehmen.

Die Phasen der Interpersonellen Therapie der Wochenbettdepression

Anfangsphase der Therapie

Die Anfangsphase sollte 2, manchmal auch nur eine, maximal aber 3 Sitzungen umfassen.

- Zu Beginn steht eine sorgfältige Diagnostik. Ein Teil der Symptome findet sich auch bei nicht depressiven Frauen im Wochenbett, beispielsweise vermehrte Sorgen und

Schlafstörungen. Zur Diagnostik gehören außerdem die Anamnese und das Abfragen von Risikofaktoren.

- Es werden Informationen gegeben, dass die Frau an einer postpartalen Depression leidet, Depressionen Krankheiten sind, PPD und Depressionen im Allgemeinen ziemlich häufig sind und spezifische Behandlungsmöglichkeiten existieren (Stuart 1999). In Einzelfällen müssen auch weiter gehende Informationen über den Umgang mit dem Baby gegeben werden.
- Bei der IPT werden dann ein bis zwei Problemfelder aus einem der vier Bereiche: Rollenwechsel, interpersonelle Konflikte, Trauer und interpersonelle Defizite ausgewählt. (Bei der PPD sind es meist Rollenwechsel und interpersonelle Konflikte.)
- Meistens werden die spezifischen Erwartungen, die die Frau im Vorfeld der Geburt bzgl. der sozialen Unterstützung durch den Mann und die Angehörigen hatte, als Fokus gewählt, ferner die Erwartungen und Kognitionen bzgl. Mutterschaft und dem Kind.
- Der Fokus auf das Problem wird dann zunehmend spezifiziert (wenn etwa die Patientin sagt, sie „bräuchte etwas mehr Hilfe": Worin könnte diese bestehen? etc.).
- Die Patientin erhält jetzt Information über das Verfahren in allgemeinverständlichen Worten (inklusive Beispiele für die 4 Problembereiche). Durch Hinweise auf die bisherigen Therapiestudien kann, wenn notwendig, zusätzliche Hoffnung vermittelt werden.
- Das Setting wird festgelegt (Zeitdauer und Frequenz der Therapie etc.).
- Der Patientin wird vermittelt, dass sie für den Therapieerfolg maßgeblich mitverantwortlich ist und daher eine aktive Rolle in der Therapie übernehmen muss.

Besonders Elemente aus der Anfangsphase der IPT können darüber hinaus gut für manchmal notwendige psychosoziale Interventionen bei massiveren Dysphorien (Heultage) verwendet werden.

Mittel- und Schlussphase der IPT

Während der eigentlichen Therapiephase („Mittelphase") wird der gewählte konflikthafte Bereich (s. oben) in ca. 8–10 Sitzungen besprochen und bearbeitet.

In einigen Fällen, besonders wenn es um (beispielsweise notwendige aber noch nie geführte) Auseinandersetzungen geht, ist es in der Mittelphase der Behandlung sinnvoll, den Partner der Frau mit einzubeziehen.

Auch sexuelle Probleme kommen nicht selten vor. Die Frau hat etwa Befürchtungen, erneut schwanger zu werden, ihre Libido ist während der Stillzeit geringer, der Mann empfindet seine Frau noch immer körperlich stark verändert oder das Kind dominiert die Nächte und „verhindert" Intimität.

Die Beendigung der Therapie muss frühzeitig bearbeitet werden; es sollte deutlich gemacht werden, dass die Therapie keine Wunder bewirken kann. Die identifizierten und bearbeiteten Problembereiche sollten gemeinsam nochmals rekapituliert werden. Spätere mögliche Problemsituationen können ggf. antizipiert und besprochen werden. In einigen Fällen wird man die Patientin zu einer weiterführenden Therapie ermutigen.

Grenzen des IPT-Ansatzes

Was die Frage der Kontraindikation angeht, empfiehlt Stuart (1999) lediglich bei Patienten, die psychotische Symptome haben, keine IPT. Die interpersonelle Therapie lässt sich gut mit medikamentöser Behandlung kombinieren (Frank et al. 1990). Der Wert von zusätzlicher eigentlicher Paartherapie ist aber umstritten.

Es leuchtet von psychodynamischer Seite ein, dass Konflikte – über die in dem IPT-Verfahren beschriebenen hinaus –, durchaus unbewusster Natur sein können. Zwei typischere unbewusste Konflikte im Wochenbett sind beispielsweise, dass eine Frau durch die Geburt des Kindes erstmals stärker mit eigenen „ungestillten" Bedürfnissen konfrontiert wird, aber auch mit der manchmal belastenden Notwendigkeit, sich mit der eigenen Mutter jetzt identifizieren zu müssen.

Psychotherapiestudien

Psychotherapeutische Behandlungsstudien betreffen zwei psychotherapeutische Richtungen, nämlich die kognitiv-behaviorale Therapie (Appleby et al. 1997) und die Interpersonelle Psychotherapie (IPT) (Stuart u. O'Hara 1995a,b, Stuart 1999).

In der Studie von Stuart waren am Ende der zwölfwöchigen Therapie die Depressionswerte (BDI, HADS) hochsignifikant geringer geworden ($p < 0{,}02$). Alle Patientinnen zeigten am Ende der Behandlung keine „Major Depression" (DSM-III-R) mehr.

Neben den Studien von Stuart liegen einige weitere Psychotherapiestudien vor, die supportiv oder psychoedukativ ausgerichtet waren und zumeist als gruppenpsychotherapeutische Interventionen entwickelt wurden (Morris 1987, Holden et al. 1989).

Stuart (1999) kommt zu dem Schluss, dass die rein supportiven oder psychoedukativen Ansätze, die nicht die spezifischen (interpersonellen) Probleme postpartal depressiver Frauen fokussierten, keinen wirklich signifikanten Effekt aufwiesen.

Spezielle Aspekte der Therapie

Generell wäre es wünschenswert, wie Nonacs u. Cohen (1998) empfehlen, dass nicht nur das Kind in den Wochen nach der Geburt ein „screening" erfährt, sondern auch die Mütter bzgl. depressiver Symptomatik untersucht würden. Der Zeitraum von 6 Wochen postpartal wäre dabei sehr geeignet, da sich später kaum mehr Depressionen entwickeln, die bis dahin nicht manifest wurden.

Der Psychotherapie kommt auch deswegen eine besondere Bedeutung zu, weil zahlreiche Frauen das Stillen nicht wegen einer pharmakologischen Behandlung abbrechen wollen oder sonst Vorbehalte gegen Psychopharmaka haben.

Typische Besonderheiten, die bei der Behandlung der postpartalen Störungsbilder beachtet werden sollten, sind:

- Manchmal starke Dissimulationstendenzen der Patientinnen,
- typisches Paradox: die Mutter „sollte" glücklich sein, ist es aber nicht,
- Patientinnen suchen die Behandlung oft erst nach Monaten auf, wie aus prospektiven Studien bekannt ist,
- geringe soziale Akzeptanz,
- Scham über die Symptomatik,
- die Versorgung des Kindes muss ebenfalls gewährleistet bleiben,
- „Circulus vitiosus" zwischen der Überforderung und Depressivität der Mutter und dem Verhalten des Babys, das darauf besonders empfindlich reagiert.

Mutter-Kind-Units

Es ist nachgewiesen, dass psychisch kranke Mütter, die gemeinsam mit ihrem Kind stationär behandelt wurden, dieses nach der Hospitalisation besser versorgen können als Mütter, die getrennt behandelt wurden (Stewart 1989). Einen Überblick über die spezifischen Anforderungen und Probleme von „mother-baby-units" in der Psychiatrie findet sich in der Arbeit von Oates (1996).

Synopsis

- Postpartale Depressionen zu wenig beachtet.
- Gleiches Vorgehen wie bei der Behandlung von anderen Depressionen.
- Zunächst exkulpierende Informationen über das Störungsbild, die aber trotzdem über eine biologistische Reduktion („Hormonumstellung") hinausgehen.
- Entlastung durch soziale Unterstützung. In selteneren Fällen wird eine Paar- oder Familientherapie nach der primären Depressionsbehandlung empfohlen.
- Psychotherapeutische Behandlung an den Richtlinien der „Interpersonellen Psychotherapie (IPT)" ausgerichtet. Relative Einfachheit des Zugangs, Fokussierung auf Rollenwechsel, interpersonelle Probleme und Verluste erleichtert den Zugang.
- Partner sollte immer mit in die Therapie einbezogen werden.
- Wenn stationäre Behandlung notwendig, Auswahl einer Klinik, die Mutter und Kind gemeinsam aufnehmen kann.
- Schwerere Formen der Wochenbettdepression bedürfen oft zusätzlicher antidepressiver medikamentöser Therapie, in einzelnen Fällen (Wochenbettpsychose) sogar einer späteren Phasenprophylaxe (Lithium). Patientinnen, die psychopharmakologisch behandelt werden müssen, sollten zunächst abstillen.
- Gelegentlich weiterführende Psychotherapie.

16. Qualitätssicherung

Isa Sammet

Wie in allen Bereichen der Gesundheitsversorgung sind auch in der Psychotherapie qualitätssichernde Maßnahmen obligat. Dazu gehört – neben unterschiedlichen Konzepten zur Verbesserung der Struktur- und Prozessqualität – die Beurteilung der Therapieergebnisse anhand des klinischen Urteils und psychometrischer Verfahren. Für die Behandlung von Patienten mit depressiven Störungen ist neben dem Einsatz allgemeiner psychodiagnostischer Instrumente die Anwendung störungsspezifischer Verfahren mindestens vor und nach Therapie erforderlich. Aus Gründen der Standardisierung ist es wünschenswert, die zu verwendenden Erhebungsinstrumente zu vereinheitlichen, weswegen an dieser Stelle Vorschläge gemacht werden. Je nach Therapiesetting werden zur Selbsteinschätzung das Beck-Depressions-Inventar BDI, die Allgemeine Depressionsskala ADS oder die Hospital Anxiety and Depression Scale HADS-D empfohlen. Als Fremdbeurteilungsskalen können die Hamilton-Depressions-Skala HAMD oder die Montgomery-Asberg Depression Rating Scale MADRS eingesetzt werden. Die Ergebnisse der psychometrischen Verfahren können im Rahmen von Qualitätszirkeln in klinischen Falldiskussionen nutzbar gemacht werden.

Grundlegende Aspekte

Seit 1989 ist Qualitätssicherung für das bundesdeutsche Gesundheitswesen im Fünften Sozialgesetzbuch (§137ff) gesetzlich verankert. Behandlungseinrichtungen sind gesetzlich zu Maßnahmen der Qualitätssicherung verpflichtet, was in den Richtlinien der Kassenärztlichen Bundesvereinigung für Verfahren zur Qualitätssicherung umgesetzt wurde. Das Gesetz soll Behandlung auf einem möglichst hohen Niveau sicherstellen und gewährleisten, dass Patienten entsprechend dem Stand der Forschung eine optimale, auf ihre Problemlage zugeschnittene Behandlung erhalten und vor einer ineffizienten oder gar schädigenden Behandlung geschützt werden.

Im Bereich der Psychotherapie wurden in der Folge sowohl für ambulante als auch stationäre Behandlungen Modelle zur Qualitätssicherung entwickelt (Schulz et al. 1998, Nübling u. Schmidt 1998, Kordy u. Hannöver 1998). Seit Donabedian (1966) werden für die Qualität der medizinischen Versorgung Struktur-, Prozess- und Ergebnisqualität unterschieden. Entsprechend haben sich qualitätssichernde Maßnahmen auf die Qualität der Behandlung einschließlich Aspekten wie Qualifikation der Behandler, therapeutische Abläufe und Therapieergebnisse zu erstrecken (Nübling et al. 1998). Qualität wird dabei als ein mehrdimensionales Konstrukt verstanden, das nicht direkt, sondern nur über indirekte Indikatoren erfassbar ist (Stieglitz u. Haug 1995).

Für die Behandlung depressiver Störungen gelten zunächst grundlegend allgemeine, störungsübergreifend entwickelte Konzepte zur Qualitätssicherung in der Psychotherapie. Zur Beurteilung der Prozess- und Ergebnisqualität bei depressiven Erkrankungen wird in Erweiterung dieser Modelle die zusätzliche Anwendung von Instrumenten zur Erfassung depressiver Symptome empfohlen. Es folgt zunächst eine kurze Darstellung störungsunspezifischer qualitätssichernder Maßnahmen, in die die psychometrischen Verfahren zur Erfassung von Depressivität integriert werden müssen.

Allgemeine qualitätssichernde Maßnahmen in der Psychotherapie

Grundlage der störungsunspezifischen Qualitätserhebung (vgl. z.B. Buchkremer u. Schneider 1995 oder Sandholzer u. Pelz 1996) ist eine ***Basisdokumentation***, die soziodemographische Merkmale des Patienten, Schweregrad und Dauer sowie soziale Konsequenzen der depressiven Erkrankung und Komorbidität enthält.

Die Minimalforderungen zum Monitoring der *Prozessqualität* beziehen sich auf die Dokumentation von Zuweisungsmodus, Indikationsstellung, durchgeführter Diagnostik, Art sowie Dauer und Frequenz der psychotherapeutischen Behandlung und Pharmakotherapie. Sie umfasst außerdem Verlaufsprotokolle.

Das Therapie*ergebnis* ist neben störungsspezifischen Indikatoren durch Patienten-Selbsteinschätzungen hinsichtlich globaler psychometrisch erfassbarer Maße, wie Lebensqualität und individueller Therapiezielerreichung (z.B. mittels Goal-Attainment-Skalen) sowie durch soziale Parameter, wie z.B. Arbeitsfähigkeit, operationalisierbar.

Um einen möglichen Symptomshift zu erkennen, sollten neben depressionsspezifischen Instrumenten auch globale Messverfahren zum Screening zusätzlicher Problembereiche eingesetzt werden. Hierfür eignet sich zum Beispiel die Symptom Check List SCL90-R von Derogatis (deutsche Version: Franke 1995), die in 90 Items neben depressiven Symptomen auch Somatisierung, Zwanghaftigkeit, Unsicherheit im Sozialkontakt, Ängstlichkeit, Aggressivität, phobische Angst, Psychotizismus u.a. erfasst.

Einen umfassenden Überblick über Verfahren, die zur Qualitätssicherung in der stationären Therapie sinnvoll eingesetzt werden können, geben z.B. Kordy u. Hannöver (1998) in Darstellung des Heidelberger Modells. Empfehlungen zu Standarddiagnostik und -evaluation in der ambulanten Einzeltherapie finden sich z.B. bei Laireiter et al. (1998).

Depressionsspezifische Maßnahmen

Zur störungsspezifischen Evaluation des Therapieergebnisses gehört in erster Linie die klinische Beurteilung depressiver Symptome durch den Therapeuten mit Dokumentation des psychopathologischen Befundes vor und nach der Therapie. Außerdem ist die Quantifizierung der Symptomänderung durch depressionsspezifische psychometrische Instrumente erforderlich.

Auswahlkriterien der empfohlenen psychometrischen Verfahren

Eine maßgebliche Zielsetzung qualitätssichernder Therapie-Evaluation ist es, die Effektivität der Behandlung unabhängig von der Behandlungsinstitution sowie der Therapieart und -schule überprüfen zu können. Vor dem Hintergrund dieser Intention sollte die qualitätssichernde Diagnostik deskriptiv und – in Analogie zur Klassifikation psychischer Störungen in der ICD-10 – möglichst frei von Vorannahmen zu Ätiologie und Psychopathogenese der depressiven Störung ausgerichtet sein (Fydrich et al. 1996). D.h., dass bevorzugt Instrumente empfohlen werden, die deskriptiv-phänomenologisch depressive Symptome erfassen. Weiterhin ist im Zuge der wünschenswerten Standardisierung der

Ergebnisevaluation der Einsatz von bereits weit verbreiteten und klinisch bewährten Instrumenten mit gesicherten Gütekriterien sinnvoll. Die kleine Zahl der hier aufgeführten psychometrischen Verfahren, die sich in zahlreichen Studien als praktikabel, zuverlässig und sinnvoll erwiesen haben, stellt in diesem Zusammenhang den Ausgangspunkt für ein Basismodul zur Diagnostik depressiver Störungen dar, das je nach therapiespezifischer Zielsetzung durch weitere Methoden ergänzt werden kann.

Psychometrische Instrumente zur Erfassung depressiver Symptome

Einen Überblick über die empfohlenen Selbst- und Fremdbeurteilungsinstrumente zur Erfassung depressiver Störungen gibt Tabelle 16.**1**.

Selbstbeurteilungsskalen

Beck-Depressions-Inventar BDI (Beck et al. 1961, dt. Version Hautzinger et al. 1995)

Das BDI ist ein Selbstbeurteilungsinstrument zur Erfassung der Schwere depressiver Symptomatik bei Patienten mit depressiven Störungen. Der Patient stuft sich bei 21 Gruppen von Aussagen über depressive Symptome auf einer 4-stufigen Skala ein. Erfasst werden Stimmung, Schuldgefühle, negatives Selbstbild, vegetative Symptome, sozialer Rückzug, Arbeits- und Entschlussunfähigkeit. Ein Summenscore, bezogen auf einen Cut-off-Wert zwischen Normalbevölkerung und einer klinischen Population, bildet die Schwere der Depression ab. Als klinisch relevant gilt ein Punktwert von 18 und darüber. Die Bearbeitungsdauer wird mit 10–15 Minuten angegeben.

Allgemeine Depressions Skala ADS (Hautzinger u. Bailer 1993)

Es handelt sich dabei um die revidierte deutsche Fassung der CES-D (Center for Epidemiological Studies Depression Scale von Radloff 1977). Die Skala, die als Screening-Instrument zur Erfassung aktueller depressiver Symptome in der Bevölkerung entwickelt wurde, besteht in ihrer Langform aus 20 Items (Kurzformen 15 oder 10 Items, Irwin et al. 1999), die auf einer 4-stufigen Skala beantwortet werden. Erhoben werden u.a. Stimmung, Antrieb, Schlafstörungen, Mangel an Lebensfreude und Gefühl der Zurückweisung durch andere. Die Durchführungszeit liegt bei 10 Minuten.

Hospital Anxiety and Depression Scale – dt. Version HADS-D (Herrmann et al. 1995)

Die HADS-D ist ein Selbstbeurteilungsverfahren zur Erfassung ängstlicher und depressiver Symptomatik. Die Depressionsskala besteht aus 7 vierstufig skalierten Items mit einem Schwerpunkt auf Symptomen der Anhedonie bei gleichzeitigem Verzicht auf somatische Depressionssymptome.

Tabelle 16.1 Empfohlene psychometrische Verfahren zur Diagnostik und Evaluation depressiver Störungen in der Psychotherapie

Selbstbeurteilungsskalen	
ADS	Allgemeine Depressionsskala (Hautzinger u. Bailer 1993)
BDI	Beck-Depressions-Inventar (dt. Version: Hautzinger et al. 1995)
HADS	Hospital Anxiety and Depression Scale (dt. Version: Herrmann et al. 1995)
Fremdbeurteilungsskalen	
HAMD	Hamilton-Depressions-Skala (Hamilton 1990)
MADRS	Montgomery-Asberg Depression Rating Scale (Montgomery u. Asberg 1979)

Zusammenfassende Beurteilung

Das Beck-Depressions-Inventar BDI ist eines der weit verbreitetsten Instrumente zur Erfassung von Depressivität. Die Gütekriterien sind durch zahlreiche Studien belegt. Als Nachteile des BDI gelten hohe Itemschwierigkeit, fehlende repräsentative Normen mit daraus folgenden Schwierigkeiten der Interpretation und instabile faktorielle Validität. Vorteile sind die hohe interne Konsistenz, Validität und die zuverlässige Unterscheidung zwischen depressiven und nicht-depressiven Patienten (Richter et al. 1998). Korrelationen mit der Allgemeinen Depressionsskala ADS werden mit .89 angegeben. Die ADS gilt als besonders änderungssensitiv. Die Hospital Anxiety Depression Scale HADS-D ist ein aufgrund ihrer Kürze und der damit verbundenen Praktikabilität als Screening-Instrument zur Diagnostik von Depressivität geeignet. Dies gilt insbesondere für den routinemäßigen Einsatz im somatisch-medizinischen Bereich, für den die HADS entwikkelt wurde. Sie eignet sich nach Herrmann et al. (1995) allerdings auch zur Evaluation von Behandlungseffekten, was in Studien zur Verlaufsmessung belegt werden konnte. Die HADS-D ist deswegen besonders in Settings zu empfehlen, in denen aus Gründen der Akzeptanz vonseiten der Patienten nur eine kurze Fragebogenversion einsetzbar ist.

Fremdeinschätzungsskalen

Hamilton Depression Scale HAMD (Hamilton 1960)

Es handelt sich um eine Fremdbeurteilungsskala zur quantifizierten Beurteilung depressiver Symptomatik. Aufgrund eines klinischen Interviews schätzt der Diagnostiker den Schweregrad von insgesamt 21 vorgegebenen depressiven Symptomen ein. Die Items beinhalten depressive Stimmung, Schuldgefühle, Suizidtendenzen, Schlafstörungen, Angst, körperliche Symptome, Tagesschwankungen und Depersonalisation. Die Auswertung erfolgt entweder durch Bildung eines Gesamt-Rohwerts oder auf Itemebene. Dem zusammenfassenden Itemanalyse-Protokoll können jene Symptomkomplexe entnommen werden, deren Ausprägung die Höhe des Gesamt-Rohwertes wesentlich bestimmt. Das Instrument hat sich in einer großen Zahl von Depressionsstudien, auch bei Verlaufsuntersuchungen zur Kontrolle der therapeutischen Maßnahmen bewährt (Rauchfleisch 1994). Die Durchführungsdauer wird mit 5–10 Minuten angegeben.

Montgomery-Asberg Depression Rating Scale MADRS (Montgomery u. Åsberg 1979)

Die MADRS ist ebenfalls ein Fremdbeurteilungsinstrument zur psychometrischen Beurteilung depressiver Symptome. Auf Grundlage einer Exploration schätzt der Beurteiler bei zehn Items mit einer Ausprägung zwischen 0 und 6 den Schweregrad des jeweiligen Symptoms ein. Bei den zehn Items handelt es sich um sichtbare und berichtete Traurigkeit, innere Spannung, Schlaflosigkeit, Appetitverlust, Konzentrationsschwierigkeiten, Untätigkeit, Gefühllosigkeit, pessimistische Gedanken und Selbstmordgedanken.

Zusammenfassende Beurteilung

Sowohl die HAMD als auch die MADRS sind ökonomisch durchzuführende und reliable sowie valide Fremdbeurteilungsinstrumente zur Erfassung depressiver Symptome. Die HAMD ist am häufigsten eingesetzt. Die MADRS unterscheidet sich nach Maier u. Philipp (1985) von der HAMD durch präzisere Angaben zum Schweregrad der Depression, Beschränkung auf Kernsymptome der Depressivität, geringere Itemzahl und geringere Repräsentanz somatischer Beschwerden. Die Korrelationen zwischen dem MADR-Gesamtwert und den Faktorscores der HAMD werden in einer deutschen Studie mit Werten zwischen .58 und .83 angegeben (Schmidtke et al. 1988). Eine vergleichende Untersuchung zu den Gütekriterien legt eine leichte Überlegenheit der MADS nahe (Maier u. Philipp 1985).

Settingfragen und Erhebungszeitpunkte

Umfang und Art der einzusetzenden psychometrischen Verfahren hängt neben der Zielsetzung der Evaluation von Therapiedauer und -setting ab. Aus Gründen der Praktikabilität werden psychometrische Verfahren beispielsweise in der ambulanten Kurztherapie sparsamer eingesetzt werden müssen als in der stationären Therapie. Minimalkriterium der psychometrischen Erfassung ist der Einsatz eines Instruments zur Patienten-Selbsteinschätzung depressiver Symptome. Wünschenswert ist eine zusätzliche klinische Fremdbeurteilung.

Die Zeitpunkte der Qualitätsmessung werden grundsätzlich von der Art der depressiven Erkrankung und der Therapiedauer bestimmt. Beispielsweise erfordert die kürzere Behandlung depressiver Episoden andere Zeitabstände des Qualitätsmonitoring als dies für die in der Regel längerfristige Therapie dysthymer Störungen zutrifft. Standardmäßige Zeitvorgaben für verschiedene depressive Erkrankungen sind deswegen nicht zweckmäßig. Minimalforderung zur Erfassung therapiebedingter Veränderung depressiver Syndrome ist der Einsatz der Tests unmittelbar nach Therapiebeginn sowie nach Therapieende. In Abhängigkeit der Therapiedauer sind Patienten-Selbsteinschätzungen auch intermittierend durchzuführen und als Grundlage klinischer Verlaufsbeurteilungen zu nutzen. Zur Bestimmung der Stabilität des Therapieerfolgs sind sowohl im stationären wie im ambulanten Bereich Katamneseuntersuchungen wenigstens nach 1 Jahr, möglichst aber längerfristiger zu fordern.

Interpretation der Befunde

Die erhobenen psychometrischen Daten können auf Einzelfallebene zur Verlaufs- und Ergebnisbeurteilung herangezogen werden und als Grundlage einrichtungsinterner Supervisionen oder externer Qualitätszirkel genutzt werden. Durch gruppenstatistische Auswertung kann eine Evaluation der betreffenden Einrichtung erfolgen.

Zur Erleichterung der klinischen Verlaufsbeurteilung werden zweckmäßigerweise Effektstärken, das sind normierte Mittelwertsdifferenzen zwischen Ersttestung und Katamnesezeitpunkt, berechnet. Aus den negativen bzw. positiven Effektstärken lässt sich auf eine bedeutsame Symptomverbesserung bzw. -verschlechterung schließen, was in der klinischen Diskussion als Zusatzinformation zur klinischen Beurteilung aufgegriffen werden sollte.

Synopsis

- Qualitätssichernde Maßnahmen gewinnen in der Psychotherapie vor dem Hintergrund ihrer gesetzlichen Verankerung zunehmend an Bedeutung.
- Dies bedeutet, dass Maßnahmen wie Basisdokumentation, standardisierte und individuelle Ergebnisbeurteilungen sowie Verlaufsmessungen routinemäßig etabliert werden müssen.
- Für die spezifische Erfassung depressiver Symptome in der Behandlung depressiver Störungen liegen praktikable und gut standardisierte Selbst- und Fremdeinschätzungsinstrumente vor (Beck-Depressions-Inventar BDI, Allgemeine Depressionsskala ADS, Hospital Anxiety and Depression Scale HADS-D, Hamilton-Depressions-Skala HAMD, Montgomery-Asberg Depression Rating Scale MADRS).
- Empfohlen wird der Einsatz sowohl zum Screening depressiver Störungen (etwa in der hausärztlichen Praxis mit dem HADS-D) oder zur Verlaufs- und Ergebnisbeurteilung der Psychotherapie (mit BDI, ADS und MADRS).
- Die Ergebnisse der psychometrischen Verfahren sollten in die klinische Diskussion im Rahmen von Qualitätszirkeln eingebracht werden.

Literaturverzeichnis

Ainsworth, M.D.S., Blehar, M.C., Waters, E., Wall, S. (1978): Patterns of attachment. A psychological study of the strange situation. Erlbaum Hillsdale New York.

Aldenhoff, J. (1997): Überlegungen zur Psychobiologie der Depression. Nervenarzt 68, 379–389.

American Psychiatric Association (APA) (1993): Practice guideline for major depression disorder in adults. American Journal of Psychiatry 150 (suppl.), 1–26.

American Psychiatric Association (APA) (1994): Diagnostic and statistical manual of mental disorders. 4th ed. American Psychiatric Association Washington D.C.

Angermeyer, M.C., Held, T., Gortler, D. (1993): Pro and contra: Psychotherapy and psychopharmacotherapy attitude of the public. Psychotherapie Psychosomatik Medizinische Psychologie 43, 286–292.

Antonovsky, A. (1979): Health, stress and coping. Jossey Bass San Francisco.

Antonovsky A. (1987): Unraveling the mystery of health. Jossey Bass San Francisco.

Appleby, L., Warner, R., Whitton, A. et al. (1997): A controlled study of fluoxetine and cognitive-behavioral counselling in the treatment of postnatal depression. British Medical Journal 314, 932–936.

Arbeitskreis der Krankenhausleitungen psychiatrischer Kliniken in der BRD (AKP) (1999): Das Profil Psychiatrischer Kliniken. Mitteilungen der Bundesdirektorenkonferenz psychiatrischer Krankenhäuser (BDK). Krankenhauspsychiatrie 10, XIII–XVI.

Arbeitskreis OPD (Hrsg.) (1996): Operationalisierte Psychodynamische Diagnostik. Grundlagen und Manual. Huber Bern.

Arieti, S., Bemporad, J. (1983): Depression. Klett-Cotta Stuttgart.

Beach, S.R.H., Finchham, F.D. (1998): Marital process and depression. In: L. L'Abate (ed.): Family psychopathology. The relational roots of dysfunctional behavior. 256–279. Guilford Press New York, London.

Beck, A.T. (1987): Cognitive models of depression. Journal of Cognitive Psychotherapy 1, 5–38.

Beck, A.T., Rush, A.J., Shaw, B.F., Emery, G. (1996): Kognitive Therapie der Depression. Psychologie Verlags Union Weinheim.

Beck, A.T., Ward, C.H., Mendelson, M., Mock, J., Erbaugh, J. (1961): An inventory for measuring depression. Archives of General Psychiatry 4, 561–571.

Beitman, B.D. (1996): Integrating pharmacotherapy and psychotherapy: An emerging field of study. Bulletin Menninger Clinic 60, 160–173.

Benedek, T. (1959): Parenthood as a developmental phase, Journal of the American Psychoanalytical Association 7, 389–417.

Benedetti, G. (1981): Zur Psychodynamik der Depression. Nervenarzt 52, 621–628.

Beutel M. (1996): Der frühe Verlust eines Kindes. Verlag für angewandte Psychologie, Hogrefe Göttingen.

Beutel, M., Arenz, S., Weiner, H. (1997): Verarbeitung des plötzlichen Kindstodes in Partnerschaft, Familie und Selbsthilfegruppe. Monatsschrift Kinderheilkunde 145, 626–632.

Beutel, M., Weiner, H. (1993): Trauer und Depression nach einem Objektverlust – ein Beitrag zur Begriffsklärung und klinischen Unterscheidung. Forum Psychoanalyse 9, 223–238.

Beutel, M. (1996): Der frühe Verlust eines Kindes. Bewältigung und Hilfe bei Fehl-, Totgeburt und Fehlbildung. Verlag für Angewandte Psychologie, Hogrefe. Göttingen.

Beutel, M. (1991): Zur Psychobiologie von Trauer und Verlustverarbeitung – neuere immunologische und endokrinologische Zugangswege und Befunde. Psychotherapie Psychosomatik Medizinische Psychologie 41, 267–277.

Bibring, E. (1952): Das Problem der Depression. Psyche 6, 81–101

Biermann-Ratjen, E.M., Eckert, J., Schwartz, H.J. (1981): Gesprächspsychotherapie. 2. Aufl. Kohlhammer Stuttgart.

Biermann-Ratjen, E.M., Eckert, J., Schwartz, H.J. (1995): Gesprächspsychotherapie. Verändern durch Verstehen. 7. Aufl. Kohlhammer Stuttgart.

Birk, L. (1973): Biofeedback. Behavioral Medicine. Grune & Stratton New York.

Blatt, S.J. (1998): Contributions of psychoanalysis to the understanding and treatment of depression. Journal of the American Psychoanalytic Association 46, 723–752.

Blatt, S.J., Zuroff, D.C. (1992): Interpersonal relatedness and self definition: Two prototypes of depression. Clinical Psychology Review 12, 527–561.

Blatt, S.J., Zuroff, D.C., Bondi, C.M., Sanislow I.C.A., Pilkonis, P.A. (1998): When and how perfectionism impedes the brief treatment of depression: Further analysis of the National Institute of Mental Health treatment of depression collaborative research program. Journal of Consulting and Clinical Psychology 66, 423–428.

Bowlby, J. (1977): The making and breaking of affectional bonds. British Journal of Psychiatry 130, 201–210.

Bowlby, J. (1969): Attachment. Basic Books New York.

Bowlby, J. (1980): Attachment and loss: Loss, sadness and depression. Basic Books New York.

Bowlby, J. (1987): Verlust, Trauer und Depression. Fischer Frankfurt.

Brandtstädter, J., Renner, G. (1992): Coping with discrepancies between aspirations and achievements in adult development: A dual-process model. In: L. Montada, S.H. Filipp, M. Lerner (eds.): Crises and experiences of loss in adulthood 301–319. Erlbaum Hillsdale New York.

Bronisch, T. (1990): Neuere Entwicklungen in der Diagnostik und Klassifikation depressiver Störungen. Fundamenta Psychiatrica 4, 109–118.

Bronisch, T. (1992): Die depressive Reaktion – Probleme der Klassifikation, Diagnostik und Pathogenese. Monographien aus dem Gesamtgebiet der Psychiatrie. Bd. 68. Springer Berlin, Heidelberg, New York.

Bronisch, T. (1995): Der Suizid. Ursachen, Warnsignale, Prävention. Beck München.

Bronisch, T. (1997): Die depressive Persönlichkeit im Zeitalter von DSM-IV und ICD-10. In: M. Wolfersdorf (Hrsg.): Depressionsstationen. Stationäre Depressionsbehandlung. 123–138. Springer Berlin, Heidelberg, New York.

Bronisch, T. (im Druck): Suizidalität. In: H.J. Möller, G. Laux, H.-P. Kapfhammer (Hrsg.): Handbuch der Psychiatrie. Springer Berlin, Heidelberg, New York.

Brown, G.W., Harris, T.O., Bifulco, A. (1986): Long-term effects of early loss of parent. In: M. Rutter, C.E. Izard, P.B. Read (eds.): Depression in young people. Guilford Press New York.

Buchkremer, G., Schneider, F. (1995): Qualitätssicherung in der Psychotherapie. In: H. Haug, R.-D. Stieglitz (Hrsg.): Qualitätssicherung in der Psychiatrie. 141–150. Enke Stuttgart.

Busch, F.N., Gould, E. (1993): Treatment by a psychotherapist and a psychopharmacologist: Transference and countertransference issues. Hosp. Com. Psychiatry 8, 772–774.

Cassidy, J., Shaver, P.R. (eds.) (1999): Handbook of Attachment. The Guilford Press New York.

Cohen, M.B., Baker, G., Cohren, R.A., Fromm-Reichmann, F., Weigert, E.V. (1954): An intensive study of 12 cases of manic-dpepressive psychosis. Psychiatry 127, 103–138.

Costello, C.G. (1972): Depression: Loss of reinforcements or loss of reinforcement effectiveness. Behavior Therapy 3, 251–253.

Cox, J.L., Holden, J.M., Sagovsky, R. (1987): Detection of postnatal depression: Development of the 10-item Edinburgh Postnatal Depression Scale. British Journal of Psychiatry 150, 782–786.

Coyne, J.C. (1976): Toward an interactional description of depression. Psychiatry 28–40.

Coyne, J.C. (1988): Strategic Therapy. In: J.F. Clarkin, G.L. Hass, I.D. Glick (eds.): Affective disorders and the family. Assessment and treatment. 89–113. The Guilford Press New York.

Coyne, J.C., Kahn, J., Gotlib, I.H. (1987): Depression. In: T. Jacob T. (ed.): Family interaction and psychopathology. Theories, methods, and findings. 509–533. Plenum Press New York.

Dammann, G., Schiefenhövel, W., Strobl, C. (1998): Post partum blues and depression – Culture bound syndromes in industrialized societies. Homo. Journal of Comparative Human Biology 49 (suppl.) 17.

Danckwardt, J.F., Gattig, E. (1996): Die Indikation zur hochfrequenten analytischen Psychotherapie in der vertragsärztlichen Versorgung. Ein Manual. Frommann-Holzboog Stuttgart Bad Cannstatt.

Davenport, Y.B., Adland, M.L. (1988): Management of manic epsiodes. In: J.F. Clarkin, G.L. Haas, I.D. Glick (eds.): Affective disorders and the family. Assessment and treatment. 173–195. Guilford Press New York.

DGPPN (1997): Die Behandlung psychischer Erkrankungen in Deutschland. Positionspapier zur aktuellen Lage und zukünftigen Entwicklung. Springer Heidelberg, Berlin, New York.

Dilling, H., Mombour, W., Schmidt, M.H., Schulte-Markwort, E. (Hrsg.) (1994): Internationale Klassifikation psychischer Störungen. ICD-10, Kapitel V (F). Forschungskriterien. Hans Huber Bern.

Donabedian, A. (1966): Evaluating the quality of medical care. Milbank Memorial Funds Quarterly 44, 166–203.

Elkin, I., Shea, T., Watkins, J.T., Imber, S.S., Sotsky, S.M., Collins, J.F., Glass, D.R., Pilkonis, P.A., Leber, W.R., Docherty, J.P., Fiester, S.J., Parloff, M.B. (1989): National Institute of Mental Health Treatment of Depression Collaborative

Research Program: General effectiveness of treatment. Archives of General Psychiatry 46, 971–82.

Elkin, I. (1994): The NIMH Treatment of Depression Collaborative Research Program: Where we began and where we are. In: A.E. Bergin, S.L. Garfield (eds.): Handbook of psychotherapy and behavior change. 114–139. 4th ed. Wiley New York.

Ferster, C.B. (1974): Behavioral approaches to depression. In: R.J. Friedman, M.M. Katz: The psychology of depression: Contemporary theory and research. Winston Washington.

Feuerlein, W. (1971): Selbstmordversuch oder parasuizidale Handlung? Tendenzen suizidalen Verhaltens. Der Nervenarzt 3, 127–130.

Fichter, M.M. (1990): Verlauf psychischer Erkrankungen in der Bevölkerung. Springer Berlin.

Fiedler, P. (1997): Biographie in der Verhaltenstherapie. In: S. Jüttemann, H. Thomae (Hrsg.): Biographische Methoden in den Humanwissenschaften. Psychologie Verlags Union Weinheim.

Filipp, S.-H. (Hrsg.) (1995): Kritische Lebensereignisse. 3. Aufl. Psychologie Verlags Union Weinheim.

Finke, J. (1994): Empathie und Interaktion. Thieme Stuttgart New York.

Finke, J. (1999): Psychotherapiemanual. Entwurf zu einer manualgeleiteten Gesprächspsychotherapie bei Depression. Psychotherapeut 44, 101–107.

Fonagy, P., Leigh, T., Steele, M., Steele, H., Kennedy, R., Mattoon, G., Target, M., Gerber, A. (1996): The relation of attachment status, psychiatric classification, and response to psychotherapy. Journal of Consulting and Clinical Psychology 64, 22–31.

Fonagy, P., Steele, M., Steele, H. (1991): Maternal representations of attachment during pregnancy predict the organization of infant-mother attachment at one year of age. Child Development 62, 891–905.

Fonagy, P., Target, M. (1997): Attachment and reflective function. Their role in self-organization. Developmental Psychopathology 9, 679–700.

Frank, E., Kupfer, D., Perel, J., Cornes, C., Jarret, D., Mallinger, A., Thase, M., McEachran, A., Grochocinski, V. (1990): Three-year outcomes for maintenance therapies in recurrent depression. Archives of General Psychiatry 47, 1093–1099.

Frank, E., Kupfer, D.J., Wagner, E.F., McEachran, A.B., Cornes, C. (1991): Efficacy of interpersonal psychotherapy as a maintenance treatment of recurrent depression: Contributing factors. Archives of General Psychiatry 48, 1053–1059.

Franke, G. (1995): SCL-90-R. Die Symptom-Checkliste von Derogatis – Deutsche Version. Manual. Beltz Göttingen.

Freedman, N. (1986): On depression: The paralysis, annihilation and reconstruction of meaning. In: J. Masling (ed.): Empirical studies of psychoanalytic theories. 107–149. Vol. 2. Analytic Press Hillsdale N.J.

Freud, S. (1916): Trauer und Melancholie. GW X, 427–446.

Fuchs, M. (1997): Funktionelle Entspannung. Theorie und Praxis eines körperbezogenen Psychotherapieverfahrens. Hippokrates Stuttgart.

Fydrich, T., Laireiter, A.-R., Saile, H., Engberding, M. (1996): Diagnostik und Evaluation in der Psychotherapie: Empfehlungen zur Standardisierung. Zeitschrift für Klinische Psychologie 25 (2), 161–168.

Gabbard, G.O. (1998): The cost effectiveness of treating depression. Psychiatry Annals 28, 98–101.

Geerts, E., Bouhuys, N., van den Hoofdakker, R.H. (1998): Nonverbal attunment between depressed patients and interviewer predicts subsequent improvement. Journal of Affective Disorders 40, 15–21.

Geuter, U. (1996): Körperbild und Körpertechniken in der Psychotherapie. Psychotherapeut 41, 99–106.

Golz, N., Erkelens, M., Sack H.-G. (1990): Ein erlebnisorientiertes Sportprogramm zur Behandlung von Depressionen. In: S. Höfling, W. Butollo (Hrsg.): Psychologie für Menschenwürde und Lebensqualität. Deutscher Psychologenverlag Bonn.

Gordon, T. (1998): Familienkonferenz. Heyne München. [(1970) Parent effectiveness Training. P.H. Wyden Inc. New York]

Grawe, K., Donati, R., Bernauer, F. (1994): Psychotherapie im Wandel – Von der Konfession zur Profession. Hogrefe Göttingen.

Green, A. (1993): Die „tote“ Mutter. Psyche 47, 205–240.

Greenberg, P., Stiglin, L.E., Finkelstein, S.N., Berndt, E.R. (1993): The economic burden of depression. Journal of Clinical Psychiatry 54, 405–418.

Gutheil, T.G. (1977): Improving patient compliance: Psychodynamics in drug prescribing. Drug Therapy 7, 35–40.

Haas, G.L., Clarkin, J.F. (1988): Affective Disorder and the family context. In: J.F. Clarkin, G.L. Haas, I.D. Glick (eds.): Affective disorders and the family. Assessment and treatment. 3–28. Guilford Press New York.

Hagman, G. (1996): The role of the other in mourning. Psychoanalytic Quarterly 65, 327–352.

Hahlweg, K. (1997): Interaktionelle Aspekte psychischer Störungen. In: A. Ehlers, K. Hahlweg (Hrsg.): Grundlagen der Klinischen Psychologie. 585–648. Hogrefe Göttingen, Bern.

Halberstadt-Freud, H.C. (1993): Postpartum depression and symbiotic illusion. Psychoanalytic Psychology 10, 407–423.

Halford, W.. K., Bouma, R. (1997): Individual psychopathology and marital distress. In: W.K. Halford, H.J. Markman (eds.): Clinical handbook of marriage and couples intervention. 291–321. Wiley & Sons Chichester, New York.

Hamilton, M. (1960): A Rating Scale for Depression. Journal of Neurology Neurosurgery and Psychiatry 23, 56.

Hautzinger, M. (1994): Diagnostik in der Psychotherapie. In: R.D. Stieglitz, U. Baumann (Hrsg.): Psychodiagnostik psychischer Störungen. Enke Stuttgart.

Hautzinger, M. (1995): Psychotherapie und Pharmakotherapie bei Depressionen. Psychotherapeut 40, 373–380.

Hautzinger, M. (1996): Affektive Störungen. In K. Hahlweg, A. Ehlers (Hrsg.): Enzyklopädie der Psychologie. Klinische Psychologie. Psychologische Störungen und ihre Behandlung. Hogrefe Göttingen.

Hautzinger, M. (1997): Kognitive Verhaltenstherapie bei Depressionen. 4. Aufl. Psychologie Verlags Union Weinheim.

Hautzinger, M., Bailer, M. (1993): Allgemeine Depressionsskala ADS. Beltz Weinheim.

Hautzinger, M., Bailer, M., Worall, H., Keller, F. (1995): Beck-Depressions-Inventar BDI. Testhandbuch. Huber Bern.

Herrmann, C., Buss, U., Snaith, R.P. (1995): HADS-D. Hospital Anxiety and Depression Scale – Deutsche Version. Huber Bern.

Hirsch, M. (1997): Schuld und Schuldgefühl: Zur Psychoanalyse von Trauma und Introjekt. Vandenhoeck & Ruprecht Göttingen.

Hoffmann, N. (1976): Depressives Verhalten. Otto Müller Salzburg.

Hoffmann, N. (1996): Kognitive Probe. In: M. Linden, M. Hautzinger: Verhaltenstherapie: Techniken und Einzelverfahren. Springer Berlin, Heidelberg, New York.

Hoffmann, N. (1998): Zwänge und Depressionen. Pierre Janet und die Verhaltenstherapie. Springer Heidelberg.

Hoffmann, N., Hofmann, B. (2000): Beruhigende Versicherungen. In: M. Linden, M. Hautzinger: Verhaltens-
therapie: Techniken und Einzelverfahren. Springer Berlin, Heidelberg, New York.

Hohage, R. (1996): Analytisch orientierte Psychotherapie in der Praxis. Diagnostik, Behandlungsplan, Kassenanträge. Schattauer Stuttgart.

Holden, J.M., Sagovsky, R., Cox, J.L.(1989): Counselling in a general practice setting: A controlled study of health visitor intervention in treatment of postnatal depression. British Medical Journal 298, 223–226.

Hole, G. (1992): Die endo-neurotische Depression. Notwendigkeit und Ärgernis einer begrifflichen Aussage. Fortschritte der Neurologie und Psychiatrie 60, 420–436.

Horowitz, M.J., Bonanno, G.A., Holen, A. (1993): Pathological gief: Diagnosis and explanation. Psychosomatic Medicine 55, 260–273.

Irwin, M., Artin, K.H., Oxman, M. (1999): Screening for Depression in the Older Adult. Arch. Intern. Med. Aug 9/23, 1701–1704.

Jacobson, E. (1975): The psychoanalytic treatment of depressive patients. In: E.J. Anthony, T. Benedek (eds.): Depression and human existence. 431–443. Little, Brown Boston.

Jacobson, E. (1971/1977): Depression. Eine vergleichende Untersuchung normaler, neurotischer und psychotisch-depressiver Zustände. International Universities Press New York.

Janet, P. (1919): Les Médications Psychologiques. Band I-III. Félix Alcan Paris.

Jamison, K.R. (1995): An unquiet mind. Knopf New York.

Jarrett, R.B., Rush A.J. (1994): Short-term psychotherapy of depressive disorders: Current status and future directions. Psychiatry 57, 115–132.

Jorm, A.F., Korten, A.E., Jacomb, P.A., Rodgers, B., Politt, P., Christensen, H., Henderson, S. (1997): Helpfulness of interventions for mental disorders: Beliefs of health professionals compared with the general public. British Journal of Psychiatry 171, 233–237.

Kahn, D.A. (1993): The use of psychodynamic psychotherapy in manic-depressive illness. Journal of the American Academy of Psychoanalysis 21, 441–455.

Kapfhammer, H.P. (1997): Psychotherapeutische und pharmakotherapeutische Ansätze in der Behandlung von depressiven Störungen. In: P. Buchheim (Hrsg.): Psychotherapie und Psychopharmaka. Störungsorientierte Behandlungsansätze – kombinierte Therapie. 31–54. Schattauer Stuttgart.

Kapfhammer, H.P. (1998a): Psychotherapie und Pharmakotherapie. Eine Übersicht zur Kombinationsbehandlung bei neurotischen und Persönlichkeitsstörungen. Psychotherapeut 43, 331–351.

Kapfhammer, H.P. (1998b): Zur Interaktion von Pharmakotherapie und psychodynamischer Psychotherapie bei Patienten mit depressiven Störungen. Psychotherapie in Psychiatrie, Psychotherapeutischer Medizin und Klinischer

Psychologie 3, 76–86.

Karasu, T.B. (1993): Depression: The relative merits of pharmacotherapy and psychotherapy. Current Opinions in Psychiatry 6, 184–190.

Katz, S.J., Kessler, R.C., Lin, E., Wells, K.B. (1998): Medication management of depression in the United States and Ontario. Journal of General and Internal Medicine 13, 77–85.

Keitner, G.I., Baldwin, L.M., Epstein, M.B., Bishop, D.S. (1985): Family functioning in patients with affective disorders. International Journal of Family Psychiatry 6, 405–437.

Kernberg, O.F. (1975): Borderlinestörungen und pathologischer Narzissmus. Suhrkamp Frankfurt.

Kernberg, O.F. (1991): Schwere Persönlichkeitsstörungen, Theorie, Diagnose, Behandlungsstrategien. Klett-Cotta Stuttgart.

Kind, J. (1992): Suizidal. Die Psychoökonomie einer Suche. Vandenhoeck & Ruprecht Göttingen.

Klauber, J. (1967): Drei typische Stadien der Übertragung in der Analyse neurotischer Depressionen. Jahrbuch der Psychoanalyse. Bd. 4. 202–216. Huber Bern..

Klein, M.A. (1940): Contribution to the psychogenesis of manic-depressive states. International Journal of Psychoanalysis 16.

Klein, M. (1940): Mourning and its relation to manic-depressive states. International Journal of Psychoanalysis 21, 125–153.

Klerman, G.L. (1989): Depressive disorders: Further evidence for increased medical morbidity and impairment of social functioning. Archives of General Psychiatry 46, 856–858.

Klerman, G.L., Di Mascio, A., Weissman, M.M., Prusoff, B.A., Paykel, E.S. (1974): Treatment of depression by drugs and psychotherapy. American Journal of Psychiatry 131, 186–91.

Klerman, G.L., Weissman, M.M., Rounsaville, B.J., Chevron, E.S. (1984): Interpersonal Psychotherapy of Depression. Basic Books New York.

König, K. (1994): Indikation. Entscheidungen vor und während einer psychoanalytischen Therapie. Vandenhoeck & Ruprecht Göttingen.

Kordy, H., Hannöver, W. (1998): Beobachten, Dokumentieren, Bewerten, Steuern: Qualitätsmanagement in der stationären Psychotherapie. In: A.-R. Laireiter, H. Vogel (Hrsg.): Qualitätssicherung in der Psychotherapie und psychosozialen Versorgung. 355–376. DGVT-Verlag Tübingen.

Krampen, G. (1997): Autogenes Training vor und begleitend zur methodenübergreifenden Einzelpsychotherapie bei depressiven Störungen. Zeitschrift für Klinische Psychologie, Psychiatrie und Psychotherapie 45, 214–132.

Kreitman, N. (1980): Epidemiologie von Suizid und Parasuizid. Der Nervenarzt 51, 131–138.

Kreitman, N. (1986): Die Epidemiologie des Suizids und Parasuizids. In: K.P. Kisker, H. Lauter, J.-E. Meyer, C. Müller, E. Strömgren (Hrsg.): Psychiatrie der Gegenwart 2. Krisenintervention. Suizid. Konsiliarpsychiatrie. 87–106. Springer Berlin, Heidelberg, New York.

Kruckman, L.D. (1992): Rituals and Support: An anthropological view of postpartum depression, In: J.A. Hamilton, P.N. Harberger (eds.): Postpartum psychiatric illness: A picture puzzle. 137–148. University of Pennsylvania Press Philadelphia.

Kuhl, J. (1996): Wille und Freiheitserleben: Formen der Selbststeuerung. In: J. Kuhl, H. Heckhausen (Hrsg.): Motivation, Volition und Handlung. Enzyklopädie der Psychologie. Bd. 4. 665–753. Hogrefe Göttingen.

Kuhl, J., Helle, P. (1994): Motivational and volitional determinants of depression: The degenerated-intention hypothesis. In: J. Kuhl, J. Beckmann (eds.): Volition and personality. 283–296. Hogrefe & Huber Seattle, Toronto, Bern, Göttingen.

Kuhl, J., Kazén, M. (1994): Volitional aspects of depression: State orientation and self-discrimination. In. J. Kuhl, J. Beckmann (eds.): Volition and personality. Action versus state orientation. Hogrefe Huber Seattle, Toronto, Göttingen, Bern.

Kuhl, J., Kazén, M. (1997): Persönlichkeits-Stil und Störungs-Inventar (PSSI). Hogrefe Göttingen.

Laireiter, A.-R., Lettner, K., Baumann, U. (1998): PSYCHO-DOK. Allgemeines Dokumentationssytem für Psychotherapie. In: A.-R. Laireiter, H. Vogel, (Hrsg.): Qualitätssicherung in der Psychotherapie und psychosozialen Versorgung. 209–224. DGVT-Verlag Tübingen.

Laux, G. (1996): Affektive Störungen. In: Möller, Laux, Deister: Psychiatrie. 58–96. Duale Reihe, Hippokrates Verlag Stuttgart.

Legalos, Ch. (1973): Biofeedback in Psychotherapy. In: L. Birk (1973): Biofeedback. Behavioral Medicine. Grune & Stratton New York.

Leichsenring, F. (im Druck): Efficacy of short-term psychodynamic psychotherapy compared to cognitive-behavioral therapy in depression. A meta-analysis. Clinical Psychology Review.

Lewinsohn, P.M., Libet, J. (1972): Pleasant events, activity schedules, and depression. Journal of Abnormal Psychology 79, 291–295.

Lindemann, E. (1944): Symptomatology and management of acute grief. American Journal of Psychiatry 101, 141–148.

Linden, M., Maier, W., Achberger, M., Herr, R., Helmchen, H., Benkert, O. (1996): Psychiatric diseases and their treatment in general practice in Germany. Results of a World Health

Organization (WHO) Study. Nervenarzt 67, 205–215.
Linehan, M.M. (1996): Dialektisch-behaviorale Therapie der Borderline-Persönlichkeitsstörung. CIP-Medien München.
Linville, P.J. (1987): Self-complexity as a cognitive buffer against stress related illness and depression. Journal of Personality and Social Psychology 52, 663–676.
Luborsky, L. (1995): Einführung in die analytische Psychotherapie. Vandenhoeck & Ruprecht Göttingen.
Lukas, E. (1995): Noogene Neurosen von Depressionen. In: W. Kurz, F. Sedlog (Hrsg.): Kompendium der Logotherapie und Existenzanalyse. Verlag Lebenskunst Tübingen.
Mahnkopf, A., Rahn, E. (1997): Angehörigenarbeit in der Depressionsbehandlung. In: M. Wolfersdorf (Hrsg.): Depressionsstationen. Stationäre Depressionsbehandlung. 35–46. Springer Berlin, Heidelberg, New York.
Maier, W., Philipp, M. (1985): Comparative analysis of observer depression scales. Acta Psychiatrica Scandinavica 72, 239–245.
Maier, W., Philipp, M., Heuser, I., Schlegel, S., Buller, R., Wetzel, H. (1988): Improving depression severity assessment I – Reliability, internal validity and sensitivity to change of three observer depression scales. Journal of Psychiatric Research 22, 3–12.
Marquard, O. (1986): Apologie des Zufälligen. Philipp Reclam jun. Stuttgart.
Massing, A., Reich, G. (1980): Die depressive Psychose als Erbe von Traditionszerstörung. In: W. Dierking (Hrsg.): Analytische Familientherapie und Gesellschaft. 158–170. Beltz Weinheim.
Massing, A., Reich, G., Sperling E. (1999): Die Mehrgenerationen-Familientherapie. Vandenhoeck & Ruprecht Göttingen.
Maurer-Groeli, Y.A. (1983): Indikationen und Methoden physikalischer Therapie bei Depressionen. In: V. Faust V. (Hrsg.): Depressionen. Hippokrates Stuttgart.
Mentzos, S. (1995): Depression und Manie. Psychodynamik und Psychotherapie affektiver Störungen. Vandenhoeck & Ruprecht Göttingen.
Meyer, A. (1957): Psychobiology: A science of man. Thomas Springfield.
Moltz, D.A. (1993): Bipolar disorders and the family: An integrative model. Family Process 32, 409–423.
Montgomery, P., Asberg, M. (1979): A new depression scale designed to be sensitive to change. British Journal of Psychiatry 134, 382–389.
Morris, J.B. (1987): Group psychotherapy for prolonged postnatal depression. British Journal of Medical Psychology 60, 279–281.
Müller-Braunschweig, H. (1997): Zur gegenwärtigen Situation der körperbezogenen Psychotherapie. Psychotherapeut 42, 132–144.
Mundt, C. (1996): Die Psychotherapie depressiver Erkrankungen: Zum theoretischen Hintergrund und seiner Praxisrelevanz. Nervenarzt 67, 183–197.
Mundt, C., Fiedler, P., Lang, H., Kraus, A. (1991): Depressionskonzepte heute: Psychopathologie oder Pathopsychologie. Springer Berlin, Heidelberg.
Murray, L., Cooper, P.J. (Hrsg.) (1997): Postpartum depression and child development. Guilford Press New York.
Nonacs, R., Cohen, L.S. (1998): Postpartum mood disorders: Diagnosis and treatment guidelines. Journal of Clinical Psychiatry 59 (suppl. 2), 34–40.
Nübling, R., Schmidt, J. (1998): Qualitätssicherung in der Psychotherapie: Grundlagen, Realisierungsansätze, künftige Aufgaben. In: A.-R. Laireiter, H. Vogel (Hrsg.): Qualitätssicherung in der Psychotherapie und psychosozialen Versorgung. 49–74. DGVT-Verlag Tübingen.
O'Hara, M.W. (1997): The nature of postpartum depressive disorders. In: L. Murray, P.J. Cooper (eds.): Postpartum depression and child development. 3–31. Guilford Press New York.
O'Hara, M.W., Rehm, L.P., Campbell, S.B. (1982): Predicting depressive symptomatology: Cognitive-behavioral models and postpartum depression. Journal of Abnormal Psychology 91, 457–461.
O'Hara, M.W., Schlechte, J.A., Lewis, D.A. et al. (1991): Prospective study of postpartum blues: Biological and psychosocial factors. Archives of General Psychiatry 48, 801–806.
Oates, M. (1996): Psychiatric services for women following childbirth. International Review of Psychiatry 8, 87–98.
Ostow, M. (1962): Drugs in psychoanalysis and psychotherapy. Basic Books New York.
Ott, J. (1997): Die Möglichkeit der Gruppentherapie in der Behandlung depressiver Kranker. In: G. Kruse, S. Gunkel (Hrsg.): Diagnostik und Psychotherapie depressiver Erkrankungen. Impulse für die Psychotherapie. Bd. 2. Hannoversche Ärzte-Verlags-Union.
Paykel, E.S. (1992): Handbook of affective disorders. Churchill Livingstone Edinburgh, Scotland.
Paykel, E.S., Cooper, Z. (1992): Life events and social stress. In: E.S. Paykel (Hrsg.): Handbook of affective disorders. Guilford Press New York.
Paykel, E.S., Klerman, G.L., Prusoff, B.A. (1976): Personality and symptom patterns in depres-

sion. British Journal of Psychiatry 129, 327–334.

Paykel, E.S., Tylee, A., Wright, A., Priest, R.G., Rix, S., Hart, D. (1997): The defeat depression campaign: Psychiatry in the public arena. American Journal of Psychiatry 154, 59–65.

Perkonnig, A., Wittchen, H.U., Winkler, S. (1995): Fortbildungsprogramm „Patientenseminar Angst" - Wirksamkeit und Einsatz in der Praxis. Zeitschrift für Ärztliche Forschung 89, 370–377.

Pfeiffer, W.M. (1994): Suizid. In: Transkulturelle Psychiatrie. Ergebnisse und Probleme. 188–200. Thieme Stuttgart New York.

Platt, S., Bille-Brahe, U., Kerkhof, A., Schmidtke, A., Bjerke, T., Crepet, P., De Leo, D., Haring, C., Lonnqvist, J., Michel, K., Philippe, A., Pommereau, X., Querejeta, I., Salander-Renberg, E., Temesvary, B., Wasserman, D., Sampaio Faria, F. (1992): Parasuicide in Europe: The WHO/EURO multicentre study on parasuicide. I. Introduction and preliminary analysis for 1989. Acta Psychiatrica Scandinavia 85, 97–104.

Radloff, L.S. (1977): The CES-D scale: A self-report depression scale for research in the general population. Appl. Psychol. Measure. 3, 385–401.

Rado, S. (1927): Das Problem der Melancholie. Internationale Zeitschrift für Psychoanalyse 13, 439–455.

Rahn, E. (1996): Depressionsstationen im Urteil der Patienten. Psychiatrische Praxis 23, 172–174.

Rauchfleisch, U. (1994): Testpsychologie. Vandenhoeck Göttingen.

Reimer, C. (1991): Schwierige Patienten und ihre Therapeuten. Praxis der Psychotherapie und Psychosomatik 36, 173–181.

Reimer, C. (1995): Tiefenpsychologische Zugänge zu depressiv Kranken. Psychotherapeut 40, 367–372.

Reiter, L. (1995): Die Rolle der Angehörigen in der Therapie depressiver Patienten. Eine systemisch-integrative Sicht. Psychotherapeut 40, 358–366.

Richter, P., Werner, J., Heerlein, A., Kraus, A., Sauer, H. (1998): On the validity of the Beck depression Inventory. Psychopathology 31, 160–168.

Rogers, C.R. (1942): Counseling and psychotherapy, newer concepts in practice. 450pp. Houghton Mifflin Boston.

Rogers, C.R. (1957): The necessary and sufficient conditions of therapeutic personality change. Journal of Consulting Psychology 21, 95–103.

Rogers, C.R. (1973): Entwicklung der Persönlichkeit. Klett-Cotta Stuttgart. [(1961): On becoming a person. A therapist's view of psychotherapy. Houghton Mifflin Boston.]

Rogers, C.R. (1991): Eine Theorie der Psychotherapie, der Persönlichkeit und der zwischenmenschlichen Beziehungen.. GwG Köln. [(1959): A theory of therapy, personality, and interpersonal relationships, as development in the client-centred framework. In: S. Koch (ed.): Psychology, a Studie of a science. Study I: Conceptual and systemic. Vol. III. Formulation of the person in the social context. McGraw-Hill. New York, Toronto, London.]

Roose, S.P. (1990): The use of medication in combination with psychoanalytic psychotherapy or psychoanalysis. In: R. Michels R. (ed.): Psychiatry. 1–8. Lippincott New York.

Roose, S.P., Gabbard, G.O. (1997): Resistance to medication during psychoanalysis. Journal of Psychotherapy Practice and Research 6, 239–248.

Roth, A., Fonagy, P. (1996): What works for whom? A critical review of psychotherapy research. Guilford Press. New York, London.

Rounsaville, B.J., Klerman, G.L., Weissman, M.M. (1981): Do psychotherapy and pharmacotherapy for depression conflict? Empirical evidence from a clinical trial. Archives of General Psychiatry 38, 24–29.

Rudolf, G. (1996): Psychotherapeutische Medizin. Enke Stuttgart.

Rüger, U. (1979): Kombination von psychiatrischer Pharmakotherapie und Psychotherapie. Nervenarzt 50, 491–500.

Rupprecht, U., Heß, H., Schuh, B. et al. (1998): Depressionsstation am Bezirkskrankenhaus Bayreuth - Therapiekonzept, erste Ergebnisse. Posterpräsentation auf dem DGPPN-Kongreß Essen.

Rupprecht, U., Heß, H., Wolfersdorf, M. (1998): Körperorientierte Verfahren in der Depressionsbehandlung. T & E Neurologie Psychiatrie 12, 115–121.

Sandell, R., Blomberg, J., Lazar, A. (1999): Wiederholte Langzeitkatamnesen von Langzeit-Psychotherapien und Psychoanalysen. Zeitschrift für Psychosomatische Medizin und Psychotherapie 45, 43–56.

Sandholzer, H., Pelz, J. (1996): Qualitätssicherung in der psychosomatischen Grundversorgung. Zeitschrift für Ärztliche Fortbildung 90, 434–440.

Sarwer-Foner, G.J. (1960): The dynamics of psychiatric drug therapy. Thomas Springfield.

Saviotti, M. (1983): Der therapeutische Zugang zum depressiven Patienten. In: G. Benedetti et al. (Hrsg.): Psychosentherapie. Psychoanalytische und existenzielle Grundlagen. 215–261. Hippokrates Stuttgart.

Schauenburg, H., Beutel, M., Bronisch, T. et al.

(1999): Zur Psychotherapie der Depression. Psychotherapeut 44, 127–136.
Schmidtke, A., Fleckenstein, P., Moises, W., Beckmann, H. (1988): Untersuchungen zur Reliabilität und Validität einer deutschen Version der Montgomery-Asberg Depression Rating Scale. Schweizer Archiv für Neurologie und Psychiatrie. 139 (2), 51–65.
Schramm, E. (Hrsg.) (1998): Interpersonelle Psychotherapie. Schattauer Stuttgart.
Schuler, B., Grünewald, I. (1997): Wege entstehen, wenn man sie geht. Sozialarbeit auf einer Depressionsstation. In: M. Wolfersdorf (Hrsg.): Depressionsstationen. Stationäre Depressionsbehandlung. 47–53. Springer Berlin, Heidelberg, New York.
Schulz, Decker (1985): Long-term adjustment to physical disability. The role of social support, perceived control, and self-blame. Journal of Personality and Social Psychology 48, 1162–1172.
Schulz, W., Hoyer, H., Hahlweg, K. (1998): Qualitätssicherung ambulanter Psychotherapie. In: A.-R. Laireiter, H. Vogel (Hrsg.): Qualitätssicherung in der Psychotherapie und psychosozialen Versorgung. 135–156. DGVT-Verlag Tübingen.
Seligman, M.E.P. (1975): Helplessness. Freeman San Francisco.
Shea, M.T., Elkin, I., Imber, S.D., Sotsky, S.M., Watkins, J.T., Collins, J.F., Pilkonis, P.A., Beckham, E., Glass, D.R., Dolan, R.T., Parloff, M.B. (1992): Course of depressive symptoms over follow-up: Findings from the national institute of mental health treatment of depression collaborative research program. Archives of General Psychiatry 49, 782–787.
Slipp, S. (1984): Object relations. A dynamic bridge between individual and family treatment. Jason Aronson Northvale N.J., London.
Smith, J.H. (1971): Identificatory styles in depression and grief. International Journal of Psychoanalysis 52, 259–266.
Speierer, G.W. (1994): Das differentielle Inkongruenzmodell, Gesprächspsychotherapie als Inkongruenzbehandlung. Asanger Heidelberg.
Stern, D. (1998): The process of therapeutic change involving implicit knowledge: Some implications of developmental observation for adult psychotherapy. Infant Mental Health Journal 19, 300–308.
Stewart, D.E. (1989): Psychiatric admission of mentally ill mothers with their infants. Canadian Journal of Psychiatry 34, 34–37.
Stieglitz, R.-D., Haug, H.-J. (1995): Therapiezielbestimmung und -evaluation als Mittel der Qualitätssicherung. In: H. Haug, R.-D. Stieglitz: Qualitätssicherung in der Psychiatrie. 191–199. Enke Stuttgart.
9. Enke Stuttgart.
Stiemerling, D. (1995): 10 Wege aus der Depression. Pfeiffer München.
Stierlin, H., Weber, G., Schmidt, G., Simon, F.B. (1986): Zur Familiendynamik bei manisch-depressiven und schizoaffektiven Psychosen. Familiendynamik 11, 267–282.
Stuart, S., O'Hara, M.W. (1995a): Interpersonal psychotherapy for postpartum depression: A treatment program. Journal of Psychotherapy Practice and Research 4, 18–29.
Stuart, S., O'Hara, M.W. (1995b): Treatment of postpartum depression with interpersonal psychotherapy. Archives of General Psychiatry 52(1), 75–76.
Stuart, S.P. (1999): Interpersonal psychotherapy for postpartum depression. In: L.J. Miller (ed.): Postpartum mood disorder. 143–162. American Psychiatric Press Washington DC.
Sullivan, H.S.(1953): The interpersonal theory of psychiatry. Norton New York.
Swildens, H. (1991): Prozeßorientierte Gesprächspsychotherapie. GwG Köln.
Tausch, R., Tausch, A.M. (1973): Gesprächspsychotherapie. Hogrefe Göttingen.
Tellenbach, H. (1961): Melancholie. Springer Berlin, Heidelberg, New York.
Thase, M.E. (1997): Integrating psychotherapy and pharmacotherapy for treatment for major depressive disorder. Current status and future considerations. Journal of Psychotherapy and Practice Research 6, 300–306.
Thase, M.E., Greenhouse, J.B., Frank, E., Reynolds, C.F., Pilkonis, P.A., Hurley, K., Grochocinski, V., Kupfer, D.J. (1997): Treatment of major depression with psychotherapy or psychotherapy-pharmacotherapy combinations. Archives of General Psychiatry 54, 1009–1015.
Treethowan, W.H., Conlon, M.F. (1965): The couvade syndrome. British Journal of Psychiatry 111, 57–66.
Üstün, T.B., Sartorius, N.(1995): Mental health in general health care across the world. An international study. John Wiley & Sons New York.
Van Praag, H.M. (1998): Inflationary tendencies in judging the yield of depression research. Neuropsychobiology 37, 130–141.
Volkan, V.D. (1981): Linking objects and linking phenomena. International Universities Press New York.
Weber, G., Simon, F.B., Stierlin, H., Schmidt, G. (1987): Die Therapie der Familie mit manisch-depressivem Verhalten. Familiendynamik 12, 139–161.
Weiner, H. (1992): Perturbing the organism. The biology of stressful experience. The University of Chicago Press Chicago 1992.

Weiss, J., Sampson, H. (1986): The psychoanalytic process: Theory, clinical observation and empirical research. Guilford Press New York.

Weissman, M.M., Prusoff, B.A., DiMascio, A., Neu, C., Gohlaney, M., Klerman, G.L. (1979): The efficacy of drugs and psychotherapy in the treatment of acute depressive episodes. American Journal of Psychiatry 136, 555–558.

Wentura, D. (1995): Verfügbarkeit entlastender Kognitionen. Zur Verarbeitung negativer Lebenssituationen. Beltz Psychologie Verlags Union Weinheim.

Whitton, A., Appleby, L., Warner, R. (1996): Maternal thinking and the treatment of postnatal depression. International Review of Psychiatry 8, 73–78.

Will, H. (1994): Zur Phänomenologie der Depression aus psychoanalytischer Sicht. Psyche 48, 361–385.

Will, H., Grabenstedt, Y., Völkl, G., Banck, G. (1998): Depression. Psychodynamik und Therapie. In: W. Mertens (Hrsg.): Psychoanalytische Krankheitslehre. Kohlhammer Stuttgart.

Wittchen, H.U., Essau, C.A., Zerssen, D. von, Krieg, J.C., Zaudig, M. (1992): Lifetime and six-month prevalence of mental disorders in the Munich Follow-Up Study. European Archives of Psychiatry and Clinical Neuroscience 241, 247–258.

Wittchen, H.U., Zerssen, D. von (Hrsg.). (1987): Verläufe behandelter und unbehandelter Depressionen und Angststörungen. Eine klinisch-psychiatrische und epidemiologische Verlaufsuntersuchung. Springer Berlin, Heidelberg, New York.

Wittchen, H.U., Zerssen, D. von (1988): Verläufe behandelter und unbehandelter Depressionen und Angststörungen. Springer Berlin, Heidelberg, New York.

Wittchen, H.U., Schuster, P., Pfister, H., Gander, F., Müller, N. (1999): Warum werden Depressionen häufig nicht erkannt und selten behandelt? Nervenheilkunde 18, 210–217.

Wolfersdorf, M. (1992): Hilfreicher Umgang mit Depressiven. Hogrefe Verlag für Angewandte Psychologie Göttingen.

Wolfersdorf, M. (1993): Therapie der Suizidalität. In: H.J. Möller (Hrsg.): Therapie psychiatrischer Erkrankungen. Enke Stuttgart.

Wolfersdorf, M. (1995): Depressive Störungen. Phänomenologie, Aspekte der Psychodynamik und -therapie. Psychotherapeut 40, 330–347.

Wolfersdorf, M. (Hrsg.). (1997): Depressionsstationen. Stationäre Depressionsbehandlung. Konzepte, Erfahrungen, Möglichkeiten heutiger Depressionsbehandlung. Springer Berlin, Heidelberg, New York.

Wolfersdorf, M. (1999): Innere Differenzierung des Psychiatrischen Krankenhauses. Krankenhauspsychiatrie 10, 1–6.

Wolfersdorf, M., Stieglitz, R.-D., Metzger, R., Ruppe, A., Stabenow, S., Hornstein, C., Keller, F., Schell, G., Berger, M. (1997): Qualitätssicherung in der stationären Depressionsbehandlung. Psychiatrische Praxis 24, 120–128.

Worden, J.W. (1987): Beratung und Therapie in Trauerfällen. Huber Bern.

Wortman, C.B., Silver, R.C. (989): The myths of coping with loss. Journal of Consulting and Clinical Psychology 57, 49–57.

Yalom, I.D. (1989): Theorie und Praxis der Gruppenpsychotherapie. Pfeiffer München.

Zennaro, C. (1997): Depressionen: Schwierige Beziehungen. Zeitschrift für psychoanalytische Theorie und Praxis 12, 136–150.

Sachverzeichnis

C

D

T

U

V

W